Henri Pirenne
Stadt und Handel im Mittelalter

Henri Pirenne

Stadt und Handel im Mittelalter

Aus dem Französischen von Marcel Beck

Anaconda

Titel der französischen Originalausgabe: »La civilisation occidentale au Moyen Âge du milieu du XVe siècle. Le mouvement économique et sociale.« Erschienen in der *Historie du Moyen Âge*, t. VIII, 2e section de *l'Historie Générale* publiée sous la direction de G. Glotz. Paris: Presses Universitaires de France, 1933.
Die deutsche Ausgabe erschien unter dem Titel *Sozial- und Wirtschaftsgeschichte Europas im Mittelalter* zuerst 1946 bei A. Francke in Bern.
Die vorliegende Ausgabe folgt der 4. Auflage München: A. Francke Verlag GmbH, 1976 [Uni-Taschenbücher 33]
Lizenzausgabe mit freundlicher Genehmigung

Die Deutsche Nationalbibliothek verzeichnet diese Publikation in der Deutschen Nationalbibliographie; detaillierte bibliographische Daten sind im Internet unter http://dnb.d-nb.de abrufbar.

Umschlagmotiv: »Constantinople«, Biblioteca Nacional, Madrid / Photo © AISA / bridgemanart.com
Umschlaggestaltung: dyadesign, Düsseldorf, www.dya.de
Printed in Czech Republic 2009
ISBN 978-3-86647-329-4
www.anacondaverlag.de
info@anaconda-verlag.de

EINLEITUNG

I

Um die wirtschaftliche Wiederaufrichtung des westlichen Europa zu verstehen, die im 11. Jh. einsetzte, ist es notwendig, zunächst einen Blick auf die vorangehende Periode zu werfen.

Die Auflösung des wirtschaftlichen Gleichgewichts der Antike. Vom Standort, den wir einnehmen aus gesehen, knüpfen die germanischen Staaten, die im 5. Jh. auf westeuropäischem Boden entstanden, unmittelbar und ohne Bruch an die Antike an, deren am meisten auffallenden und wesentlichsten Zug sie bewahrten, nämlich den mediterranen Charakter [1]. An den Küsten des Mittelmeeres hatten alle Kulturen der alten Welt ihre Wiege, dieses verband sie gemeinsam und erleichterte den geistigen und wirtschaftlichen Austausch. Vom Römischen Reich vollständig umfasst, fanden dessen sämtliche Provinzen in ihm den natürlichen Mittelpunkt, von der Bretagne bis zum Euphrat. Diese traditionelle Rolle kam ihm auch nach den germanischen Invasionen zu. Für die Stämme, die sich in Italien, in Afrika und in Spanien festgesetzt hatten, blieb es der grosse Verbindungsweg nach Byzanz, und die Beziehungen, die sie miteinander unterhielten, zeugen von einer Wirtschaftsstruktur, in der unmöglich etwas anderes als die direkte Fortsetzung der Antike erkannt werden kann. Es genügt, hier an die rege syrische Schiffahrt vom 5.–8. Jh. zwischen den Häfen des Okzidents und jenen Ägyptens und Kleinasiens zu erinnern, ferner an die Beibehaltung des römischen Goldsolidus — zugleich Mittel und Symbol der Wirtschaftseinheit des Mittelmeers — bei den germanischen Königen, und schliesslich an die allgemeine Orientierung des Handels nach den Küsten dieses Meeres, das die damaligen Menschen mit eben solchem Recht wie die Römer *mare nostrum* hätten nennen dürfen.

Es bedurfte des Einbruchs des Islams, der in schnellem Stoss im Verlauf des 7. Jhs. die östlichen, südlichen und westlichen Küsten des grossen europäischen Binnensees eroberte, um eine völlig neue Lage zu schaffen, deren Folgen auf den Verlauf der gesamten späteren Geschichte eine tiefe Wirkung ausübten [2]. Seither wurde das Mittelmeer zur Schranke, nachdem es während tausend Jahren Orient und Okzident verbunden hatte. Zwar gelang es dem Byzantinischen Reich dank seiner Kriegsflotte, die mohammedanische Offensive vom Aegäischen und vom Adriatischen Meere sowie von den Küsten des südlichen Italiens fernzuhalten, das Tyrrhenische Meer dagegen ward zur Beute der Sarazenen. Von Afrika und Spanien aus umklammern sie es im Süden und Westen, während zu gleicher Zeit der Besitz der Balearen, Korsikas, Sardiniens und Siziliens ihnen die Errichtung von Flottenbasen erlaubt, mit deren Hilfe sie ihre Herrschaft befestigen. Vom 8. Jh. an ist es um den europäischen Handel innerhalb dieses maritimen Vierecks geschehen. Das Wirtschaftsleben orientiert sich nach Bagdad. Die «Christen», so sagt Ibn-Haldun besonders eindrücklich, «können darauf kein Brett mehr schwimmen lassen» [3]. Auf zwei entgegengesetzten Küsten, welche einst miteinander verkehrten in einer Gemeinschaft der Sitten, der Bedürfnisse und der Ideen, stehen sich nun zwei Zivilisationen gegenüber oder, besser gesagt, zwei feindliche und fremde Welten: Kreuz und Halbmond. Das wirtschaftliche Gleichgewicht der Antike, das die germanische Invasion überstanden hatte, brach vor dem Islam zusammen. Zwar vermochten die Karolinger jenen daran zu verhindern, sich nördlich der Pyrenäen auszubreiten, doch waren sie nicht imstande, versuchten es auch nicht, ihrer Schwäche bewusst, ihm das Meer zu entreissen. Das Reich Karls des Grossen war in schlagendem Kontrast zum römischen und merowingischen Gallien eine reine Landmacht, eine Kontinentalmacht, wenn man so will. Von diesem grossen Wendepunkt nimmt notwendigerweise eine neue Wirtschaftsordnung ihren Ausgang, jene des Mittelalters [4].

Sarazenen und Christen im Okzident. Der spätere Verlauf der Geschichte, der uns so manche Entlehnung von seiten der Christen bei der höheren mohammedanischen Zivilisation aufdeckt, darf uns nicht zu Trugschlüssen verleiten über die Beziehungen, welche sie anfänglich miteinander unterhielten. Es ist zwar nicht zu bestreiten, dass Byzanz und seine vorgeschobenen Posten auf der italienischen Halbinsel, Neapel, Amalfi, Bari und vor allem Venedig, während des 9. Jhs. mit den Arabern auf Sizilien, in Afrika, Ägypten und Kleinasien in mehr oder weniger regem Handelsverkehr standen. Das gilt aber gar nicht vom westlichen Europa. Hier erzeugte der Gegensatz der zwei Religionen einen fortwährenden Kriegszustand. Die sarazenischen Piraten beunruhigten ohne Unterlass die Gestade des Golfe du Lion, die Riviera, die Küsten Etruriens und Kataloniens. Sie plünderten Pisa in den Jahren 935 und 1004, zerstörten Barcelona 985. Vor Beginn des 11. Jhs. vermag man nicht die leiseste Spur eines Verkehrs zwischen diesen Gegenden und den sarazenischen Häfen in Spanien und Afrika aufzudecken. Die Unsicherheit ist selbst am Meeresstrand so gross, dass das Bistum von Maguelonne nach Montpellier versetzt werden muss. Auch das Festland ist gegen die Streifereien des Feindes nicht gefeit. Man weiss, dass die Araber im 10. Jh. in den Alpen, in Fraxinetum (Garde-Frainet, Dep. Var), einen Punkt besetzt halten, von dem aus sie die Pilger und die Reisenden von Frankreich nach Italien mit Erpressung und Tod bedrohen. Das Roussillon erlebt zur selben Zeit den Terror ihrer über die Pyrenäen führenden Einfälle. 846 sind sarazenische Banden bis Rom vorgestossen und haben die Engelsburg belagert. Die Nachbarschaft der Sarazenen bringt demzufolge für die abendländischen Christen eine Serie von Schlägen, die sie nicht zurückgeben können. Zu schwach, an eigenen Angriff zu denken, verkriechen sie sich ängstlich im Landesinnern und überlassen das Meer, auf das sie sich nicht mehr hinaus wagen, dem Gegner. Vom 9.–11. Jh. befindet sich der Okzident recht eigentlich hinter Schloss und Riegel. Wenn diplomatische Gesandtschaften immer noch dann und wann nach Konstantinopel geschickt werden, und wenn Pilger in ansehnlicher Zahl nach Jerusalem ziehen, so gelangen sie nur mit Mühe zum Ziel, entweder über Illyrien und Thrazien oder über Süditalien, wo griechische Schiffe sie von Bari aus auf die andere Seite des Adriatischen Meeres hinübersetzen. Es ist daher nicht richtig, solche Reisen, wie dies gelegentlich geschieht, als Beweis anzuführen für die Fortdauer der abendländischen Schiffahrt auf dem Mittelmeer nach der Ausbreitung des Islams. Diese ist vielmehr ganz und gar tot.

Schwund des Handels im Abendland. Der Handelsverkehr vermochte den Unterbruch der Schiffsverbindungen nicht zu überleben, mit denen gleichsam seine Hauptader durchschnitten wurde. Es ist leicht einzusehen, dass ein reger Warenaustausch zwischen den Häfen Italiens, Afrikas, Spaniens, Galliens und dessen Hinterland nur so lange aufrechterhalten werden konnte, als die Schiffahrt bestand. Zweifellos lebte bis zur arabischen Eroberung, wie aus den leider sehr spärlichen Dokumenten hervorgeht, in allen diesen Gegenden ein Berufsstand von Kaufleuten, der einen Export und Import betrieb, dessen Bedeutung zwar umstritten ist, nicht aber das Vorhandensein. Dieser Verkehr machte aus den römischen Städten Verkehrs- und Handelszentren, deren Einfluss nach Norden mindestens bis zum Rheintal reichte, wo wir Papyrus, Spezereien, orientalische Weine und Öl finden, die am Mittelmeer ausgeschifft wurden [5].

Der Abriegelung des Mittelmeers durch die Expansion des Islams im 7. Jh. folgte notwendigerweise ein schneller Abbau all dieser Beziehungen. Mit der Unterbrechung des Handels im 8. Jh. verschwinden die Kaufleute. Die städtische Kultur, deren Träger sie sind, stürzt zusammen. Zwar bestehen die römischen Munizipien weiter als Sitze der kirchlichen Verwaltung. Sie dienen den Bischöfen als Residenz, ein zahlreicher Klerus setzt sich darin fest, doch sie büssen jegliche wirtschaftliche Bedeutung ein und damit zugleich ihren administrativ-städtischen Charakter. Die Verarmung ist allgemein. Die Goldwährung weicht jener des Silbers, welche von den Karolingern als Ersatz eingeführt wird. Das neue Geld, das an Stelle des alten römischen Goldsolidus tritt, bildet den eindrücklichsten Beweis dafür, dass nunmehr der Bruch mit der antiken oder, besser gesagt, mit der mittelmeerländischen Wirtschaft eingetreten ist.

Wirtschaftlicher Rückgang unter den Karolingern. Es ist ein grundsätzlicher Fehler, die Herrschaft Karls des Grossen als eine Epoche wirtschaftlichen Aufstiegs zu betrachten, wie man dies meist tut. Hier liegt ein Trugschluss vor. In Wahrheit zeigt ein Vergleich der karolingischen mit der merowingischen Zeit — vom Standpunkt des Handels aus — einen Verfall oder mindestens einen Rückgang [6]. Karl der Grosse hätte, selbst wenn er gewollt hätte, die unvermeidlichen Folgen nicht verhindern können, die sich aus dem völligen Verschwinden der Schiffahrt und der Abschliessung des Meeres ergaben.

Richtig ist allerdings, dass der Norden davon weniger stark betroffen wurde als der Süden. Während der ersten Hälfte des 9. Jhs. bleiben die Häfen von Quentowic (Etaples an der Canche) und Duurstede (am Niederrhein, ca. 50 km unterhalb Arnhem) ziemlich belebt, und friesische Seeleute befahren weiterhin die Schelde, die Maas und den Rhein und treiben Küstenschiffahrt an der Nordsee [7]. Doch muss man sich davor hüten, diese Tatsachen als Symptome einer Renaissance zu betrachten. Es handelt sich dabei lediglich um den Rückstand eines in die römische Zeit zurückreichenden Handelsverkehrs, der die Merowinger überdauert hat [8]. Es ist möglich, sogar wahrscheinlich, dass der in Aachen residierende kaiserliche Hof und die daraus entspringende Notwendigkeit, dessen zahlreiches Personal zu verproviantieren, Wesentliches dazu beigetragen hat, einen intensiven Verkehr in den benachbarten Territorien aufrechtzuerhalten und sogar zu verstärken, so dass wir einzig in dieser Gegend des Reiches von einem regelrechten Handel sprechen können. Wie dem auch sei, die Normannen zögerten nicht, auch diesem letzten Überbleibsel der Vergangenheit den Garaus zu machen. Sie plünderten Quentowic und Duurstede und zerstörten beide schon vor dem 9. Jh. so gründlich, dass sie sich nie mehr aus ihren Ruinen erhoben.

Man könnte meinen, und gelegentlich hielt man auch dafür, dass das Donautal das Mittelmeer in seiner Bedeutung als grosse Verkehrsader zwischen Orient und Okzident ersetzte. Tatsächlich hätte das eintreten können, doch die Donau wurde zunächst durch die Avaren und bald darauf durch die Ungarn versperrt. Die Texte berichten uns nur von Kähnen, die mit Salz beladen von den Salinen Salzburgs herkommen. Was aber den Handel mit den heidnischen Slawen an der Elbe und der Saale betrifft, so beschränkt er sich auf einige verdächtige Unternehmungen von Abenteurern, die ihnen Waffen zu liefern versuchen oder aber jene Kriegsgefangenen kaufen, welche durch die karolingischen Truppen von diesen gefährlichen Nachbarn des Reiches eingebracht werden, um sie sodann als Sklaven zu verschachern. Es genügt, die Kapitularien zu lesen, um sich davon zu überzeugen, dass an dieser Militärgrenze, wo Unsicherheit an der Tagesordnung war, kein normales Wirtschaftsleben blühen konnte.

II

Der agrare Charakter der Gesellschaft seit dem 9. Jh. Vom Ende des 8. Jhs. an fiel das westliche Europa in einen Zustand der reinen Landwirtschaft zurück; darüber lassen die Texte keinen Zweifel. Einzige Quelle für den

Lebensunterhalt ist die Erde, Grundbesitz allein bedeutet Reichtum. Alle Bevölkerungsklassen, angefangen beim Kaiser, der nur die Einkünfte aus seinen Domänen kennt, bis zum niedersten Sklaven leben direkt oder indirekt von den Erträgnissen des Bodens, sei es, dass sie diese durch eigene Arbeit erzeugen, sei es, dass sie sich darauf beschränken, einzuheimsen und zu verzehren. Bewegliche Güter haben ihre wirtschaftliche Bedeutung verloren. Jede soziale Rangstellung ist auf Besitz oder auf Beherrschung des Bodens begründet; es besteht keine Möglichkeit für den Staat, losgelöst von diesem, eine Militärmacht oder eine Verwaltung aufzubauen. Die Armee rekrutiert sich nur aus Lehensträgern, Grossgrundbesitzer sind Beamte. Unter solchen Umständen wird es unmöglich, die Souveränität des Staatsoberhauptes zu wahren. Wenn sie auch im Prinzip weiter besteht, so verschwindet sie doch tatsächlich. Der Feudalismus ist nichts anderes als die Aufsplitterung der öffentlichen Gewalt unter die einzelnen Lehensträger, die selber als Inhaber von Bodenlosen zu Unabhängigkeit gelangt sind und daher die Befugnisse, mit denen sie belehnt wurden, als einen Teil ihres Eigentums betrachten. In Kürze gesagt, ist das Lehenswesen, dem wir im westlichen Europa seit dem 9. Jh. begegnen, die politische Auswirkung der Rückkehr der Gesellschaft zu einer reinen Agrarkultur.

Der Grossgrundbesitz. Vom wirtschaftlichen Standpunkt aus stellt der Grundbesitz das am meisten auffallende und charakteristischste Phänomen dieser Kultur dar. Sicherlich ist dessen Ursprung bedeutend älter, und es ist leicht, Verbindungslinien bis zu einer weit zurückliegenden Vergangenheit herzustellen. Grossgrundbesitzer gab es in Gallien vor Caesar, wie auch in Germanien vor der Völkerwanderung. Das Römische Reich beliess die gallischen Domänen, die sich sehr rasch der Staatsorganisation des Siegers anpassten. Die gallische *villa* der Kaiserzeit, mit dem für den Besitzer vorbehaltenen Salland und ihren zahllosen

Verpachtungen an Siedler, stellt einen Typus der Bewirtschaftung dar, wie er von den römischen Agronomen seit Cato beschrieben worden ist. Die *villa* hat die Periode der germanischen Invasion überstanden, das merowingische Frankreich behielt sie bei, und die Kirche verpflanzte sie über den Rhein mit dem Fortschreiten ihres Bekehrungswerkes in jenen Landstrichen [9].

Mangel an Absatzmärkten. Der Grossgrundbesitz stellt demnach keineswegs etwas Neues dar. Neu ist nur, wenn man so sagen darf, seine Funktion vom Momente an, da der Handel und die Städte verschwinden. Solange ersterer imstande war, Produkte zu befördern, letztere aber einen Markt darstellten, verfügte der Grossgrundbesitz über einen regelmässigen Verkauf nach auswärts und zog seinen Vorteil davon. Er beteiligte sich am allgemeinen Umsatz als Produzent von Nahrungsmitteln und war selber Käufer von Fertigwaren. Er befand sich mit andern Worten im gegenseitigen Austauschverkehr mit der Aussenwelt. Jetzt aber trifft dies nicht mehr zu, weil weder Händler noch eine städtische Bevölkerung vorhanden sind. Wem verkaufen, wenn Käufer fehlen? Wo eine Ware absetzen, nach der niemand mehr Verlangen trägt, weil niemand sie mehr benötigt? Jeder lebt aus seinem Grund und Boden, ohne des andern Vermittlung zu brauchen, und so wird mangels Nachfrage der landwirtschaftliche Produzent zum Konsument seiner eigenen Produkte. Der Gutsbesitz beschränkt sich auf jenes Wirtschaftssystem, das man ganz ungenau als Hauswirtschaft bezeichnet und das in Wahrheit nur eine Wirtschaft ohne Absatzmärkte ist.

Zu diesem Zustand gelangte er nicht aus eigenem Willen, sondern zwangsläufig. Wenn er nicht mehr verkauft, so geschieht dies nicht, weil er nicht verkaufen möchte, sondern weil ihm keine Abnehmer zur Verfügung stehen. Da blieb ihm nichts anderes übrig, als sich der Sachlage anzupassen. Der Grundherr richtete sich darauf ein, aus seinem Allod und den Abgaben seiner Hintersassen zu leben.

Darüber hinaus aber musste er sich das, was er nicht mehr von auswärts beziehen konnte, selber beschaffen, nämlich die Werkzeuge und die Kleider, die zum Unterhalt seiner Güter und zur Ausstattung seines Gesindes unabkömmlich waren. Davon rührt auch die Einrichtung von Werkstätten und jener *gynæcea* her, welche so charakteristisch sind für die hochmittelalterliche Domäne und die im Grunde nur dazu dienten, den Ausfall eines Handels und eines eigentlichen Gewerbes zu ersetzen.

Verbleibende Gelegenheiten für den Handel. Selbstverständlich hängt eine solche Wirtschaft von Zufällen der Witterung ab. Wenn die Ernte schlecht ausfällt, so ist der aufgestapelte Notvorrat bald erschöpft, und man muss sich den Kopf zerbrechen, um das notwendige Korn zu beschaffen. Sklaven werden im Land herumgeschickt mit dem Auftrag, solches bei einem glücklicheren Nachbarn zu besorgen oder wo sonst noch Überfluss herrschen mag. Sich mit dem nötigen Gelde zu versehen, liess der Herr sein Silbergeschirr in der nächsten Münze einschmelzen oder ging Schulden ein bei dem Abte eines benachbarten Klosters. So existiert noch ein zufälliger, von atmosphärischen Einflüssen abhängiger Gelegenheitshandel, welcher auf Strassen und Flussläufen einen unregelmässigen Verkehr unterhält. Es geschieht auch, dass man in ertragreichen Jahren mit den gleichen Mitteln den Überschuss der Weinlese oder der Ernte zu verkaufen trachtet. Und schliesslich findet sich auch das Salz, als lebensnotwendiges Gewürz, nur an einzelnen bestimmten Stellen, woher man es holen muss. Trotzdem, das sei nochmal betont, gibt es keinen eigentlichen Handel, vor allem keinen berufsmässigen Handel. Eine Kaufmannschaft improvisiert sich den Umständen entsprechend. Kauf und Verkauf sind für niemanden normale Beschäftigung. Es sind Nebengeleise, die man befährt, wenn der Zwang es heischt.

Der Handel hat so sehr aufgehört, ein Teil der menschlichen Beschäftigung zu sein, dass jeder Grundbesitzer bemüht ist, aus eigenen Mitteln alle seine Bedürfnisse zu stillen. Daher erklärt sich auch, dass die Abteien weinarmer Gegenden, wie z. B. der Niederlande, alle Anstrengungen darauf richten, Rebberge geschenkt zu bekommen, im Seinebecken oder in den Tälern des Rheins und der Mosel, um sich so den jährlichen Bedarf an Getränken zu sichern[10].

Die Lokalmärkte. Das häufige Vorkommen von Märkten scheint auf den ersten Blick im Widerspruch zu stehen mit der Schrumpfung des Handels jener Zeit. Denn seit Beginn des 9. Jhs. spriessen sie überall hervor, und neue werden ohne Unterlass gegründet. Aber ihre grosse Zahl ist zugleich der Beweis für ihre geringe Bedeutung. Einzig die Messe von Saint-Denis bei Paris *(foire du Lendit)* zieht einmal im Jahr zugleich mit den von weither kommenden Pilgern auch Gelegenheitskäufer und Verkäufer an. Ausserhalb dieser finden wir nur eine Menge kleiner Wochenmärkte, wo die Bauern der Umgebung Eier, Hühner, einige Pfund Wolle oder einige Ellen groben hausgemachten Tuches feilbieten. Der Umfang des so erzielten Umsatzes erhellt zur Genüge aus der Tatsache, dass man die Geschäfte *per deneratas* tätigt, d. h. in Mengen, welche den Wert einiger Denare nicht übersteigen[11]. Der Nutzen dieser kleinen Zusammenkünfte beschränkte sich im grossen ganzen darauf, den Haushaltungsbedürfnissen der benachbarten Bevölkerung zu genügen, und diente ausserdem ohne Zweifel, wie heute noch bei den Kabylen, der Befriedigung eines gesellschaftlichen Instinktes, der allen Menschen eigen ist. Hier bestand die einzige Möglichkeit einer Zerstreuung für die an die Bebauung der Erde gefesselte Menschheit. Dass Karl der Grosse den Leibeigenen seiner Domänen das Vagabundieren durch die Märkte verbieten musste, zeigt deutlich genug, dass diese mehr aus Vergnügungssucht als zu Handelszwecken aufgesucht wurden[12].

Die Juden. Berufskaufleute sind nicht zu finden oder aber es handle sich um Juden. Sie allein betätigen sich regelmässig im Handel seit Beginn der Karolingerzeit. Dies geht so weit, dass im Sprachgebrauch der Zeit *iudaeus* und *mercator* wie Synonyme erscheinen. Ein Teil von ihnen stammt aus dem Süden Frankreichs, aber der Gewalthaufe kommt von den mohammedanischen Ländern des Mittelmeers, woher sie über Spanien nach Westeuropa und nach dem Norden gelangen. Man denke an die Radaniten, jene ewigen Wanderer, die einen schwachen Kontakt mit dem Orient aufrechterhalten [13]. Ihre Handelsware besteht ausschliesslich aus Gewürzen und wertvollen Stoffen, die in mühseligem Transport von Syrien, Ägypten und Byzanz aus das Reich der Karolinger erreichen. Sie liefern der Kirche den zur Verrichtung ihrer heiligen Handlungen notwendigen Weihrauch, dann etwa noch die reichen Messgewänder, wie sie in den Kirchenschätzen in seltenen Exemplaren auf uns gekommen sind. Sie importieren Pfeffer, ein so seltenes und teures Gewürz, dass es an Geldes statt verwendet wird, ferner Emaille und Elfenbeinschnitzereien orientalischer Herkunft, Luxusgegenstände der damaligen Aristokratie. Die Kundschaft der jüdischen Händler ist demnach sehr beschränkt. Sie müssen grosse Gewinne erzielt haben, aber ihre wirtschaftliche Bedeutung bleibt, im ganzen gesehen, nebensächlich. Ihr Verschwinden hätte keinen wesentlichen Verlust für das Gemeinwesen bedeutet.

Gesellschaftliche Zustände seit dem 9. Jh. Welchen Standort wir auch für unsere Betrachtungen einnehmen, die Gesellschaftsordnung des westlichen Europa erscheint uns seit dem 9. Jh. allemal wesentlich bäuerlich, der Warenaustausch befand sich auf der denkbar niedersten Stufe. Der Kaufmannsstand ist verschwunden. Die Lebensbedingungen der Menschen werden bestimmt durch deren Beziehung zu Grund und Boden. Eine Minderheit kirchlicher und weltlicher Herren teilt sich in dessen Besitz. Unter ihnen steht eine Mehrheit von Hintersassen, die sich auf die einzelnen Domänen verteilen. Freiheit und Macht haften am Boden, dessen Besitzer zu gleicher Zeit auch

Herr ist; wer nichts davon hat, ist Leibeigener. Das Wort *vilain* bezeichnet den Bauern in einer Domäne *(villa)* und den Leibeigenen zugleich. Wenig bedeutet es demgegenüber, dass da und dort innerhalb der Landbevölkerung einige Einzelindividuen zufällig ein Stück Boden und damit auch ihre persönliche Freiheit bewahrt haben. Die normale Lage des Landvolkes, d. h. des ganzen Volkes, ist die Leibeigenschaft. Ohne Zweifel bestehen zahlreiche Variationen innerhalb dieses untersten Standes, wo man neben Menschen, die dem antiken Sklaven sehr nahestehen, auch die Abkömmlinge einstiger kleiner Grundbesitzer findet oder solche, die sich freiwillig in die Abhängigkeit eines Grossen begeben haben. Entscheidend ist nicht deren Rechtsstellung, sondern der soziale Rang, und dieser macht jene, die auf grundherrlichem Boden leben, zu Abhängigen und Ausgebeuteten, aber zu gleicher Zeit auch zu Beschützten.

VORHERRSCHAFT DER KIRCHE. In dieser hierarchisch gegliederten Welt kommt der erste Platz der Kirche zu. Ihr gebühren die ökonomischen und moralischen Vorrechte. Der Umfang ihrer unzähligen Güter übersteigt in dem Mass jenen der weltlichen Hand, als sie selbst dem Adel an Kenntnissen überlegen ist. Sie allein verfügt darüber hinaus dank der Vergabungen von Gläubigen und der Almosen von Pilgern über ein Geldkapital, das sie in Zeiten der Not Bedürftigen leihen kann. Schliesslich gebietet sie noch in einer dem allgemeinen Unwissen verfallenen Gesellschaft über zwei unabkömmliche kulturelle Instrumente: Lesen und Schreiben. Könige und Fürsten sehen sich gezwungen, ihre Kanzler, Schreiber und Notare, kurz das ganze ausgebildete Personal, dessen sie sich nicht entschlagen können, bei ihr zu rekrutieren. Vom 9.–11. Jh. ruht die gesamte höhere Administration in ihren Händen. Wie in den Künsten, so herrscht auch dort ihr Geist vor. Die Verwaltung ihrer Domänen ist ein Vorbild, das zu erreichen der Adel sich vergeblich müht. Denn nur in der Kirche trifft man Leute, die fähig sind, Güterverzeichnisse aufzustellen, Rechnungsbücher zu führen, Einnahmen und Ausgaben zu kalkulieren und sie damit im Gleichgewicht zu halten. So ist die Kirche nicht nur die grosse moralische Autorität der Zeit, sondern dazu noch die erste Finanzmacht.

DAS WIRTSCHAFTSIDEAL DER KIRCHE. Ihre Weltauffassung steht in ausgezeichnetem Einklang mit den Wirtschaftsbedingungen dieser Epoche, wo der Boden allein Fundament der Sozialordnung ist. Gott ist es, der die Erde den Menschen gegeben hat, ihnen jenes irdische Leben zu ermöglichen, das auf das ewige Heil gerichtet ist. Zweck der Arbeit ist nicht Bereicherung, sondern nur Beibehaltung jenes Zustandes, in dem man geboren worden ist, um also den Übergang vom irdischen ins ewige Leben zu erwarten. Mönchische Enthaltsamkeit ist das Ideal, auf das die ganze Gesellschaft ihr Augenmerk richtet. Streben nach Reichtum heisst der Sünde des Geizes verfallen. Armut ist göttlichen Ursprungs und von der Vorsehung geboten. Aber es ziemt den Reichen, diese durch Wohltätigkeit zu lindern, nach dem Beispiel der Klöster. Daher soll der Überschuss ihrer Ernten geborgen werden zur unentgeltlichen Verteilung, wie auch die Abteien ihre Darlehen Bedürftigen ohne Zins gewähren.

DAS ZINSVERBOT. *Mutuum date nihil inde sperantes.* Die Leihe gegen Zins oder, wie der technische Ausdruck lautet, der bis zum heutigen Tag im Französischen den pejorativen Sinn beibehalten hat, die *usura* (*usure* = Wucher) gilt als Greuel. Stets Klerikern untersagt, gelingt es der Kirche vom 9. Jh. an auch den Laien diese zu verbieten und dafür die Hilfe der Gerichte zu gewinnen. Im übrigen hält man den Handel im allgemeinen als nicht minder verwerflich wie Geldgeschäfte. Auch er ist gefährlich, weil er die Seele von ihrem letzten Ziele fernhält. *Homo mercator vix aut nunquam potest deo placere* [14].

Unschwer wird man die harmonische Übereinstimmung dieser Prinzipien mit den Gegebenheiten der Zeit erkennen und einsehen, wie sehr das kirchliche Ideal mit der Realität im Einklang steht. Es rechtfertigt einen Zustand, von dem die Kirche zuerst ihren Nutzen hat. Die Verdammung des Zinses, des Handels, des Vorteils um des Vorteils willen, was gibt es Natürlicheres in Jahrhunderten, da jeder Gutshof sich selbst genügt und in sich eine geschlossene Welt bildet; welche grössere Wohltat, wenn man bedenkt, dass allein die Hungersnot dazu zwingt, bei einem andern Hilfe zu suchen, wodurch man Gefahr liefe, allen Missbräuchen ausgeliefert zu sein: der Spekulation, dem Wucher, dem Aufkauf, kurz allen Versuchen, eine Notlage auszunützen, wenn nicht eben diese Missbräuche durch die kirchliche Moral verdammt gewesen wären? Sicherlich besteht zwischen Theorie und Praxis eine Kluft, und selbst die Klöster setzten sich gelegentlich über die kirchlichen Gebote hinweg. Gleichwohl hat die Kirche die Welt mit ihrem Geiste derart durchsäuert, dass es langer Jahrhunderte bedurfte, bis sie sich den Forderungen einer zukünftigen wirtschaftlichen Wiederaufrichtung anpasste und es lernte, ohne allzuviel Hintergedanken die Rechtlichkeit des kaufmännischen Gewinnes, der Kapitalverwertung und der Verzinsung anzuerkennen.

ERSTES KAPITEL

DIE RENAISSANCE DES HANDELS

1. Das Mittelmeer [1]

FORTBESTEHEN DES MITTELMEERHANDELS IM BYZANTINISCHEN ITALIEN. Der Einbruch des Islams in das Mittelmeerbecken während des 7. Jhs. hatte dieses zwar der westlichen, nicht aber der gesamten Christenheit versperrt. Einzig das Tyrrhenische Meer gewann den Charakter eines mohammedanischen Sees. Dies gilt aber nicht für die süditalienischen Gewässer, nicht für das Adriatische und nicht für das Ägäische Meer. Es war schon oben davon die Rede, dass in diesen Strichen der Widerstand der byzantinischen Flotte gegen die Araber erfolgreich war. Seit dem Rückschlag bei der Belagerung von Konstantinopel im Jahre 719 hatte man den Halbmond im Bosporus nicht mehr gesehen. Der Krieg ging indes mit wechselndem Glück zwischen den feindlichen Konfessionen weiter. Als Herren Afrikas kämpften die Araber erbittert um den Besitz Siziliens, wo sie sich nach der Einnahme von Syrakus 878 endgültig festsetzten. Doch darüber hinaus gelangten sie nicht. Die süditalienischen Städte, im Westen Neapel, Gaëta, Amalfi und Salerno, Bari im Osten, anerkannten weiterhin den Kaiser von Konstantinopel. Das gleiche galt von Venedig, das, am Ende der Adria gelegen, niemals ernstlich von der sarazenischen Flut bedroht wurde.

Zweifellos war das Band, das diese Häfen mit dem Byzantinischen Reiche verknüpfte, nicht sehr stark und wurde immer schwächer. Die Gebiete der normannischen Staatengründungen in Italien und Sizilien (1029–1091) wurden endgültig davon abgeschnitten. Venedig dagegen, dessen die Karolinger im 9. Jh. nicht habhaft werden konnten, verblieb um so lieber unter dem Zepter des Basileus, als dieser sich klug davor hütete, der Stadt, die langsam daran ging, sich in eine unabhängige Republik umzuwandeln, seine Herrschaft spüren zu lassen. Wenn aber die politischen Beziehungen des Byzantinischen Reiches mit seinen italienischen Aussenposten nicht rege waren, so unterhielt es dafür mit ihnen einen um so lebhafteren Handel. Diese kreisten in seiner Bahn, orientierten sich nach ihm und drehten, wenn man so sagen darf, dem Okzident den Rücken. Die Lebensmittelzufuhr nach Konstantinopel, das damals ungefähr eine Million Einwohner zählte, hielt ihren Export aufrecht. Die Fabriken und Handelshäuser der Metropole lieferten Tuch und Gewürze, die sie wiederum nicht entbehren konnten.

Denn die Stadtkultur mit allen ihren luxuriösen Bedürfnissen war im Byzantinischen Reich nicht untergegangen, wie dies im karolingischen Europa der Fall war. Zwei Welten standen sich in Tat und Wahrheit gegenüber. Hier war die wirtschaftliche Entwicklung durch den Vorstoss des Islams nicht unterbrochen worden. Die Meerschiffahrt hielt weiterhin einen bedeutenden Handel aufrecht und damit auch volkreiche Städte voller Handwerker und Berufskaufleuten. Man kann sich kaum einen eindrücklicheren Gegensatz vorstellen als jenen zwischen Westeuropa, wo der Boden alles galt, das Geschäftsleben nichts, und Venedig, einer Stadt ohne Land, allein aus ihrer Kauffahrtei lebend.

Handelsbeziehungen des byzantinischen Italiens und Venedigs mit dem Islam. Die Städte des byzantinischen Italiens und Venedig begnügten sich bald nicht mehr damit, ihre Schiffe allein nach Konstantinopel und den christlichen Häfen des Orients zu entsenden. Unternehmungsgeist und Gewinnsucht waren zu stark und auch zu notwendig, als dass religiöse Skrupel sie lange daran verhindert hätten, ihre alten Handelsbeziehungen mit Afrika und Syrien wieder aufzunehmen, obwohl diese Gegenden in den Händen der Ungläubigen waren. Seit dem Ende des 9. Jhs. werden Verbindungen angebahnt, die sich fortan immer fester knüpfen. Wenig gilt ihnen die Religion ihrer Kundschaft, vorausgesetzt, dass diese zahlt. Die Profitgier, von der Kirche verdammt und als Geiz verrufen, zeigt sich hier in brutalster Gestalt. Die Venetianer verschleppen junge Slawinnen, die sie an den dalmatinischen Küsten rauben oder kaufen, in die Harems Ägyptens und Syriens, und sie bereichern sich an diesem Sklavenhandel [2] um nichts weniger, als es so manche französische und englische Reeder später im 18. Jh. mit dem Verkauf von Negern tun sollten. Hinzu kommt die Ausfuhr von Bauholz und Eisen, die in den Ländern des Islams fehlten. Niemand zweifelt übrigens daran, dass diese Materialien zum Bau von Schiffen und zur Herstellung von Waffen benötigt werden, die dann gegen die Christen, vielleicht gar gegen venetianische Seeleute selbst zum Einsatz gelangen. Der Händler sieht hier wie gewöhnlich nur den unmittelbaren Erfolg und das gute Geschäft. Der Papst mag die Verkäufer christlicher Sklaven mit der Exkommunikation bedrohen, der Kaiser die Versorgung der Ungläubigen mit Kriegsmaterial untersagen, es nützt alles nichts. Venedig, wohin Kaufleute im 9. Jh. die Reliquien des heiligen Markus transferiert hatten, zählt auf deren Schutz und erlaubt sich daher alles in der Überzeugung, der zunehmende Wohlstand rühre billigerweise von der ihnen dargebrachten Verehrung her.

WIRTSCHAFTLICHE ENTWICKLUNG VON VENEDIG. Die Reichtümer häufen sich ohne Unterlass. Die Lagunenstadt scheut keine Mittel, spannt alle Energien an und entwickelt eine erstaunliche Betriebsamkeit, diesen Seehandel, die eigentliche Grundlage ihrer Existenz, auszubauen. Sozusagen die ganze Bevölkerung findet in ihm ihre Beschäftigung und ist von ihm ebenso abhängig, wie es die Menschen des Kontinents vom Boden sind. Auch ist die Leibeigenschaft, unausbleibliche Folge der wirtschaftlichen Lebensbedingungen der Bauern jener Zeit, unbekannt in einer Stadt von Seeleuten, Handwerkern und Kaufleuten. Das

Vermögen allein bedingt die soziale Schichtung, die von der Rechtsstellung unberührt bleibt. Schon sehr frühzeitig bildet sich als Folge der erzielten Gewinne ein reicher Kaufmannsstand, in dessen Gebaren wir unzweifelhaft kapitalistische Züge zu erkennen vermögen. Die Gesellschaft nach Commenda-Vertrag, welche der in der byzantinischen Welt geltenden Rechtspraxis entlehnt ist, erscheint in Venedig seit dem 10. Jh.

Der Gebrauch der Schrift, ohne die kein Geschäft von einiger Bedeutung getätigt werden kann, stellt den sichersten Beweis für den wirtschaftlichen Fortschritt dar. Ein «Sekretär» befindet sich unter der Mannschaft eines jeden Schiffes, das in die Fremde segelt, und man darf daraus folgern, dass auch die Reeder sehr schnell gelernt haben, selber Buch zu führen und brieflich mit ihren Geschäftsfreunden zu verkehren [3]. Unnötig zu sagen, dass hier der Ausübung des Handels kein Makel anhaftet. Die vornehmsten Familien liegen ihm ob; die Dogen selbst geben das Beispiel, und dies schon, was für Zeitgenossen Ludwigs des Frommen beinahe unglaublich erscheinen mag, seit der Mitte des 9. Jhs. Im Jahre 1007 verwendet Peter II. Orseolo die Gewinne aus einer Summe von 1250 Pfund, die er in seine Unternehmungen gesteckt hat, für eine wohltätige Stiftung. Am Ende des 11. Jhs. ist die Stadt überfüllt von behäbigen Patriziern, Besitzern zahlloser Anteile an den Reedereien *(sortes)*, deren Lagerhäuser und Landestellen *(stationes)* sich um den Rivo-Alto und längs der Hafenanlagen gruppieren, die sich immer weiter hinaus über die Inseln der Lagune erstrecken.

Die venetianische Expansionspolitik. Venedig war damals bereits eine Seemacht. Schon vor 1100 gelingt es, die Adria von den Bedrohungen der dalmatinischen Piraten zu befreien, und die Stadt erreicht ihre feste Vorherrschaft über die ganze Ostküste dieses Meeres, das sie fortan auf Jahrhunderte hinaus als ihr Eigentum betrachtet. Um die Einmündung ins Mittelmeer zu sichern, werden 1002 in Zusammenarbeit mit der byzantinischen Flotte die Sarazenen aus Bari verjagt. Siebzig Jahre später kommt es zur gleichen Koalition, als der Normanne Robert Guiscard in Süditalien seinen Staat begründet, mit dem eine für Venedig und das Griechische Reich gleicherweise gefährliche maritime Konkurrenz erwächst, der man zusammen siegreich begegnet. Mit dem Tode Roberts (1076) ist es um die Expansionspolitik geschehen, welche dieser geniale Fürst im Mittelmeer angestrebt hatte. Das Kriegsglück wendet sich zum Vorteil Venedigs, das sich mit einem Schlage mehrerer Rivalen entledigt: Neapel, Gaëta, Salerno und vor allem Amalfi teilen das Schicksal des feindlichen Staates und treten seither den venetianischen Seeleuten die Märkte von Konstantinopel und des Orients ab.

Venedig und das Byzantinische Reich. Die Matrosen der Lagunenstadt erfreuten sich übrigens schon seit langem eines unbestrittenen Übergewichts. Bereits 992 hatte der Doge Peter II. Orseolo von den Kaisern Basilius und Konstantin eine goldene Bulle erwirkt, welche die venetianischen Schiffe von den Abgaben ausschloss, zu denen sie bisher am Zoll von Abydos gezwungen worden waren. Die Beziehungen zwischen dem Adriahafen und dem Bosporus gestalteten sich so eng, dass sich eine venetianische Kolonie dort ansiedelte, welche von den Kaisern mit Vorrechten privilegiert war. In den folgenden Jahren fanden weitere Niederlassungen statt: Laodicea, Antiochia, Mamistra, Adana, Tharsus, Satalia, Ephesus, Chios, Phokäa, Selembria, Herakläa, Rodosto, Andrinopolis, Saloniki, Demetrias, Athen, Theben, Koron, Modon, Korfu. An allen Ecken des Reiches verfügte so die venetianische Schiffahrt über die notwendigen Versorgungsbasen und Stützpunkte, ihre Herrschaft zu sichern. Man darf sagen, dass sie seit Ende des 11. Jhs. beinahe ein Transportmonopol in allen europäischen und asiatischen Provinzen innehatte, welche den Kaisern von Konstantinopel verblieben waren.

Diese aber suchten sich einem Zustand nicht zu widersetzen, den sie nur zu ihrem Nachteil bekämpft hätten. Als endgültige Bestätigung der venetianischen Vorherrschaft in ihren Staaten darf man das Privileg betrachten, das Alexius Komnenos 1082 dem Dogen gewährte. Seither sind die Venetianer im gesamten Gebiete des Reiches von jeglichen Handelszöllen befreit. So sind sie sogar vor den eigenen Untertanen des Basileus bevorzugt. Die Bestimmung, welche ihnen gewisse Abgaben vorschreibt für den Fall, dass sie ausländische Ware befördern, schliesst den Beweis dafür, wie sehr sie seither zu alleinigen Inhabern des ganzen Seehandels im östlichen Teil des Mittelmeers geworden sind. Denn, wenn man auch schlecht unterrichtet ist über den Fortschritt ihrer Beziehungen zur islamitischen Welt seit dem 10. Jh., so weist alles darauf hin, dass hier ein paralleler Vorgang besteht, der sich in ähnlichem, wenn auch weniger beschleunigtem Tempo abspielte.

II. Nord- und Ostsee [4]

Die zwei Binnenmeere, Nord- und Ostsee, die, als Gegenstück zum Mittelmeer im Süden, die Küsten des nördlichen Europa umspülen, bieten vom 9.–11. Jh. ein Bild, das, so sehr es sich auch vom eben gezeichneten unterscheidet, diesem wiederum in einigen wesentlichen Zügen nahekommt. Auch hier finden wir an der Küste, gewissermassen am Rande des Kontinents, eine maritime und kommerzielle Aktivität, die in krassem Gegensatz zu dessen bäuerlichen Wirtschaftsformen steht.

Die Einfälle der Normannen. Wir haben oben gesehen, dass der Verkehr in den Häfen von Quentowic und Duurstede die normannische Invasion nicht überlebte. Das Reich der Karolinger ermangelte einer Flotte, vermochte daher den Überfall der nordischen Barbaren nicht abzuwehren, wie es Byzanz gegenüber den Mohammedanern getan hatte. Diese Schwäche wurde in der Folge von den

Skandinaviern nur allzusehr ausgenützt, die das Land fortwährend «schröpfen», nicht nur über die Flussmündungen der Nordsee, sondern auch über jene des Atlantik. Wir benützen hier absichtlich den Ausdruck «schröpfen», da kein anderer besser der Wirklichkeit entspricht.

Unter Normannen dürfen wir uns aber nicht einfache Plünderer vorstellen. Als Beherrscher des Meeres vermochten sie ihre Angriffe genau zu berechnen, und sie unterliessen es auch nicht, dies zu tun. Es lag aber nicht in ihrer Absicht, auf Eroberung auszugehen. Höchstens, dass sie sich auf dem Kontinent wie auf den britischen Inseln einige Siedlungsgebiete sicherten. Die tief ins Land getragenen Vorstösse trugen jedoch im Grunde den Charakter grosser Razzien. Diese erfolgten unzweifelhaft mit Methode. Man sieht, wie sie von einem zur Festung ausgebauten Zentrum ausgehen, wo auch die Beute aus den benachbarten Gegenden aufgestapelt wird, bis der Abtransport nach Dänemark oder Norwegen möglich ist. Die Wikinger sind daher im ganzen Piraten, und man weiss, dass Piraterie die erste Stufe des Handels ist. Das trifft so sehr zu, dass sie sich seit dem Ende des 9. Jhs., mit dem Nachlassen der Plünderungszüge, in Kaufleute verwandeln.

Die Ausbreitung des skandinavischen Handels. Zum richtigen Verständnis der skandinavischen Ausbreitung gilt es festzustellen, dass diese nicht ausschliesslich nach Westen gerichtet war. Wenn Dänen und Norweger ihr Augenmerk auf die Staaten der Karolinger, auf England, Schottland und Irland hefteten, so hatten es ihre schwedischen Nachbaren auf Russland abgesehen. Es ist nicht unsere Aufgabe, hier zu untersuchen, ob letztere durch die slawischen Fürsten im Tale des Dniepr zur Hilfe gegen die Petschenegen herbeigerufen wurden oder ob sie, beutegierig, von sich aus gegen die byzantinischen Ufer des Schwarzen Meeres vorstiessen, über jene grosse natürliche Strasse, die seit unvordenklichen Zeiten von griechischen Bernsteinhändlern aus dem Chersones und den Kolonien des Pontus Euxinus auf ihren Fahrten nach der Ostsee benützt wurde. Es genügt festzustellen, dass sie längs des Dniepr und seiner Nebenflüsse befestigte Lager errichteten, ähnlich jenen ihrer dänischen und norwegischen Brüder, die gleichzeitig in den Tälern der Schelde, der Maas und der Seine entstanden. Da sie sehr weit entfernt vom Mutterlande liegen, bilden sich innerhalb dieser Ringmauern, slawisch «gorod», ständige Waffenplätze der Eindringlinge, von wo sie ihre Herrschaft über die wenig kriegerischen Völkerschaften ihrer Umgebung befestigen und diese ausbeuten. Dort treiben sie die den Besiegten auferzwungenen Tribute ein, die Sklaven, die sie bei ihnen einfingen, sowie den Honig und die Pelze, welche sie in den Urwäldern reichlich fanden. Doch ihre beherrschende Stellung musste bald zum Tauschhandel führen.

Der skandinavische Handel in Russland. Südrussland, wo die Skandinavier sich festgesetzt hatten, lag damals zwischen zwei Kulturzentren. Jenseits des Kaspischen Meeres, im Osten, breitete sich das Kalifat von Bagdad aus; im Süden erschlossen die Wellen des Schwarzen Meeres das Byzantinische Reich und Konstantinopel. Die Skandinavier des Dnieprbeckens erlagen sofort dieser zwiefachen Anziehung. Arabische Händler, Juden und Byzantiner waren ihnen vorangegangen, zeigten ihnen den Weg, und sie zögerten nicht, diesen einzuschlagen. Die von ihnen eroberten Gebiete erzeugten Produkte, die sich ganz besonders für den Handel mit reichen Ländern von raffinierter Kultur eigneten: Honig, Pelze und vor allem die Sklaven, dank deren in den mohammedanischen Harems, beim Grossgrundbesitz und in den byzantinischen Manufakturen Gewinne zu erzielen waren, die, wie uns schon das Beispiel Venedigs lehrte, äusserst verlockend waren.

Konstantinos Porphyrogenetos erzählt, wie sich die Skandinavier, von den Slawen «Russen» genannt, während des 10. Jhs. jährlich nach der Schneeschmelze mit ihren Schiffen in Kiew versammelten. Die Flotille fährt sodann langsam auf dem Dniepr abwärts, wo häufige Katarakte Hindernisse bilden, die nur im Schleppzug längs des Ufers zu überwinden sind [5]. Das Meer einmal erreicht, segelt man längs der Küste nach Konstantinopel, dem Ziel der langen und beschwerlichen Reise. Dort besitzen die Russen ihr eigenes Quartier, und Verträge, deren ältester ins 9. Jh. zurückreicht, regeln ihren Handel mit der grossen Stadt. Man weiss, dass diese bald einen starken Einfluss auf sie ausüben sollte. Von dort her empfingen sie das Christentum (957–1015); von dort her entlehnen sie ihre Kunst, ihre Schrift, den Gebrauch des Geldes und einen guten Teil ihrer Staatsverwaltung. Das genügt, die Bedeutung zu erweisen, welche ihrem Handel mit dem Bosporus zukommt.

Zu gleicher Zeit zogen sie durch das Tal der Wolga zum Kaspischen Meer, in dessen Häfen sie mit jüdischen und arabischen Kaufleuten Geschäfte trieben.

Der skandinavische Handel in der Ostsee. Doch damit war ihrer Betriebsamkeit kein Ziel gesetzt. Sie führten darüber hinaus alle jene Handelsware — Gewürze, Wein, Seide, Goldschmiedewaren etc. —, die sie gegen ihre Produkte — Honig, Pelze und Sklaven — eingetauscht hatten, nach dem Norden aus. Die erstaunlich zahlreichen Funde von arabischen und byzantinischen Münzen in Russland enthüllen als silberne Linie die Handelswege, auf denen sie das Land durchquerten und die von Wolga und Dniepr auf die Düna und auf die Seenplatte hinzielen, dem letzten Verbindungsstück zum Bottnischen Meerbusen. Dort erreichte der Handelsverkehr vom Kaspischen und vom Schwarzen Meere her die Ostsee, um in dieser seine Fortsetzung zu finden. Über die unendlichen Weiten des kontinentalen Russland hinweg fand also die skandinavische Schiffahrt den Anschluss an die Welt des Orients [6].

Die Insel Gotland, die in ihrem Boden mehr noch als Russland zahllose arabische und griechische Münzdepots birgt, scheint auch der grosse Etappenort dieses Handelsverkehrs gewesen zu sein, wo sich der Kontakt mit dem nördlichen Europa bewerkstelligte. Man ist versucht anzunehmen, dass die Normannen dort die Beute aus England und Frankreich gegen wertvolle aus Russland herangebrachte Produkte eintauschten.

Über die sehr wichtige Vermittlerrolle Skandinaviens kann kein Zweifel sein, wenn man an die gewaltigen Fortschritte der Schiffahrt im 10. und 11. Jh. denkt, während jener Epoche also, die unmittelbar auf die Einfälle der Dänen und Norweger im Okzident folgte. Dem Beispiel ihrer schwedischen Brüder folgend, wandelten sich diese von Piraten zu Kaufleuten, zu barbarischen Kaufleuten allerdings, stets bereit, ihr Plündern wieder aufzunehmen, sobald sich nur eine Gelegenheit dazu bietet, aber immerhin Kaufleute und, was wichtiger ist, seefahrende Kaufleute über weite Distanzen [7].

Der skandinavische Handel in der Nordsee. Ihre Barken ohne Deck trugen von Gotland aus die Handelsware in alle Winde. Faktoreien entstehen längs der schwedischen Küste und auf den noch slawischen Gestaden zwischen Elbe und Weichsel; im Süden Dänemarks haben Ausgrabungen in Haithabu (nördlich von Kiel) die Existenz eines ehemaligen Handelsplatzes erwiesen, dessen bis zum 11. Jh. reichende grosse Bedeutung durch die aufgefundenen Ruinen bezeugt ist [8]. Auch die Hafenplätze der Nordsee werden von dieser Bewegung ergriffen, zumal sie den nordischen Seefahrern, welche lange Zeit deren Hinterland geplündert hatten, gut bekannt waren. Hamburg an der Elbe und Tiel am Wal erleben im 10. Jh. den regen Besuch von normannischen Schiffen. England sieht sie noch öfter als Gäste, und die Geschäfte geben den Skandinaviern eine Vorrangstellung, der sich die Angelsachsen nicht zu widersetzen vermögen und die ihren Scheitelpunkt in dem Moment erreicht, als Knut der Grosse (1017–1035) in einem ephemeren Reiche die grosse Insel mit Dänemark und Norwegen vereinigt. Die Verbindungen zwischen den Mündungen der Themse und des Rheins zur

Düna und auch zum Bottnischen Golf sind festgestellt durch Funde englischer, flämischer und deutscher Münzen, die an den verschiedensten Stellen der Nord- und Ostsee gemacht wurden. Die skandinavischen Sagas haben uns trotz einer späteren Redaktion die Erinnerung an die Abenteuer jener unerschrockenen Seefahrer bewahrt, die sich bis in das entfernte Island und gar nach Grönland wagten. Kühne Jünglinge suchten die Vereinigung mit ihren Landsleuten im südlichen Russland; Angelsachsen und Skandinavier stehen in der Garde des Kaisers von Konstantinopel. Kurz, die nordischen Völker zeigten sich damals von einer Energie und von einem Unternehmungsgeist, der an die Griechen der homerischen Zeit gemahnt. Ihre Kunst ist charakterisiert durch eine barbarische Originalität, mit der sich Einflüsse aus jenen orientalischen Ländern vermischen, die ihnen vom Handel her bekannt waren. Eine derartige Kraftanstrengung konnte nicht von langer Dauer sein. Zu wenig zahlreich, all die ungeheuren Räume zu beherrschen, die im Bereich ihrer Fahrzeuge lagen, mussten sie den Platz mächtigeren Rivalen in jenem Moment räumen, als ihr Handel, indem er den Kontinent erreichte, zugleich dort eine neue, mit ihnen konkurrierende Seeschiffahrt ins Leben rief.

III. Die Renaissance des Handels [9]

Das kontinentale Europa war nicht imstande, lange dem Druck der beiden Handelsbewegungen zu widerstehen, welche sich an seiner Peripherie ausbildeten, die eine im westlichen Mittelmeer und in der Adria, die andere in der Nord- und Ostsee. Die Beschäftigung mit dem Handel ist ansteckend, da sie der natürlichen Abenteuerlust und den menschlich verständlichen Verlockungen des Gewinns entspricht. Die Wirkung des Handels ist überwältigend, er vermag sogar jene in seinen Bann zu ziehen, aus denen er Vorteile zieht. Auch ist er von letzteren abhängig, sowohl durch die Tauschbeziehungen, die er herstellt, wie auch durch die Bedürfnisse, die er weckt. Zudem lässt sich der Handel nicht ohne Landwirtschaft denken, da er an sich unproduktiv ist und alle, die sich in ihm betätigen und bereichern, nur von dorther ihre Nahrungsmittel beziehen können.

Erste Handelsbeziehungen zwischen Venedig und dem Okzident. Die Verbindung mit der Landwirtschaft aufzunehmen, diese Notwendigkeit ergab sich für Venedig seit der Gründung auf den sandigen Inseln der Lagune, die selber nichts hervorbringen. Um zu leben, sahen sich deren erste Bewohner veranlasst, mit ihren Nachbaren auf dem Kontinent Salz und Fische, die ihnen das Meer lieferte, gegen Korn, Wein und Fleisch einzutauschen, welche sie sich auf keine andere Art verschaffen konnten. Dieser primitive Tauschhandel erweiterte sich zwangsläufig damit, dass die durch den Handel reicher und grösser werdende Stadt ihre Ansprüche und ihre Unternehmungslust steigerte. Am Ende des 9. Jhs. gerieten schon das Gebiet von Verona und besonders das Potal, von wo das übrige Italien leicht zu durchdringen ist, in ihren Bereich. Ein Jahrhundert später spannt sich ein ganzes Netz von Beziehungen an der Küste und im Landinnern: mit Pavia, Treviso, Vicenza, Ravenna, Cesena, Ancona und mit vielen andern.

Es ist klar, dass die Venetianer ihre Handelsgewohnheiten überall dort akklimatisierten, wenn man so sagen darf, wo sie zu Gast weilten. Ihre Kaufleute fanden mit der Zeit Nachahmer. Mangels Quellen ist es unmöglich, das Keimen des vom Handel innerhalb einer ländlichen Bevölkerung ausgestreuten Samens zu verfolgen. Die Kirche vermochte es sicher zu hemmen, war sie doch dem Geschäftsleben feindlich gesinnt und lebten nirgendwo zahlreichere und mächtigere Bischöfe als gerade südlich der Alpen.

Die Kirche und die Kaufleute. Die merkwürdige Episode aus dem Leben des heiligen Gerold von Aurillac († 909) zeigt uns eindringlich die Unvereinbarkeit der kirchlichen Moral mit der Gewinnsucht, d. h. mit der Kaufmannsgesinnung. Als der fromme Abt von einer Pilgerreise nach Rom zurückkehrte, traf er in Pavia auf zwei venetianische Kaufleute, die ihn veranlassten, orientalische Gewebe und Gewürze zu kaufen. Nun hatte er selbst in Rom ein prachtvolles Pallium erworben, das er ihnen vorzeigte, indem er zugleich den Preis nannte. Sie beglückwünschten ihn zum billigen Kauf eines Gegenstandes, der nach ihrer Aussage kostbarer sei als Konstantinopel. Gerold aber machte sich Vorwürfe, den Verkäufer betrogen zu haben, und sputete sich, ihm die Preisdifferenz zukommen zu lassen, da er sonst mit diesem Vorteil der Sünde des Geizes zu verfallen fürchtete [10].

Diese Anekdote illustriert aufs beste den moralischen Konflikt, der überall durch das Wiederaufblühen des Handels hervorgerufen wurde und der tatsächlich während des ganzen Mittelalters weiterdauern sollte. Die Kirche hörte nämlich nimmer auf, den Handelsgewinn als Gefahr für das Seelenheil hinzustellen. Ihr asketisches Ideal, das so vollendet der bäuerlichen Kultur entsprach, machte sie argwöhnisch und misstrauisch gegenüber Veränderungen der sozialen Ordnung, vor denen sie machtlos war, denen sie sich sogar unterwerfen musste, ohne sich im übrigen mit ihnen je freiwillig zu versöhnen. Das kirchliche Verbot der Zinsleihe lastete fürderhin auf dem Wirtschaftsleben. Es verhinderte die Kaufleute daran, sich ohne ständige Gewissensskrupeln zu bereichern, weil der Betrieb eines Handelsgeschäftes mit den Vorschriften der Religion eigentlich nicht in Einklang zu bringen war. Bester Beweis dafür sind die vielen Bankiers und Spekulanten, welche testamentarisch die vermeintlich durch sie beraubten Armen entschädigten oder einen Teil ihrer Güter, von denen sie im Grunde ihres Herzens glaubten, sie seien unrechtmässig erworben worden, dem Klerus vermachten. Wenn sie schon der Sünde nicht entraten konnten, so blieb doch zum mindesten ihr Glaube unversehrt; darauf zählten sie, um im Jüngsten Gericht Vergebung zu erlangen.

Pisa und Genua. Vergessen wir aber nicht, dass es gerade der Glaubenseifer ist, der wesentlich zur ökonomischen Expansion des Westens beigetragen hat. Das war der Fall bei den Kämpfen, die seit dem 11. Jh. zwischen Pisanern und Genuesern einerseits und dem Islam andrerseits ausbrachen. Im Unterschied zu den Venetianern, denen der Gewinn alles bedeutete, vereinigte sich bei ihnen der Hass gegen die Ungläubigen mit dem Unternehmungsgeist, um sie schliesslich dazu zu treiben, den Sarazenen die Herrschaft über das Tyrrhenische Meer streitig zu machen.

Ein immerwährender Kampf entbrannte nun zwischen den zwei entgegengesetzten Religionen. Am Anfang stand der Erfolg immer auf seiten der Mohammedaner. Im Jahre 935, dann 1004 plünderten sie Pisa, sicher in der Absicht, die maritime Expansion der Stadt zu ersticken, die einzuleiten sich diese anschickte. Aber die Pisaner waren entschlossen, sich Luft zu verschaffen. Ein Jahr darauf schlugen sie eine sarazenische Flotte in der Meerenge von Messina. Der Feind rächte sich 1011 dafür, indem er den Hafen seiner kühnen Konkurrenten eroberte und zerstörte. Diese liessen jedoch nicht davon ab, den Krieg, der zugleich religiöser und handelspolitischer Natur war, weiterzuführen, zumal die Päpste sie dazu antrieben, und die Reichtümer des Gegners lockten. Zusammen mit den Genuesern griffen sie Sardinien an und setzten sich dort fest (1015). Im Jahre 1034, durch den Erfolg ermutigt, scheuen sie nicht davor zurück, bis an die Küste Afrikas vorzupreschen und bemächtigen sich sogar für eine Weile der Stadt Bona. Ein wenig später suchen ihre Händler Sizilien auf. Zu deren Schutz erzwang 1052 eine pisanische Flotte den Eingang in den Hafen von Palermo, dessen Arsenal zerstört wurde.

Seither wandte sich das Glück eindeutig zugunsten der Christen. Ein Unternehmen, das durch die Anwesenheit des Bischofs von Modena von der Kirche unterstützt wird, richtet sich im Jahre 1087 gegen Mehdia. Den Seeleuten erscheinen der Erzengel Gabriel und der heilige

Petrus, sie zur Schlacht führend; sie nehmen die Stadt ein, metzeln die «Priester Mohammeds» nieder, plündern die Moschee und machen sich erst aus dem Staube, nachdem sie den Besiegten einen für sie günstigen Handelsvertrag aufgezwungen haben. Die kurz darauf erbaute Kathedrale der Stadt Pisa spiegelt vortrefflich den Mystizismus ihrer Bewohner wider, aber auch die Reichtümer, die ihnen durch ihre Siege zufliessen: kostbare Marmorsäulen, Goldwaren, golddurchwirkte und purpurne Stoffe, all dies aus Palermo und Mehdia weggetragen, zieren ihre Kirche. Es scheint, als habe man durch deren Glanz die Rache des Christentums an den Sarazenen bekräftigen wollen, deren üppiges Leben zugleich Gegenstand des Anstosses und des Neides war [11].

DER ERSTE KREUZZUG. Der Islam weicht zurück vor dem christlichen Gegenangriff und verliert die Herrschaft über das Tyrrhenische Meer, vormals ein mohammedanischer Binnensee. Der Auszug zum ersten Kreuzzug im Jahre 1096 sollte die endgültige Wende bringen. 1097 senden die Genueser eine Flotte aus mit Verstärkungen und Nahrungsmitteln für die vor Antiochia liegenden Kreuzfahrer. Im Jahr darauf gewährt ihnen Bohemund von Tarent einen *fondaco* samt Handelsprivilegien, den ersten, den wir kennen in der langen Reihe solcher Niederlassungen, welche die Seestädte später an der Küste des Heiligen Landes erhalten sollten. Nach dem Falle Jerusalems mehren sich die Beziehungen Genuas zum östlichen Mittelmeer. 1104 folgt die genuesische Kolonie in Akkon, welcher Balduin einen Drittel des Stadtbodens zubilligt, ferner einen Zugang zum Meer und eine Rente von 600 Byzantinern, die auf dem Zoll erhoben wurde. Pisa widmet sich mit wachsendem Eifer der Lebensmittelzufuhr für die syrischen Kreuzfahrerstaaten. Die von Italien ausgehenden Impulse des Geschäftslebens greifen nun auch auf die Provence über. 1136 hält Marseille schon einen bedeutenden Rang inne, dessen Bürger in Akkon eine Kolonie gründen. Auf der andern Seite des Golfe du Lion zeichnet sich der zukünftige Reichtum von Barcelona ab: wie einst die Mohammedaner christliche Sklaven verhandelten, so bilden nun in Spanien kriegsgefangene Mauren eine Handelsware für die Christen.

Wiedereröffnung des Mittelmeeres für den westlichen Handel. So steht das gesamte Mittelmeer für die westliche Schiffahrt wieder offen. Wie zu Zeiten der Römer stellen sich die Verbindungen von einem Ende zum andern wieder her auf diesem spezifisch europäischen Gewässer. Der Griff des Islams auf seine Wasserwege hat ein Ende genommen. Die Christen haben den Ungläubigen die Inseln entrissen, deren Besitz die Herrschaft garantiert: Sardinien 1022, Korsika 1091, Sizilien 1058–1090. Wenig bedeutete demgegenüber, dass die Türken bald darauf die ephemeren Staaten der Kreuzfahrer zerstören, dass die Grafschaft Edessa durch den Halbmond 1144 wieder erobert wird, Damaskus 1154, dass Saladin Aleppo 1183 nimmt, ferner 1187 Akkon, Nazareth, Caesarea, Sidon, Beirut, Askalon und schliesslich Jerusalem, und dass trotz aller Bemühungen es den Christen bis in die jüngste Zeit nie mehr gelang, die Oberhand in Syrien wieder zu erlangen, welche der erste Kreuzzug ihnen verliehen hatte. Der türkische Vorstoss hat aber niemals die eben errungene Stellung der italienischen Städte in der Levante erschüttert, so hoch auch seine welthistorische Bedeutung anzuschlagen ist und so schwer seine Auswirkungen seither auf dem gesamten Weltgeschehen lasten. Die neue Offensive des Islams beschränkte sich auf das Festland. Die Türken besassen keine Flotte und suchten nicht, eine solche aufzubauen. Der Handel der Italiener mit den Städten Kleinasiens war weit davon entfernt, letzteren zu schaden, brachte vielmehr nur Vorteile. Durch ihn gelangten die wertvollen Gewürze weiter nach Westen, die mit Karawanen aus China und Indien in Syrien eintrafen, um dort von italienischen Schiffen aufgenommen zu werden. Nichts war daher wünschenswerter als das Bestehen eines Seeverkehrs zu Nutz und Frommen der türkischen und mongolischen Wirtschaftsinteressen.

Die Kreuzzüge und die italienische Schiffahrt. Die italienischen Flotten hörten dagegen nicht auf, in steigendem Masse die Kreuzzüge zu unterstützen, und zwar bis zu dem Tag, da die Katastrophe Ludwigs des Heiligen vor Tunis (1270) das ganze Unternehmen abschloss und dessen politischen und religiösen Misserfolg besiegelte. Es ist sogar sehr wahrscheinlich, dass ohne die Mithilfe von Venedig, Pisa und Genua den vergeblichen Bemühungen der Kreuzfahrer ein früheres Ende beschieden gewesen wäre.

In der Tat vollzog sich der erste Kreuzzug als einziger auf dem Landweg, weil der Transport der nach Jerusalem ziehenden Massen zu Wasser mit den damaligen Mitteln noch nicht möglich war. Die Segel der Italiener dienten zunächst nur der Versorgung der Heere mit Lebensmitteln. Aber unzweifelhaft hatte ihre Schiffahrt durch die Kreuzzüge einen starken Antrieb erhalten und nahm sehr bald einen unglaublichen Aufschwung. Die Gewinne der Kriegslieferanten werden zu allen Zeiten grosszügig bemessen, und es ist anzunehmen, dass die schnell zu Reichtum gelangten Venetianer, Pisaner, Genueser und Provençalen sich beeilten, neue Schiffe auf Kiel zu legen. Die Versorgung der in Syrien begründeten Kreuzfahrerstaaten sicherte solchen Transportmitteln, ohne die kein fränkisches Heer im Orient aufrechterhalten werden konnte, eine regelmässige Verwendung zu. Mit Privilegien für die Städte, deren Hilfe unentbehrlich war, wurde nicht gekargt. Dies trägt dazu bei, dass seit dem Ende des 11. Jhs. die Küsten Palästinas, Kleinasiens und die Inseln des Ägäischen Meeres mit ihren Stapelplätzen, sog. *fondaci*, übersät werden.

Bald zieht man die Hilfsmittel der Städte zu Kriegshandlungen heran. Während des zweiten Kreuzzuges führen italienische Fahrzeuge die Truppen Ludwigs VII. und Konrads III. längs des anatolischen Ufers ins Heilige Land. Der dritte Kreuzzug liefert den besten Beweis für die Vermehrung des italienischen und provençalischen Schiffsraumes, der nunmehr ausreichte, Heere wie jene von Richard Löwenherz und Philipp-August zu befördern. Seither gehen alle folgenden Fahrten ausschliesslich zu Wasser vor sich. Es ist bekannt, wie die Venetianer die Situation ausnützten, um die für den vierten Kreuzzug ausgerüstete Kriegsflotte zu ihrem Vorteil nach Konstantinopel zu dirigieren, deren Führer, unfähig, den für die Überfahrt ausgemachten Preis zu bezahlen, schliesslich ihnen die Leitung überlassen mussten, was zur Belagerung und Eroberung der Weltstadt führte. Das ephemere Lateinische Kaiserreich, das anschliessend um den Bosporus herum errichtet wurde, war zum grössten Teil eine politische Gründung der Venetianer. Mit dessen Verschwinden (1261) sah sich Venedig gezwungen, zusammen mit den Genuesern die Vorherrschaft in der Levante zu teilen, welch letztere der venetianischen Politik entgegengearbeitet und sich kräftig um die Restauration von Michael Paläologos bemüht hatten.

Italienische Vorherrschaft im Mittelmeer. Als wesentliches und dauerndes Resultat der Kreuzzüge dürfen wir die Tatsache betrachten, dass die italienischen Städte und in geringerem Masse auch diejenigen der Provence und Kataloniens die Herrschaft im Mittelmeer erhielten. Zwar gelang es nicht, das Heilige Land dem Islam zu entreissen, auch verblieb von den anfänglichen Eroberungen der Christen nur einiges wenige an der kleinasiatischen Küste und auf den Inseln, dagegen zog fortan der Seehandel Westeuropas den gesamten Verkehr zwischen dem Bosporus, Syrien und der Meerenge von Gibraltar an sich, und zudem war damit ein neuer, genau genommen kapitalistischer Aufschwung des Wirtschaftslebens verbunden, der sich langsam über alle Gegenden nördlich der Alpen ausbreiten sollte.

Niedergang der byzantinischen Schiffahrt. Auf diese siegreiche Expansion vermochte der Islam nicht vor dem 15. Jh. zu antworten; das Byzantinische Reich, unfähig, ihr zu begegnen, musste sich darein fügen. Mit seiner einstigen Vorherrschaft im östlichen Mittelmeer ist es seit dem 12. Jh. tatsächlich aus. Es gelangt unter den Einfluss der Seestädte, welche nach Gutdünken über Ein- und Ausfuhr schalten. Um das Joch abzuschütteln, versuchte der Kaiser gelegentlich Pisaner oder Genueser gegen die Venetianer auszuspielen, lässt auch den Strassenmob die verhassten Ausländer ohne Unterschied niedermetzeln, wie z. B. 1182, aber er kommt ohne sie doch nicht aus und, wie dem auch sei, er überlässt ihnen seinen Handel, und zwar in weit höherem Masse, als dies etwa im 17. Jh. von seiten der Spanier gegenüber Holländern, Engländern und Franzosen geschah.

Der italienische Handel. Das Aufblühen des maritimen Handels ward von Anfang an begleitet von einer Infiltrierung des Hinterlandes. Nicht nur, dass die Landwirtschaft, angestachelt durch die Nachfrage nach ihren Produkten, seither einen Tauschverkehr eingeht, der bald ihre Struktur ändern soll, darüber hinaus ist auch eine Exportindustrie im Entstehen begriffen. Die Lombardei belebt sich als erste infolge ihrer ausserordentlich günstigen Lage zwischen den drei Handelszentren Venedig, Pisa und Genua. Land und Städte teilen sich in die Produktion, jenes mit Getreide und Wein, diese mit Textilien aus Leinen und Wolle. Schon im 12. Jh. fabriziert Lucca Seidenstoffe, deren Rohmaterial durch die Schiffahrt herangebracht wird. In der Toscana sind es Siena und Florenz, welche durch das Arnotal zu ihrem Vorteil mit Pisa und dessen blühendem Handel in Verbindung stehen. Die Belebung des Wirtschaftslebens greift über Genua hinaus längs des Golfe du Lion und erreicht das Rhonebecken. In der Provence strahlen von den Häfen Marseille, Montpellier und Narbonne starke Impulse aus, ebenso wie von Barcelona nach Katalonien.

Der wirtschaftliche Druck dieser Küstenländer ist so stark, dass ihr Handel seit dem 11. Jh. nordwärts ausbricht und über die Alpenpässe flutet, welche die Sarazenen von Fraxinetum noch im 10. Jh. gefährlich verrammelt hatten. Über den Brenner erreicht er von Venedig aus Deutschland, über den Septimer und den Grossen St. Bernhard gewinnt er die Täler der Saône und des Rheins, über den Mont-Cenis das Rhonetal. Der St. Gotthard, lange Zeit unpassierbar, dient ebenfalls dem Fernhandel, sobald die im Fels aufgehängte stiebende Brücke die Durchquerung der Schlucht gestattet [12]. Seit der zweiten Hälfte des 11. Jhs. begegnen wir in Frankreich den Italienern. Es ist mehr als wahrscheinlich, dass die Messen der Champagne von ihnen besucht wurden und dass sie dort von jenem Handelsstrom erfasst wurden, der selber von den Küsten Flanderns aus nach dem Süden strebte [13].

DER HANDEL NÖRDLICH DER ALPEN. Der wirtschaftlichen Renaissance, die sich im Mittelmeer vollzieht, entspricht in der Nordsee eine Erscheinung, die zwar in Umfang und Struktur Unterschiede aufweist, dabei aber aus den gleichen Ursachen herrührt und dieselben Folgen zeitigt. Die nordische Schiffahrt hatte sich im Mündungsgebiet des Rheins, der Maas und der Schelde Stützpunkte geschaffen, die, wie wir oben gesehen haben, entlang dieser Flussläufe bald zu ausgreifender Wirkung gelangten. Tiel ist im 11. Jh. ein von vielen Kaufleuten aufgesuchter Marktort, der durch den Rhein mit Köln und Mainz in Verbindung steht, wo man sichere Anzeichen eines regen Geschäftslebens findet. Kein besserer Beweis dafür als die 600 *mercatores opulentissimi*, die Lambert von Hersfeld 1074 für Köln erwähnt, mag man auch an der genannten Zahl zweifeln oder sich darüber Gedanken machen, was der Chronist unter *opulentissimus* versteht [14]. Zur selben Zeit herrscht auf der Maas zwischen Maastricht, Lüttich, Huy und Dinant bis hinauf nach Verdun ein lebhafter Verkehr. Die Schelde verbindet Cambrai, Valenciennes, Tournai,

Gent und Antwerpen mit dem Meer und den Mündungsgebieten der grossen Flüsse zwischen den Inseln von Seeland. An der nördlichen Küste Flanderns gewährte die Bucht des Zwyn, die heute versandet ist, den Schiffen in Brügge einen so bequemen Hafen, dass sie seit Ende des 11. Jhs. mit Vorliebe dort anlegten, ihm dadurch eine glänzende Zukunft sichernd, zum Schaden von Tiel.

Flandern unterhielt seit Ende des 10. Jhs. enge Beziehungen mit sämtlichen Küsten der Nord- und Ostsee, und zwar durch Vermittlung der skandinavischen Schiffahrt. Man hat Münzen der Grafen Arnulf II. und Balduin IV. (965–1035) in Dänemark, Preussen, ja sogar in Russland gefunden. Lebhafter war noch der Handel mit England. Der Zolltarif von London erwähnt zwischen 991 und 1002 Flamen unter den Fremdlingen, die in der Stadt Geschäfte treiben [15].

Der Ärmelkanal ward weniger häufig aufgesucht als die Nordsee. Auch dort stösst man aber auf einen regelmässigen Verkehr von der normannischen zur englischen Küste, über Rouen und die Mündung der Seine. Von dort aus steigt er den Fluss hinauf nach Paris, um sich bis an die Grenzen der Champagne und Burgunds auszubreiten. Loire und Garonne bekommen ihrer Entfernung wegen erst später die Folgen dieses in der Nordsee aufblühenden Handels zu spüren.

Die flandrische Tuchfabrikation. Flandern nahm bald eine bevorzugte Stellung ein, welche bis zum Ende des Mittelalters beibehalten wurde. Hier tritt die Industrie, die sonst nirgends einen so stürmischen Aufschwung nahm und derart überraschende Erfolge erzielte, als neuer Faktor auf.

Schon in der keltischen Epoche hatten die Moriner und Menapier in den Tälern der Lys und der Schelde die Wolle der Schafe bearbeitet, die auf den dortigen üppigen Weideplätzen gut gediehen. Ihre primitive Wirkerei wurde während der langen römischen Besetzung wesentlich verbessert durch die Einführung der mittelmeerländischen Technik, welche sie von ihren Besiegern kennen lernten. Die damals erzielten Fortschritte waren so gewaltig, dass schon im 2. nachchristlichen Jahrhundert Textilien bis nach Italien exportiert wurden [16]. Die Franken, welche die Gegend im Verlaufe des 5. Jhs. überschwemmten, bewahrten die Tradition ihrer Vorgänger. Bis zur normannischen Invasion im 9. Jh. besorgten friesische Seeleute auf den Flüssen der Niederlande den Transport der in Flandern gewobenen Stoffe, die *pallia fresonica* genannt wurden und namentlich wegen ihrer schönen Farben derart geschätzt waren, dass selbst Karl der Grosse kein besseres Geschenk für den Kalifen Harun-al-Raschid wusste [17].

Die skandinavischen Eroberungen setzten natürlich diesem Export ein Ende. Aber nachdem aus den ehemaligen Plünderern im Laufe des 10. Jhs. Händler geworden waren, die mit ihren Schiffen auf der Warensuche die Maas, den Rhein und die Schelde befuhren, musste die Textilindustrie wiederum Absatzmärkte für ihre Produkte finden. Die feinen Gewebe waren bald überall geschätzt, wo die nordischen Seeleute hinkamen. Eine zunehmende Nachfrage liess deren Fabrikation in einem bisher ungekannten Masse ansteigen. Diese war am Ende des 10. Jhs. schon so bedeutend, dass Wolle aus England eingeführt werden musste, weil die einheimische nicht mehr ausreichte.

DER TUCHHANDEL. Die höhere Qualität der englischen Wolle erhöhte den Wert der Textilien, deren wachsende Berühmtheit für noch grössere Verbreitung sorgte. Im Verlauf des 12. Jhs. wird so ganz Flandern zu einem Land von Webern und Walkern. Die Bearbeitung der Wolle, bisher der Landschaft vorbehalten, konzentriert sich nunmehr in den Kaufmannssiedlungen, die überall aus dem Boden spriessen und einen stets umfangreicher werdenden Handel betreiben. Ihr ist der Reichtum von Gent, Brügge, Ypern, Lille, Douai und Arras zu verdanken. Die Wollindustrie belebt den Überseehandel, und sie beginnt sich auch auf die Geschäfte zu Lande auszuwirken. Zu Wasser erreichen flandrische Tücher seit Beginn des 12. Jhs. die Messe von Nowgorod [18]. Gleichzeitig tauschen Italiener, angezogen durch deren guten Ruf, die Ware an Ort und Stelle gegen Gewürze, Seide und Geschmeide ein, die sie aus dem Süden mitbringen. Aber auch die Flamen suchen die berühmten Champagnemessen auf, wo sie, halbwegs zwischen Nordsee und Alpen, auf die ziehenden lombardischen und toscanischen Käufer stossen. Diese wiederum dienen als Zwischenhändler und bringen die Stoffe in erstaunlicher Anzahl nach Genua, von wo sie zu Schiff unter dem Namen *panni francesi* dem levantinischen Markt zugeführt werden.

Zweifellos wurde nicht nur in Flandern gewoben. Die Bearbeitung der Wolle kommt von Natur aus der Hauswirtschaft zu und ist seit der Vorzeit überall, wo das Rohmaterial zu haben ist, d. h. in allen Ländern, bezeugt. Es genügte daher, die Produktion zu steigern und die Technik zu vervollkommnen, um daraus eine eigentliche Industrie zu entwickeln. Und danach handelte man auch. Seit dem 12. Jh. erwähnen genuesische Notariatsinstrumente eine ganze Anzahl von Städten, welche den Hafen mit ihren Textilien belieferten: Amiens, Beauvais, Cambrai, Lüttich, Montreuil, Provins, Tournai, Châlons etc.

Flandern aber und bald darnach das benachbarte Brabant hielten eine Ausnahmestellung innerhalb aller ihrer Nachahmer. Die Nähe Englands machte es ihnen möglich, billiger und in grösseren Quantitäten, als es andern möglich war, das für ihre Industrie notwendige ausgezeichnete englische Rohmaterial zu erstehen. Im 13. Jh. ist die Qualität ihrer Erzeugnisse nicht mehr einzuholen. Eine Vorstellung davon ergibt sich aus der Bewunderung, die sie überall bei Ausländern erweckte. Bis zum Ende des Mittelalters finden wir nirgendwo in Europa eine so ausgesprochen industrielle Gegend wie das Scheldebecken. Es ergibt sich zum übrigen Kontinent ein Kontrast, der an das England des 18. und 19. Jh. gemahnt. Die Tücher sind an Feinheit, Weichheit, Schmiegsamkeit und Färbung unerreicht. Die flandrische und brabantische Weberei ist eine eigentliche Luxusindustrie. Das macht ihren Erfolg aus und sichert ihr zugleich Weltverbreitung. In einer Zeit, da die Transportmittel nicht genügend waren, billige Massenprodukte in Umlauf zu setzen, gebührte der erste Platz im Fernhandel einer teuren Ware von geringem Gewicht. Die Gunst der flandrischen Textilien bei der Kaufmannschaft erklärt sich, wie jene der Gewürze, aus dem hohen Preis bei spezifischer Eignung für die damaligen Transportmöglichkeiten.

Im Gegensatz zu den italienischen Städten haben jene Flanderns und Brabants trotz der Nähe des Meeres sich um so mehr vom Seehandel abgewendet, als die Industrie überhand nahm. Sie überliessen diesen fremden Seeleuten, die, mehr und mehr von den Produkten angezogen, den Hafen von Brügge aufsuchten; im 11. Jh. sind es Skandinavier und später Angehörige der deutschen Hanse. Man ist versucht, diese Entwicklung mit jener des modernen Belgien zu vergleichen, sofern es erlaubt ist, Wirtschaftszustände des Mittelalters und der Neuzeit einander gegenüberzustellen. Ist es nicht so, dass in den Gegenden, wo einst das Tuchgewerbe blühte, das heutige Belgien denselben paradoxen Aspekt zeigt: eine ausserordentliche industrielle Produktion, der keine entsprechend bedeutsame nationale Flotte entspricht?

ZWEITES KAPITEL

DIE STÄDTE

I. Wiederaufblühen des städtischen Lebens [1]

ABSTERBEN DES STÄDTISCHEN LEBENS IM 8. JH. Solange noch der Mittelmeerhandel Westeuropa in seinen Bereich zog, glomm städtisches Leben überall weiter, in Gallien und Italien, in Spanien und Afrika. Doch diese urbane Kultur erlosch sehr rasch, als die Invasion des Islams nach Unterwerfung der afrikanischen und spanischen Küsten auch die Häfen des Tyrrhenischen Meeres verschlossen hatte. Eine Ausnahme bilden einzig das südliche Italien und Venedig, dank der Beziehungen zu Byzanz; überall sonst finden wir aber keine Spur mehr davon. Zwar blieben die Städte als solche bestehen, doch Handwerker und Händler verschwanden daraus und mit ihnen alles, was von einem städtischen Leben aus der Römerzeit übriggeblieben war.

DIE BISCHOFSSTÄDTE. Die *civitates*, in denen Bischöfe residierten, waren lediglich Zentren der Diözesanverwaltung. So behielten sie ihre sicherlich gewichtige kirchliche Bedeutung bei, der aber wirtschaftlich nichts Ähnliches entsprach. Höchstens, dass ein kleiner Lokalmarkt, gespiesen durch die Bauern der Umgebung, den täglichen Bedürfnissen des zahlreichen Kathedralklerus, sodann der umliegenden Kirchen und Klöster und deren Leibeigenen nachkam. Während der grossen Jahresfeste strömten die Bevölkerung des Sprengels und Pilger herbei, was einen gewissen Umsatz zur Folge hatte. Doch in all diesem lässt sich ein Kern der Erneuerung nicht erkennen. In Tat und Wahrheit hängen die Bischofsstädte vollständig vom Lande ab. Sie werden durch Einkünfte und Leistungen aus Ländereien erhalten, die dem in ihren Mauern residierenden

Bischof oder den Äbten gehören. Ihr Leben beruht im wesentlichen auf der Landwirtschaft, sie sind zugleich Sitz der kirchlichen und der grundherrschaftlichen Verwaltung.

Die befestigten Plätze (burgum). In Kriegszeiten dienten ihre alten Ummauerungen der umliegenden Bevölkerung als Zufluchtsort. Doch mussten während der Periode grosser Unsicherheit, die auf den Zerfall des Karolingerreiches anbrach, überall neue Refugien errichtet werden; Sicherheit wird zum obersten Bedürfnis der Menschheit, die im Süden vor den Schlägen der Sarazenen bangt und im Norden und Osten von den Normannen bedroht ist, wozu noch im Anfang des 10. Jhs. die schrecklichen Kavalkaden der Ungarn hinzukommen. Westeuropa ist dannzumalen übersät von festen Plätzen, erbaut von den feudalen Gewalten zum Schutz ihrer Hintersassen. Diese Festen, die gewöhnlich *burgum* genannt werden, bestehen in der Regel aus einem mit Eingängen versehenen Wall von Erde oder Steinen, um den sich ein Graben legt. Die Bewohner der Umgebung werden zu Bau und Unterhalt aufgeboten. Eine Reiterschar liegt darin in ständiger Garnison. Ein fester Turm *(donjon)* dient dem Feudalherrn als Wohnung; ein Stift von Chorherren sorgt für die Bedürfnisse der Seele, Kornhaus und Scheunen nehmen schliesslich Getreide, Rauchfleisch und sonstige von den grundherrlichen Hintersassen erhobene Naturalabgaben auf. Letzteren liegt die Verpflegung der Garnison und im Falle von Gefahr auch jene der Flüchtlinge ob, die sich und ihr Vieh zu bergen suchen. So hängt das weltliche *burgum* ebensosehr an Grund und Boden wie die Bischofsstadt. Wirtschaftliche Aktivität ist ihm fremd. Beide entsprechen genau der bäuerlichen Kultur der Zeit. Sie sind weit davon entfernt, zu ihr in Gegensatz zu treten, tragen vielmehr dazu bei, sie zu erhalten.

Die ersten Handelsniederlassungen. Die Wiederaufnahme des Handels musste demzufolge grosse Veränderungen ihres Charakters mit sich bringen. Die ersten Symptome seines Einflusses bemerken wir in der zweiten Hälfte des 10. Jhs. Herumziehende Kaufleute suchten von allem Anfang an den Schutz mauerbewehrter Orte, welche längs der Flüsse oder der von ihnen benützten grossen Handelswege standen, und dies, weil damals Plünderung zum üblichen Lebensunterhalt des niederen Adels gehörte. Während der schönen Jahreszeit fanden sie dort vorübergehend Herberge, während der kalten Gelegenheit zum Überwintern. Als vorteilhaft galt die Lage im Innern einer Flussmündung oder einer Bucht, an der Vereinigung zweier Flüsse oder dort, wo die Schiffahrt eines Stromes aufhörte und eine Umladung der Ware notwendig wurde, bevor die Reise weiter ging; denn an solchen Orten konzentrierte sich der Warenverkehr, Händler zogen ein und aus, nahmen gelegentlich auch Aufenthalt.

Bald gebrach es den Städten und befestigten Plätzen an Raum für die mit dem zunehmenden Verkehr stets häufiger eintreffenden Ankömmlinge, die mit ihren Waren alles überfüllten. Man sah sich gezwungen, auf das Gebiet ausserhalb der Mauern zu greifen, dem alten *burgum* ein neues anzugliedern oder, wie der bessere französische Ausdruck lautet, ein *faubourg (forisburgus)*, d. h. eine Aussenstadt. So entstanden neben den Bischofsstädten und den Festungen der Feudalgewalten Kaufmannssiedlungen, deren Lebensstil den stärksten Kontrast zu jenem der Innenstadt bildete.

Die Häfen. Das Wort *portus*, dem wir in den Texten des 10. und 11. Jhs. häufig für diese Niederlassungen begegnen, trifft die Natur der Sache äusserst genau [2]. Es bezeichnet in der Tat nicht einen Hafen im modernen Sinne, sondern einen Ort, über den Waren befördert *(portare)* werden, mithin einen Punkt äusserst aktiven Transits. Daher auch in Flandern und in England die Bewohner des *portus* den Namen *poorters* oder *portmen* erhalten haben, lange Zeit synonym mit Bürger und auch ein weit besserer Ausdruck, weil die ursprüngliche Bürgerschaft sich ausschliesslich aus Handelsleuten zusammensetzt.

Man nennt sie aber schon vor dem Ende des 11. Jhs. «Bürger», was besser den Bewohnern des alten *burgum* zukäme, an dessen Fuss die Neustadt emporwächst. Das erklärt sich daraus, dass die Kaufmannsniederlassung sich zum Schutz sehr bald mit eigenen Mauern und Pallisaden umgab und so ihrerseits zum *burgum* wurde. Diese Verallgemeinerung versteht sich um so mehr, als das neue *burgum* rasch die Oberhand über das alte gewann. In den bedeutendsten Zentren des Handels, z. B. in Brügge, umschliesst die Vorstadt zu Beginn des 12. Jhs. die eigentliche Burg von allen Seiten, die ihr zunächst als Fixpunkt gedient hatte. Das Zusätzliche wird zum Wesentlichen, die Ankömmlinge überflügeln die alten Einwohner. In diesem Sinne ist es durchaus richtig, wenn man behauptet, dass die Stadt des Mittelalters, und somit auch die moderne Stadt, ihre Wiege in der Vorstadt der alten *civitas* oder des *burgum* hat, welche für die Wahl der Niederlassung ausschlaggebend waren.

Konzentration des Handwerks in den Städten. Der Zustrom von Händlern zog bald Handwerker an jene Orte, die günstige Bedingungen gewährten. Die Konzentration des Handwerks ist eine ebenso alte Erscheinung wie die Konzentration des Handels. In Flandern namentlich lässt sich dies klar nachweisen. Die Tuchfabrikation, zunächst auf dem Lande getätigt, wanderte von selbst an jene Stellen, wo Absatzmöglichkeiten winkten. Die Weber fanden dort die von Händlern eingeführte Wolle, Walker und Färber aber Seife und Farbstoffe. Eine eigentliche Revolution, die wir leider im Detail nicht verfolgen können, begleitete diesen Wechsel von einer ländlichen zu einer städtischen Industrie. Die Weberei, die bis anhin den Frauen oblag, ging auf die Männer über, und zwar zur selben Zeit, da die alten kleinformatigen *pallia* durch Tücher von grosser Länge ersetzt wurden, wie sie bis zu unsern Tagen fabriziert werden, weil sie für den Export besser geeignet sind. Man hat guten Grund anzunehmen, dass die Weber gleichzeitig sich neu einrichten mussten, sei es nur, weil fortan Zettel von 20–60 Ellen auf den Weberbaum zu spannen waren.

Die Entwicklung der Metallindustrie im Tale der Maas bietet eine Parallele zu jener der flandrischen Tuchindustrie. Der Kupferschlag, der vielleicht zurückgeht auf die während der römischen Okkupation eingeführte Broncebearbeitung, erhält durch die Wiederaufnahme der Schiffahrt auf den Flüssen starke Impulse, da sich Exportmöglichkeiten ergeben. Namur, Huy und vor allem Dinant sind die Hauptorte dieser Manufaktur, deren handeltreibende Kupferschmiede ihr Rohmaterial im 11. Jh. aus den sächsischen Minen beziehen [3]. Ähnlich blüht in Tournai die Steinhauerei auf, zu der die Umgebung der Stadt vorzügliches Material liefert. Die Herstellung von Taufsteinen nimmt einen derartigen Aufschwung, dass man deren Produkte sogar bis Southampton und Winchester finden kann [4]. In Italien dasselbe Schauspiel: Lucca wird zum Zentrum der Seidenweberei, deren Basis die Importe aus dem Orient bilden. Mailand und die Städte der Lombardei, bald gefolgt von jenen der Toscana, spezialisieren sich auf die Fabrikation von Barchent.

II. Die Kaufleute und das Bürgertum [5]

Hypothese eines grundherrlichen Ursprunges des Kaufmannstandes. Der wesentliche Unterschied zwischen den Kaufleuten und den Handwerkern der aufblühenden Städte zu der bäuerlichen Gesellschaftsordnung, innerhalb welcher sie erscheinen, beruht darin, dass ihre Lebensgewohnheiten nicht mehr durch die Beziehungen zu Grund und Boden bestimmt werden. Sie sind im strengsten Sinne des Wortes eine entwurzelte Klasse. Handel und Gewerbe, eine Beschäftigung, wie sie bisher nur zufällig oder temporär einzelnen grundherrlichen Funktionären zukam, deren Existenz im übrigen von ihrem Brotherren garantiert war, werden nunmehr zu selbständigen Berufen. «Neue Männer» üben sie aus. Lange Zeit hat man sich bemüht, eine Filiation zwischen letzteren und der Dienerschaft in den Werkstätten der grundherrlichen Höfe herzustellen oder auch zu jenen Leibeigenen, die in Zeiten der Not mit der Nahrungsmittelversorgung, in Zeiten ausgiebiger Ernten mit der Wegschaffung der Überproduktion beschäftigt waren [6]. Weder die Texte noch die Wahrscheinlichkeit erlauben es, eine solche Entwicklung anzunehmen. Ohne Zweifel hat die Herrschaft da und dort in den werdenden Städten wirtschaftliche Vorrechte beibehalten; so wusste sie die Bürger zu verpflichten, sich ihrer Mühlen und Backöfen zu bedienen, es stand ihr ferner das Verkaufsmonopol für ihren Wein einige Tage nach der Lese zu, ferner gewisse Leistungen, die auf den Gewinnen der Handwerkerinnungen erhoben wurden. Aber die lokalen Überbleibsel dieser Rechte beweisen nichts für den grundherrlichen Ursprung der Stadtwirtschaft im allgemeinen. Dagegen kann man überall konstatieren, dass diese Wirtschaftsform da, wo sie vorkommt, zugleich auch frei ist.

Aber alsogleich stellt sich eine weitere Frage. Wie erklärt sich innerhalb einer ausschliesslich ländlichen Gesellschaft, wo der Grossteil des Volkes unfrei ist, die Bildung einer Klasse freier Handwerker und Kaufleute? Die seltenen überlieferten Zeugnisse gestatten keine so klare Antwort, die dem gewichtigen Problem gerecht würde. Dagegen kann man wohl die wichtigsten Faktoren erkennen.

Abenteurer und Kaufleute. Es ist nicht zu bestreiten, dass zu allererst der Handel und das Gewerbe sich aus Leuten rekrutierten, die, selber ohne Land, gewissermassen am Rande einer Gesellschaft lebten, in welcher nur der Grundbesitz die Existenz garantierte. Solche Menschen gab es nun sehr viele. Ausser jenen, die während Hungersnöten oder in Kriegszeiten die Heimat verliessen, um auswärts Beschäftigung zu suchen und nicht wiederkehrten, muss man vor allen Dingen mit einer ganzen Masse rechnen, welche die Grundherrschaft überhaupt nicht zu ernähren vermochte. Die Lehen der Bauern waren so berechnet, dass wenigstens die auf ihnen lastenden Leistungen regelmässig eingingen. Es geschah daher oft, dass die jüngeren Söhne einer kinderreichen Familie sich gezwungen sahen, ihren Vater zu verlassen, um diesem die Einhaltung seiner Verpflichtungen dem Herrn gegenüber weiterhin zu ermöglichen. Diese stiessen dann zu den Landstreicherhaufen, welche das Land durchzogen, von Abtei zu Abtei ihren Anteil an den für die Armen bestimmten Almosen beanspruchend, sich den Bauern während der Ernte oder der Weinlese verdangen oder aber in Kriegszeiten als Söldner in die Reihen der feudalen Truppen traten.

Ein solcher Schlag Menschen liess sich nun die neuen Existenzmöglichkeiten nicht entgehen, die sich ihm an Küsten und Flussmündungen durch die Ankunft von Schiffen und Handelsleuten darboten. Der Drang nach Abenteuer half nach; viele wurden auf venetianischen oder skandinavischen Schiffen, die Matrosen benötigten, angeheuert, andere von den Handelskarawanen angeworben, wie sie immer häufiger zu den Häfen zogen. Die besten unter ihnen, zumal wenn das Glück ihnen hold war, fanden jene Gelegenheiten reich zu werden, die das Kaufmannsleben in so reichem Masse allen Vagabunden und armen Teufeln gewährt, die sie mit Energie und Intelligenz beim Schopf zu ergreifen wissen. Die Wahrscheinlichkeit allein würde zum Beweis genügen, wenn uns nicht die Geschichte des heiligen Goderich von Finchal das wertvolle Beispiel vom Werdegang eines solchen «Neureich» böte [7].

Goderich von Finchal. Er wurde geboren gegen Ende des 11. Jhs. von armen Bauersleuten in der Grafschaft Lincolnshire und sah sich offenbar gezwungen, dem Pachtgut seiner Eltern den Rücken zu kehren, um selbst für seinen Unterhalt zu sorgen. Wie so mancher Arme aller Zeiten lungerte er am Meere herum, auf der Lauer nach herangespültem Strandgut. Schiffbrüche waren damals häufig, und ein günstiger Zufall spielte ihm eines Tages einen Fund in die Hände, den er als improvisierter Hausierer an den Mann bringen konnte. Kaum hatte er so einiges Geld zusammengebracht, ergab sich ihm eine Gelegenheit, einer Gesellschaft von Kaufleuten beizutreten. Die Geschäfte blühten, und bald verfügte er über genügend Kapital, um zusammen mit seinen Gefährten ein Schiff zu chartern, mit dem man gemeinsam die Küsten von England, Schottland, Flandern und Dänemark befuhr. Das kollektive Unternehmen gedieh nach Wunsch. Es befasste sich damit, Lebensmittel ins Ausland zu befördern, mit deren Absatz man rechnen durfte, um sich dort mit Waren einzudecken, die man dem Meistbietenden unter Wahrung einer denkbar günstigen Gewinnmarge verkaufte.

Die ersten kaufmännischen Gewinne. Die Karriere Goderichs trifft sicherlich auch für viele andere zu. In einer Zeit, da örtliche Hungersnöte an der Tagesordnung waren, genügte es, sich billig mit einer geringen Menge von Getreide in Überschussgebieten einzudecken, um sagenhafte Gewinne einzustecken, und dies liess sich nach erprobter Methode leicht wiederholen. Die Spekulation, Ausgangspunkt solcher Geschäfte, hat daher in weitgehendem Masse zur Bildung der ersten kaufmännischen Vermögen beigetragen. Die Ersparnisse eines Gelegenheitshausierers, eines Matrosen, eines Fährmannes oder eines einfachen Ausladers mochten das ausreichende Betriebskapital dazu liefern, vorausgesetzt, dass man sich ihrer zu bedienen wusste [8].

Mitunter geschah es auch, dass Grundbesitzer einen Teil ihrer Einkünfte im Seehandel anlegten. Es ist ziemlich sicher, dass der ligurische Adel die für den Bau der genuesischen Schiffe notwendigen Kredite vorstreckte und so mitbeteiligt war an den durch den Verkauf der Ladungen in den Mittelmeerhäfen erzielten Gewinnen. Gleiches mag sich auch in andern italienischen Städten zugetragen haben;

man darf das zum mindesten daraus schliessen, dass der italienische Adel, im Unterschied zu jenem nördlich der Alpen, grösstenteils in den Städten residierte.

Nichts wahrscheinlicher als die Annahme, dass einige von dessen Angehörigen auf irgendeine Art und Weise am ringsherum neu aufblühenden Wirtschaftsleben mitmachten. In diesem Fall hat der Grundbesitz seinen Beitrag zur Bildung von beweglichem Gut geleistet. Diese Beteiligung bleibt aber sekundärer Natur, und wenn der Adel von der Wiederaufnahme des Handelsverkehrs profitierte, so ist er doch keineswegs dessen Ursache.

Einfluss der Schiffahrt auf den Handel. Der erste Anstoss erfolgte von aussen, im Süden von der venetianischen Schiffahrt, im Norden von der skandinavischen. Man kann sich nicht vorstellen, wie Westeuropa, das ganz in der Landwirtschaft erstarrt war, so schnell den Weg zu neuen Lebensformen gefunden hätte, wenn Ansporn und Beispiel nicht von anderswoher gekommen wären. Die nicht nur passive, sondern sogar feindliche Einstellung der Kirche, der damals gewaltigsten Grundherrin, gegenüber dem Handel liefert das schlagendste Argument für diese Auffassung.

Die Anfänge eines Handelskapitalismus bleiben in Dunkel gehüllt, leichter ist es, dessen Werdegang im 12. Jh. zu verfolgen. Ohne zu übertreiben darf man die Kraft und Schnelligkeit seiner Ausbreitung der ähnlich gearteten Bewegung der Industrie im 19. Jh. vergleichen. Der neue Lebensstil übte auf das herumziehende Proletariat, das kein Land besass, eine unwiderstehliche Anziehungskraft aus, dank der verlockenden Gewinne, die er versprach.

Daraus folgte eine wahrhafte Landflucht in die werdenden Städte. Bald sind es nicht mehr nur Vagabunden, in der Art Goderichs, die ihre Schritte dorthin lenkten. Die Versuchung war zu gross, dass nicht auch Leibeigene sich zur Flucht aus ihren heimatlichen Herrschaften entschlossen hätten, um sich in der Stadt als Handwerker oder als Angestellte reicher und weitherum bekannter Kaufleute niederzulassen. Zwar machten die Grundherren Jagd auf diese und führten sie auf ihre Scholle zurück, falls sie sie erwischten. Viele aber wussten sich der Nachstellung zu entziehen, und mit dem Anwachsen der Stadtbevölkerung wurde es gefährlich, Flüchtlinge herauszuholen, die von ihren Mitbürgern gedeckt wurden.

Die ersten kaufmännischen Vermögen. Das Gewerbe, das sich auf die Städte beschränkte, arbeitete immer mehr für den Export. Seine Erfolge erhöhten die Zahl der Kaufleute und auch die Bedeutung ihrer geschäftlichen Gewinne. In diesen Zeiten kommerzieller Hausse war es nicht schwer für junge Leute, bei reichen Arbeitgebern Anstellung zu finden, Teilhaber zu werden und so schliesslich zu Vermögen zu gelangen. Die Annalen der Bischöfe von Cambrai erzählen uns bis ins kleinste Detail die Geschichte eines gewissen Werimbold, der unter Bischof Burchard (1114 bis 1130) bei einem behäbigen Kaufmann in Dienst trat, dessen Tochter heiratete und die Handelsgeschäfte seines Schwiegervaters so förderte, dass er mit seinem Gelde innerhalb der Stadt zahlreiche Bauplätze an sich bringen konnte, darauf er einen «Palast» errichten liess. Ferner erwarb er den Zoll an einem der Stadttore und erbaute auf eigene Kosten eine Brücke, um zu guter letzt den Grossteil seiner Güter der Kirche zu überlassen [9].

Die Bildung grosser Vermögen muss damals überall an der Tagesordnung gewesen sein, wo das Exportgeschäft florierte. Wie einst die Grundherren die Klöster mit Ländereien überschütteten, so sind es jetzt die Kaufleute, die aus ihren Geldern Pfarrkirchen, Spitäler und Asyle gründen, um also im Hinblick auf das ewige Heil ihren Teil an kirchliche und wohltätige Werke zugunsten der Mitbürger abzustatten.

Es scheint sogar, dass die Mystik viele dazu anstachelte, ein Vermögen anzusammeln, um es später Gott zu weihen. Man soll nicht vergessen, dass Peter Waldo, der 1173 die

Sekte der Armen von Lyon ins Leben rief, aus der die Waldenser hervorgegangen sind, ein Kaufmann war, und dass fast zur selben Zeit in Assisi der heilige Franz geboren wurde, ebenfalls in einem Kaufmannshaus [10]. Andere Reiche, die mehr an irdischen Ambitionen hingen, suchten in der Hierarchie emporzuklettern, indem sie ihre Töchter Rittern zu Frauen gaben. Und ein Vermögen muss schon beträchtlich sein, um die Bedenken einer adeligen Gesinnung zu zerstreuen.

Diese Grosskaufleute oder, besser gesagt, diese «Neureichs» standen natürlich an der Spitze der Bürgerschaft, die selbst aus der Renaissance des Handels hervorgegangen war, was schon daraus erhellt, dass *mercator* und *burgensis* ursprünglich Synonyma sind. Indem das Bürgertum aber sich als soziale Klasse herauskristallisiert, wird es auch zum Rechtsstand, von dessen neuem und eigenartigem Charakter nun im folgenden die Rede sein soll.

III. Recht und Institutionen der Stadtgemeinde [11]

BÜRGERTUM UND BÄUERLICHE GESELLSCHAFTSORDNUNG. Bedürfnisse und Ziele des Bürgertums liessen sich allzu wenig mit den überlieferten Lebensformen Westeuropas zusammenbringen, als dass es am Anfang nicht zu Reibungen gekommen wäre. Sie stiessen sich auf der ganzen Linie an den Interessen und Ideen einer Gesellschaft, die durch den Grossgrundbesitz materiell und durch die Kirche geistig beherrscht wurde, deren Abneigung gegen den Handel nicht zu tilgen war [12]. Es wäre ungerecht, wie es so oft getan wird, eine Opposition gegen «feudalistische Tyrannei» oder «priesterliche Arroganz» als naturgegeben zu betrachten. Wie immer, versuchte die herrschende Klasse das Hergebrachte zu verteidigen, nicht nur um ihre eigenen Interessen wahrzunehmen, sondern weil es ihnen notwendig erschien zur Erhaltung der allgemeinen sozialen Ordnung.

Das Bürgertum ist jedoch weit davon entfernt, dieser Gesellschaft gegenüber eine revolutionäre Haltung einzunehmen. Es wendet sich nicht gegen die Autorität der Territorialgewalten, nicht gegen die Privilegien des Adels und vor allem nicht gegen die Kirche. Es bekennt sich sogar zu jener asketischen Moral, die so strikte seiner Lebenshaltung entgegenläuft. Es verlangt lediglich einen Platz an der Sonne, und seine Forderungen gehen über das Allernotwendigste nicht hinaus.

Die bürgerliche Freiheit. Als deren wichtigste erscheint aber die Freiheit. Wie soll auch in der Tat Handel ohne Freiheit möglich sein, d. h. ohne die Befugnis der Freizügigkeit und der freien Verwendung des Besitzes, was beides den Leibeigenen untersagt war? Wenn man daher nach ihr rief, so nur wegen des Vorteils, den sie gewährleistet. Nichts war dem Bürgertum fremder, als diese aus dem Naturrecht zu erklären: sie bedeutet nur ein Vorrecht, das Nutzen bringt. Viele Bürger besitzen sie de facto: jene, die von zu weit hergekommen sind, auf die kein Herr ein Anrecht erhob und die daher in Ermangelung eines Beweises für frei galten, mochten sie auch unfrei geboren worden sein. Der de-facto-Zustand gewinnt aber zwangsläufig Rechtskraft. Die Landbevölkerung, welche in die Städte zog, um einen neuen Lebensunterhalt zu finden, musste sich dort geborgen fühlen. Niemand sollte davor zittern, mit Gewalt dem Gutshof, dem er entronnen, wieder zugeführt zu werden, noch sich vor Frondiensten oder andern verhassten auf der unfreien Bevölkerung lastenden Servituten fürchten brauchen: so vor der Verpflichtung, nur Frauen gleichen Standes zu heiraten, besonders aber vor der Überlassung des Todfalls an den Herrn.

Wohl oder übel hatte man sich während des 12. Jhs. zu Konzessionen gegenüber Forderungen bequemen müssen, denen durch gefährliche Revolten Nachdruck verliehen wurde. Hartgesottene Konservative, ein Wibert von Nogent z. B., beschränkten ihre Rache 1115 auf blosse Worte gegen die «verabscheuungswürdigen Gemeinwesen», die von Sklaven zum Schaden ihrer Herren errichtet werden, sich ihrer Autorität entziehen und ihnen die legitimen Rechte entreissen [13]. Freiheit wird zum rechtlichen Merkmal der Bürgerschaft. Dies ist so sehr wahr, dass nicht die Einzelperson davon betroffen ist, sondern dass sie als Privileg am Stadtboden haftet, gleich wie Unfreiheit an der Grundherrschaft. Es genügt nur ein Aufenthalt von einem Jahr und einem Tag innerhalb der Stadtmauern, diese zu erlangen. Stadtluft macht frei, sagt ein deutsches Sprichwort.

WANDLUNGEN DES RECHTS IN DEN STÄDTEN. Neben der Freiheit bedarf jedoch die Bürgerschaft noch mancher andrer Dinge. Das überlieferte Recht mit seinem engen formalistischen Verfahren, seinen Gottesurteilen, seinen gerichtlichen Zweikämpfen und seinen aus ländlichen Verhältnissen stammenden Richtern, denen nur ein speziell für Landarbeiter und Bodenbesitzer zugeschnittenes Gewohnheitsrecht bekannt war, genügte nicht mehr für eine Bevölkerung, die vom Handel und vom Handwerk lebte. Hier war ein schnelleres Verfahren notwendig, eine flinkere Beweisaufnahme, weniger abhängig vom Zufall, und schliesslich Richter, die von demselben Milieu wie die Rechtsuchenden stammend, die Streitigkeiten mit Sachkenntnis anpacken konnten.

Sehr früh schon, spätestens zu Beginn des 11. Jhs., entsteht so zwangsläufig ein *ius mercatorum*, d. h. ein embryonales Handelsrecht. Es sind dies eine Anzahl von Bestimmungen, aus der Praxis erwachsen, eine Art internationaler Rechtsgewohnheit, welche die Kaufleute für ihre gegenseitigen Geschäfte verwenden. Noch ist diese nicht sanktioniert, und es ist daher unmöglich, sich vor den bestehenden Gerichten darauf zu berufen. Daher verstehen sich die Kaufleute untereinander, Richter aus ihren Kreisen zu wählen, welche mit der nötigen Kompetenz ihre Händel erledigen. Dort müssen wir zweifellos den Ursprung jener Gerichtshöfe suchen, welche in England mit dem merkwürdigen Ausdruck *courts of piepowders* bezeichnet wurden, d. h. «Gerichte der staubigen Füsse», weil die Kaufleute, die an diese gelangen, vom langen Marsche her noch staubbedeckte Schuhe trugen [14].

Richterliche und administrative Autonomie der Städte. Bald wandelt sich diese gelegentliche Gerichtsbarkeit in eine dauernde, von der öffentlichen Gewalt anerkannte. Schon 1116 untersagt der Graf von Flandern in Ypern den gerichtlichen Zweikampf. Es steht fest, dass um dieselbe Zeit in den meisten seiner Städte das lokale Schöffengericht Duldung findet, das sich aus Bürgern zusammensetzt und allein befugt ist, über solche zu richten. Etwas früher oder später geschieht dasselbe in allen Ländern. In Italien, Frankreich, Deutschland und England erreichen die Städte Gerichtsautonomie und werden so zu selbständigen Inseln innerhalb des grundherrlichen Gewohnheitsrechtes.

Der richterlichen entspricht auch eine administrative Autonomie, denn die städtischen Siedlungen benötigen allerhand Bau- und Befestigungsarbeiten, die sie selber ausführen müssen, weil die gewohnten staatlichen Instanzen, die übrigens weder den Wunsch noch das Geld zu Hilfsmassnahmen hatten, bei ihnen ausfallen. Es ist dies eine Tatsache, die sehr für die Energie und den Neuerungsgeist des Bürgertums spricht, dass es ihm gelang, aus eigener Kraft eine Stadtverwaltung aufzubauen, deren erste Züge wir im 11. Jh. wahrnehmen und die im 12. schon über die wesentlichen Organe verfügt. Das so geschaffene Werk erscheint um so bewunderungswürdiger, als es sich um eine wirkliche Neuschöpfung handelt. Nichts von dem, was vorher existierte, konnte als Vorbild dienen, weil die Bedürfnisse, denen man Rechnung tragen musste, allesamt neu waren.

Die Stadtmauern. Zuvorderst stand die Verteidigung der Stadt. Händler und ihre Ware waren tatsächlich eine zu verführerische Beute, um sie nicht durch solide Mauern vor Plünderung zu schützen. Der Bau der Wehranlage ward so zur ersten öffentlichen Arbeit der Städte, zugleich auch jene, die sie bis zum Ende des Mittelalters finanziell aufs schwerste belastete. Die Finanzverwaltung einer jeden Stadt nahm sogar von dorther ihren Anfang. Daher wurde in Lüttich die Gemeindesteuer direkt *fermeté (firmitas)* genannt und daher auch in vielen andern Städten die Zuwendung der vom städtischen Gericht verhängten Bussen *ad opus castri*, d. h. zu Bauarbeiten an der Ringmauer. Die Bedeutung der Befestigung ersehen wir heute noch aus manchen Stadtwappen, die vielfach von einer Mauerkrone überhöht sind. Keine Stadt im Mittelalter, die nicht zugleich auch bewehrt war.

DIE STÄDTISCHEN FINANZEN. Den durch fortwährende Befestigungsarbeiten benötigten Ausgaben zu begegnen, mussten neue Quellen erschlossen werden. Wo diese suchen, wenn nicht in den Kreisen der Bürgerschaft selbst? Deren Mitglieder waren zur Kostenbeteiligung angehalten, weil alle im selben Mass an der gemeinsamen Verteidigung Interesse hatten. Der Anteil des einzelnen wurde nach dem Vermögen berechnet, und hier liegt eine grosse Neuerung. Im Unterschied zur grundherrlichen Bede, die willkürlich und zum ausschliesslichen Vorteil des Herrn erhoben wurde, handelt es sich nunmehr um eine dem Vermögen des Pflichtigen angemessene Leistung, die dem öffentlichen Wohl zugute kommt. Damit erlangt die Steuer ihren öffentlichen Charakter wieder, der in der Zeit des Feudalismus verloren gegangen war.

DIE STÄDTISCHEN BEHÖRDEN. Schon frühzeitig hiess es, eine Behörde zu wählen und einzusetzen, *consules* in Italien und in der Provence, *iurati* in Frankreich, *aldermani* in England, denen die zahlreichen Geschäfte oblagen, welche mit der Bevölkerungsvermehrung im Wachsen begriffen waren: Festsetzen und Eintreiben der Steuer, Einrichtung von Häfen und Märkten, Bau von Brücken, Markthallen und Pfarrkirchen, Aufstellung von Handwerkerordnungen, Kontrolle der Lebensmittel etc... Seit dem 11. Jh. finden wir einen Magistrat in den Städten der Lombardei, wo in Lucca Konsuln 1080 erwähnt werden. Im folgenden Jahrhundert ist daraus eine von der öffentlichen Gewalt anerkannte Einrichtung geworden, die in keinem städtischen Gemeinwesen fehlt. In vielen Städten, wie z. B. in jenen der Niederlande, amtieren die Schöffen zugleich als Richter und Verwaltungsbeamte.

Fürsten und Städte. Die weltlichen Fürsten erkannten bald, was für Vorteile ihnen die grösser werdenden Städte boten. Der aufblühende Verkehr auf Strassen und Flüssen und der wachsende Warenumsatz hatten eine entsprechende Zunahme des Bargeldumlaufes zur Folge, was wiederum die Einkünfte aus Weggeldern und Zöllen aller Art sowie aus dem Münzregal reichlicher dem Aerarium zufliessen liess. Die freundliche Einstellung der Landesherren gegenüber der Bürgerschaft hat daher nichts Erstaunliches. Zudem lebten die weltlichen Fürsten zumeist auf Landsitzen, hatten keinen Kontakt mit der städtischen Bevölkerung, wodurch viele Reibungen vermieden wurden.

Anders stand es bei den Kirchenfürsten, die fast ausnahmslos der städtischen Bevölkerung einen bis zum offenen Kampf ausartenden Widerstand entgegensetzten. Die Bischöfe waren ja genötigt, in ihren Städten zu residieren, die zugleich Zentren der kirchlichen Verwaltung waren. Das aber nötigte sie, ihre dortige Vormachtstellung zu wahren und sich um so entschlossener gegen die Tendenzen der Bürgerschaft zur Wehr zu setzen, als die bei der Kirche so unbeliebten Kaufleute deren Träger waren. In der zweiten Hälfte des 11. Jhs. liessen die lombardischen Städte die günstige Gelegenheit des Investiturstreits nicht ungenützt verstreichen und riefen zur Empörung gegen die simonistischen Prälaten. Die Bewegung breitete sich durch das Rheintal bis nach Köln aus. Seit 1077 ist die Bevölkerung von Cambrai im Aufstand gegen Bischof Gerhard II., wodurch zugleich die älteste Stadtgemeinde nördlich der Alpen konstituiert wird. In der Diözese Lüttich dasselbe Schauspiel: Bischof Theodewin sieht sich gezwungen, 1066 den Bürgern von Huy ein Freiheitsprivileg zu gewähren, das mehrere Jahre älter ist als alle übrigen, die wir aus dem Gebiet des Deutschen Reiches kennen. Auch in Frankreich erfahren wir von Aufständen der Munizipien: um 1099 in Beauvais, 1108–1109 in Noyon, 1115 in Laon.

Privilegien des Bürgertums. So erhielten oder erzwangen die städtischen Gemeinwesen zu verschiedenen Zeitpunkten des 12. Jhs. ohne oder mit Anwendung von Gewalt jene Verfassung, die der Lebensart ihrer Bewohner entsprach. Geboren aus dem Geist der «Neustädte», der *portus*, wo Kaufleute und Handwerker sich einzusammenfanden, griff diese aber bald auch auf die Einwohner der Altstadt oder der *civitas* über, deren alte Ummauerung, ringsherum eingekreist von neuen Quartieren, ebenso wie das alte Recht in Trümmer fielen. Seither sind, mit Ausnahme des Klerus, alle innerhalb der Mauern Niedergelassenen des neu erstandenen Bürgerrechts teilhaftig.

Was das Bürgertum auszeichnet, ist die Sonderstellung als privilegierte Klasse innerhalb der übrigen Bevölkerung. Unter diesem Aspekt steht die mittelalterliche Stadtgemeinde in scharfem Gegensatz zur antiken oder zur modernen Stadt, denn letztere zeichnet sich gegenüber dem Lande nur aus durch die grössere Dichte ihrer Bevölkerung und eine kompliziertere Verwaltung. Sonst aber unterscheiden sich ihre Bürger in nichts, weder öffentlich- noch privatrechtlich, vom übrigen Staatsvolk. Der mittelalterliche Städter ist dagegen ein Mann von anderer Qualität als alle, die ausserhalb des Weichbildes leben. Jenseits von Tor und Graben befindet man sich in einer andern Welt, besser gesagt in einer andern Rechtssphäre. Erwerb des Bürgerrechts bedeutet etwas dem Ritterschlag oder

der Tonsur des Klerikers Ähnliches, indem dadurch ein spezieller Rechtscharakter verliehen wird. Wie Priester oder Adlige, steht auch der Bürger ausserhalb des gemeinen Rechts; wie diese gehört er einem besonderen Stand *(status)* an, nämlich jenem, den man später als «Dritten Stand» bezeichnen sollte.

Das Territorium der Stadt ist nicht weniger privilegiert als die Einwohner. Es gilt als Asyl, als Immunität, die dem Bedrängten Schutz gegen äussere Gewalten verleiht, wie wenn er in einer Kirche Zuflucht gesucht hätte. Das Bürgertum ist demnach in jeder Beziehung eine gesonderte Klasse. Doch handelte es sich dabei um eine solche ohne eigentliches Klassenbewusstsein, das darf nicht übersehen werden. Jede Stadt bildet sozusagen in sich einen kleinen Staat, der eifersüchtig über seine Rechte wacht und zu allen Nachbarn im Gegensatz steht. Selten, dass eine gemeinsame Gefahr oder dasselbe Ziel den städtischen Partikularismus beseitigt und zu Vereinigungen oder Bünden führt, wie es z. B. die Deutsche Hanse war. Die städtische Politik wird durch den gleichen «Egoïsme sacré» inspiriert, den wir später bei ganzen Staaten finden. Das Landvolk dagegen gilt bei der Bürgerschaft nur als Objekt der Ausbeutung. Weit entfernt davon, jenem Anteil an den eigenen Vorrechten zu gewähren, werden ihm diese stets hartnäckig verweigert. Nichts steht in solchem Gegensatz zum Geist der modernen Demokratie als die Exklusivität, mit welcher die mittelalterliche Stadt ihre Privilegien zu verteidigen wusste, und dies vor allem zu jenen Zeiten, wo die Zünfte die Zügel führten.

DRITTES KAPITEL

LAND UND LANDVOLK

I. Grundherrschaft und Leibeigenschaft [1]

ZAHLENMÄSSIGES ÜBERWIEGEN DER LANDBEVÖLKERUNG VOR DER STADTBEVÖLKERUNG. Der Einfluss des Bürgertums während des ganzen Mittelalters ist um so erstaunlicher, als er in krassem Gegensatz steht zu seiner numerischen Stärke. Nur eine Minderheit lebte innerhalb der Stadtmauern, mitunter sogar eine sehr kleine Minorität. Dieses Verhältnis auch nur annähernd zu bestimmen, erweist sich vor dem 15. Jh. als vergeblich, mangels statistischer Quellen. Wahrscheinlich entfernt man sich nicht zu sehr von der Wahrheit mit der Annahme, dass der städtische Anteil vom 12.–15. Jh. nie wesentlich mehr als einen Zehntel der Gesamtbevölkerung Europas ausmachte [2]. Nur in wenigen Gebieten, wie in den Niederlanden, in der Lombardei und in der Toscana verschob sich diese Proportion ganz erheblich. Wie dem auch sei, es darf als sicher gelten, dass vom demographischen Standpunkt aus die mittelalterliche Bevölkerungsschichtung wesentlich bäuerlich war.

DER GROSSGRUNDBESITZ. Dieser Gesellschaftsordnung drückte der Grossgrundbesitz seinen Stempel so tief ein, dass dessen Spuren in vielen Ländern erst während des 19. Jhs. verschwanden. Wir wollen nicht bis zu den Anfängen der Institution zurückgehen, welche das Mittelalter von der Antike geerbt hat. Wir begnügen uns damit, sie im Scheitelpunkt ihrer Entwicklung zu zeigen, während des 12. Jhs., zu einer Zeit demnach, da sich der revolutionäre Einfluss der Städte noch nicht geltend machte [3]. Unnötig zu sagen, dass sich die Grundherrschaft nicht auf die gesamte Landbevölkerung erstreckte. Sie verschonte eine gewisse Anzahl kleiner freier Grundbesitzer, und in entlegenen Gegenden trifft man gar auf ganze Dörfer, die sich ihrem Zugriffe entzogen hatten. Es handelt sich aber um Ausnahmen, deren man bei einem Überblick über die Gesamtentwicklung Westeuropas nicht Rechnung zu tragen braucht.

In bezug auf ihren Umfang rechtfertigen die mittelalterlichen Grundherrschaften die Bezeichnung «Grossgrundbesitz». Es scheint, dass 300 Hufen, d. h. ungefähr 4000 Hektaren, eine mittlere Grösse darstellten, wobei viele noch weit mehr besassen. Doch hingen diese Ländereien gewöhnlich nicht zusammen. Streulage ist die Regel. Die Einzelhöfe *(villae)* einer Herrschaft sind voneinander um so weiter getrennt, je mehr man sich von deren Zentrum entfernt. Das Kloster von Saint-Trond verfügte z. B. über ein Gebiet, dessen Hauptmasse unmittelbar bei der Abtei lag, vereinzelte Stücke davon aber im Norden bei Nimwegen, im Süden bei Trier [4]. Aus solchen Zuständen ergibt sich natürlich eine gegenseitige Verzahnung. So steht häufig ein Dorf unter zwei oder drei Grundherren. Und die Situation ist noch komplizierter, sobald sich der Komplex über mehrere Territorien von zum Teil verschiedenen Sprachen erstreckte, was häufig vorkam. Aufeinander folgende Schenkungen von mehreren Wohltätern an eine Kirche oder Frauengut und Erbgang beim Adel bedingten dergestalt geformte Anhäufungen von Grundbesitz. Letzterer wurde nie nach einem bestimmten Plane aufgebaut. Er kam zufällig zustande, unabhängig von jeglichem ökonomischen Vorbedacht.

DIE GRUNDHERRLICHE «HOFHALTUNG». Trotz dieser Zersplitterung besass die Grundherrschaft eine feste Organisation, die in ihren wesentlichen Zügen in allen Ländern gleich aussah. Zentrum war gewöhnlich die Residenz des Besitzers; Kathedralkirche, Abtei oder Burg. Von diesem aus wurden die einzelnen Teile verwaltet, die aus einem oder mehreren Dörfern bestanden und selber in einer *curtis* (*cour* in den Ländern romanischer Sprache, *Hof* zu deutsch, *manor* englisch) ihren Mittelpunkt besassen, mit den Wirtschaftsgebäuden, Scheunen, Kuh- und Pferdeställen etc., Standort der leibeigenen Dienerschaft *(servi quotidiani, dagescalci)* ohne Freizügigkeit. Dort wohnte auch der mit der Verwaltung beauftragte Funktionär: *villicus* oder *maior (maire, Mayer* auf dem Kontinent; *seneschal, stewart* oder *bailiff* in England). Unter den *ministeriales* gewählt, d. h. unter den zum Haus des Herrn gehörenden leibeigenen Vertrauensleuten, gelang es diesem Beamten, der ursprünglich an die Scholle gebunden war, sein Amt erblich zu gestalten, entsprechend einer allgemeinen Tendenz des Mittelalters.

DIE HUFEN UND DAS SALLAND. Der gesamte Boden, der zu einem Hof oder einer Burg gehörte, zerfiel in drei Teile: das Salland, die Zinshufen und die Allmende. Der Herrenhof *(demesne, terra indominicata, mansus indominicatus)* bestand aus dem sog. Salland: den ausschliesslich der Nutzung des Herrn vorbehaltenen Ländereien. Es ist unmöglich, genau anzugeben, wieviel vom Gesamtboden diese ausmachten, wahrscheinlich war das in jedem Hof verschieden. In der Regel handelt es sich auch hier um zerstreute Parzellen innerhalb der Zinsgüter. Letztere müssen dagegen in jedem Dorfe von bemerkenswertem Bestand gewesen sein, obwohl sie je nach Gegenden an Umfang stark differierten. Gewöhnlich bestanden sie aus einem Stück Land, das zur Ernährung einer Familie genügte, wobei die Zuweisung sich nach der Fruchtbarkeit des Erdreichs richtete und von Fall zu Fall Unterschiede zeigt [5]. Man bezeichnete es mit dem lateinischen Ausdruck *mansus (manse, mas)*, Hufe auf deutsch, *virgate* oder *yarland* englisch. Alle waren durch Frondienste oder Abgaben, meist in Naturalien, zugunsten der Herrschaft belastet. Alle aber sicherten ihren Inhabern ein gemeinsames Nutzungsrecht an Weiden, Sümpfen, Heiden oder am Wald zu, welche den kultivierten Boden umgaben und in den Texten durch den Ausdruck *communia, warescapia* wiedergegeben sind. Vergeblich versuchte man in diesen

Allmenden Spuren eines ursprünglichen Kollektiveigentums zu suchen, in Tat und Wahrheit ist der Grundherr in erster Linie deren Besitzer.

Hörige und Leibeigene. Mit Ausnahme des Besitzers waren alle Leute, die auf einem Hof oder in einer *villa* lebten, entweder Leibeigene oder, wenn man so sagen darf, Halbleibeigene. Zwar war die antike Sklaverei verschwunden, doch erkannte man noch deren Spuren in den Lebensbedingungen der *servi quotidiani* oder *mancipia*, deren Leib dem Herrn gehörte, die an seinen Dienst gebunden waren und von ihm erhalten wurden. Aus ihnen rekrutierten sich die Landarbeiter seines Herrengutes, die Hirten, die Schäfer und die Handwerker beiderlei Geschlechts, welche in den *gynaecea* beschäftigt wurden, dem allgemein gebräuchlichen Ausdruck für jene Werkstätte des Herrenhofes, wo man Leinen oder Wolle wob, Wagner, Schmiede und Bierbrauer etc. sich einfanden. Die Leibeigenschaft war weniger ausgeprägt bei den Inhabern von Hufen, die mit einer bis zum 12. Jh. gebräuchlichen, sehr charakteristischen Bezeichnung *casati* genannt werden. Nuancen sind aber auch hier nicht zu verkennen. Doch in Wahrheit hatten es alle vermocht, sich in die erbliche Inhaberschaft des Bodens zu setzen, den sie bewirtschafteten, obwohl er ihnen zu Beginn in Form der Leihe ausgegeben worden war. Gelegentlich trifft man unter ihnen auf alte Freie, deren Qualität allerdings durch Frondienste und die auf ihrem Gute lastenden Abgaben stark gemindert waren. In den klösterlichen Gutshöfen bildete sich eine privilegierte Klasse innerhalb der Hintersassen, jene der *cerocensuales*, meistens Abkömmlinge von freien Frauen, die sich unter den Schutz der Kirche gestellt hatten, unter Abtretung ihrer Ländereien, wobei die Nutzniessung gegen eine Abgabe von Wachs an den grossen Kirchenfesten des Jahres vorbehalten war [6]. Von diesen Inhabern eigentlicher Erblehen unterschieden sich die *cotarii* oder *bordarii*. Man hat darunter Sklaven auf ganz kleinen Landlosen zu verstehen, die sich als Taglöhner bei den Grundherren oder den Hufnern verdangen.

GERICHTLICHE UND KIRCHLICHE EINHEIT DER GRUNDHERRSCHAFTEN. Die Abhängigkeit der Hintersassen vom Grundbesitzer verstärkte sich noch dadurch, dass dieser zugleich auch Gerichtsherr war. Alle Leibeigenen standen ohne Ausnahme unter seiner Jurisdiktion. Die hörigen Hufner dagegen waren recht häufig in strafrechtlichen Fällen der staatlichen Gewalt unterworfen. Die Kompetenzen der grundherrlichen Gerichtshoheit richtete sich in den einzelnen Ländern danach, ob der Feudaladel oder der König mehr zu sagen hatte. Sie erreichten ihr Maximum in Frankreich, ihr Minimum in England. Überall erstreckte sie sich aber mindestens auf alle Angelegenheiten der Hufen, der Frondienste, der Abgaben und der Bewirtschaftung des Bodens. Jede Grundherrschaft besass ein oder mehrere grundherrliche Gerichte, zusammengesetzt aus Bauern und präsidiert vom Meier oder *villicus*, der nach eigenem Gewohnheitsrecht befand, d. h. nach traditionellen Rechtssätzen, welche sich die Bevölkerung im Einverständnis mit dem Herrn von Zeit zu Zeit aus seinen Weistümern wieder in Erinnerung rief.

Wie eine gerichtliche, so bildete jeder grundherrliche Bezirk auch eine kirchliche Einheit. Der Herr erbaute bei den wichtigsten Höfen Kapellen oder Kirchen, die er mit Gütern ausstattete, deren Pfarrer er auch ernannte. Hier haben wir den Ursprung vieler unserer Landpfarreien zu suchen, so dass die kirchliche Organisation, die in den Diözesen so lange Zeit die Grenzen der römischen *civitates* beibehielt, bis zum heutigen Tage auch noch in der Gestalt der Pfarreien den Umfang mancher hochmittelalterlichen Grundherrschaft umreisst.

PATRIARCHALISCHER CHARAKTER DER GRUNDHERRSCHAFT. Aus all dem können wir entnehmen, dass die Grundherrschaft nicht nur eine wirtschaftliche, sondern auch eine soziale Institution darstellt. Dies wirkte sich auf das gesamte Leben ihrer Bewohner aus. Sie waren nicht nur einfache Zinsleute ihrer Herren, sie waren vielmehr im wahren Sinne des Wortes seine eigenen Leute, und man hat daher mit Recht bemerkt, dass die grundherrliche Gewalt mehr auf der Führerqualität beruht, die sie ihrem Inhaber verleiht, als auf seiner Eigenschaft als Grundbesitzer. Im grossen ganzen erscheint die Grundherrschaft im wesentlichen als patriarchalische Organisation. Die Sprache selbst ist Zeuge für diese Tatsache. Was ist der Herr (*senior*) anderes als der Älteste, der über seiner *familia* steht und sie zugleich beschützt? Denn zweifelsohne liegt ihm deren Schutz ob. In Kriegszeiten verteidigt er sie gegen den Feind und bietet ihr Obhut in den Mauern seiner Burg. Ist es nicht in seinem Interesse, sie vor Übel zu bewahren, da er doch aus ihrer Arbeit lebt? Die Idee, die man sich gewöhnlich von der Ausbeutung durch den Grundherrn macht, ist vielleicht etwas summarisch. Die Ausnützung menschlicher Arbeit setzt den Willen voraus, sich des Menschen als Werkzeugs zu bedienen, aus dem man das Höchste herausholen will. Die Sklaverei in der Landbevölkerung des Altertums, der Neger in den Kolonialländern des 17. und 18. Jhs. oder die Lebensbedingungen der Industriearbeiter in der ersten Hälfte des 19. Jhs. liefern dafür die bekanntesten Beispiele. Aber welch ein Gegensatz zu der Grundherrschaft des Mittelalters, wo das allmächtige Weistum Rechte und Pflichten eines jeden umschreibt und sich so dem widersetzt, dass die freie Ausübung einer wirtschaftlichen Vormachtstellung jemandem erlaube, zum eigenen Vorteil und aus Profitgier unbarmherzige Härte walten zu lassen.

Die Wirtschaftsgesinnung der Grundherrschaft. Der Gedanke des Gewinns, ja sogar die blosse Möglichkeit des Gewinns sind unvereinbar mit dem Wesen des mittelalterlichen Grundbesitzers. Mangels Absatzmärkten hat er keine Möglichkeit, für den Verkauf zu produzieren; er bemüht sich daher auch nicht, aus Boden und Menschen Überschüsse zu erzielen, mit denen er nichts anzufangen wüsste. Er ist darauf angewiesen, seine Einkünfte selber zu verbrauchen und bemisst sie nach dem eigenen Bedarf. Ein in althergebrachter Weise funktionierender Organismus, den zu verbessern er gar nicht denkt, genügt für seine Existenz. Man bedenke, dass vor der Mitte des 12. Jhs. der grösste Teil seines Bodens aus Weiden, Wäldern und Sümpfen besteht. Nirgendwo versucht man die jahrhundertealte Dreifelderwirtschaft zu beseitigen, um die Kulturen der Bodenbeschaffenheit anzupassen oder gar die landwirtschaftlichen Geräte zu verbessern. Die ungeheuren Liegenschaften der Kirche und des Adels werfen Erträgnisse ab, die in gar keinem Verhältnisse zu deren tatsächlicher Kapazität stehen.

Man muss leider darauf verzichten, zu erfahren, inwiefern für den einzelnen Bauer in diesen Grundherrschaften, die von ihren Besitzern nicht voll ausgebeutet wurden, Verdienstmöglichkeiten existierten. Während des ganzen Jahres musste er ein bis drei Tage wöchentlich im Salland arbeiten, dazu noch zu bestimmten Terminen Abgaben in Naturalien entrichten, die seine Hufe belasteten. Ohne Zweifel verdiente er sehr wenig oder gar nichts. Doch diese Kleinigkeit genügte für Leute, die, ebenso wie ihre Herren, gar nicht über ihre Bedürfnisse hinaus zu produzieren dachten. Der Dorfbewohner erfreute sich einer gewissen Sicherheit, da er aus seinem Erblehen nicht verjagt werden durfte. Die Agrarverfassung verbot ihm andererseits jede Anwandlung, ja entzog ihm alle Möglichkeiten einer individuellen Bewirtschaftung.

DIE AGRARVERFASSUNG. Ein solches Regiment verlangt Kollektivarbeit. Dies trifft für die zwei hauptsächlichsten Bewirtschaftungssysteme zu, deren Wurzeln zweifellos in die prähistorische Zeit zurückreichen: die Blockflur und die Gewannflur. Im einen wie im andern nötigte die Koppelwirtschaft, die in zwei oder dreijährigem Turnus erfolgte, demnach die Hälfte oder einen Drittel des Kulturbodens brachliegen liess, jeden zum Gemeinschaftswerk. Es war unerlässlich, dass alle Parzellen desselben Gewanns zusammen gepflügt, besät und nach der Ernte der Allgemeinheit als Weideplatz überlassen wurden. Der Wirrwar der Gebreiten erlaubte keine Einfriedigung; man zäunte sie provisorisch ein, wenn die Saat einmal zu spriessen begann. Die Ernte eingebracht, erlangt die Genossenschaft wiederum ihre Rechte. Das gesamte Vieh des Dorfes weidet nunmehr als eine einzige Herde auf den abgeräumten Feldern, von denen man die Zäune entfernt hat.

Bei einem solchen Zustand hängt die Tätigkeit des einzelnen vom Gemeinschaftswerke ab, und solange diese Form der Agrarwirtschaft vorherrschte, hatten die Hufenbesitzer, wirtschaftlich gesehen, in der Regel alle die gleichen Rechte. Trat Krankheit oder Invalidität ein, so halfen die Nachbarn. Die Freude an Ersparnissen, die später gerade für den Bauern so charakteristisch ist, fand damals sicherlich keinen Ansporn. Bei Kinderreichtum gingen die jüngern Söhne als Tagelöhner *(cotarii)* ab oder gesellten sich zu den grossen Scharen von Landstreichern.

Die grundherrlichen Einkünfte. Die grundherrlichen Einkünfte behinderten die individuelle Betätigung des einzelnen je nach der Rechtsstellung in sehr verschiedenem Mass. Die eigentlichen Leibeigenen durften nicht heiraten, ohne eine Abgabe zu entrichten, noch ohne Bewilligung eine Frau aus einer andern Grundherrschaft nehmen. Starben sie, so hatte der Herr Anrecht auf einen Teil der Erbschaft *(corimedis, morte-main, meilleur catel, Todfall)*. Fronlasten und Naturalleistungen lasteten auf allen Hufeninhabern, besser gesagt auf den Hufen selber, da aus den persönlichen Abgaben mit der Zeit Reallasten geworden waren. Man unterscheidet in dieser Beziehung verschiedene Kategorien von *mansi*: *ingenuiles*, *serviles*, *lidiles*, deren Servitute differierten, je nachdem der Inhaber ursprünglich Leibeigener, Lite (Höriger) oder Freier gewesen war. Die Bede *(talliae)*, die der Herr nötigenfalls von seinen Hintersassen einzog, war sicherlich die schwerste und am meisten gehasste Auflage. Nicht nur wurde sie ohne Rechtsanspruch erhoben; da sie willkürlich war, gab sie öfters Anlass zu schwerstem Missbrauch. Ähnlich stand es auch um gewisse Bänne, nach welchen z. B. die Bauern ihr Getreide nur in der Mühle der Herrschaft mahlen (Mahlzwang), ihr Bier nur in deren Brauerei brauen und ihre Trauben nur in deren Kelter pressen durften. Die Taxen, die dabei erhoben wurden, hatten als Gegenleistung immerhin die Benützung von Einrichtungen, die zu Lasten des Grundherrn gingen.

Abschliessend ist zu bemerken, dass die Herrschaft nicht über alle Einkünfte ihrer Ländereien frei verfügte. Es geschah mitunter, dass Grundstücke mit Gerichtsabgaben zuhanden des Landes- und nicht des Grundherrn belastet waren. Dies war z. B. der Fall beim Feldteil, auch *medem* genannt, den wir als am Boden haftendes Überbleibsel einer römischen öffentlichen Steuer betrachten können. Grundbesitzer hatten sich diesen zu ihren Gunsten angeeignet. Doch wurde er auch für die Territorialgewalt oder für andere Berechtigte eingezogen. Grundverschieden davon war der Zehnte, eine äusserst lästige, vor allem viel allgemeinere Leistung. Theoretisch sollte dieser an die Kirche gehen. Tatsächlich hatte ihn aber mancher Herr an sich gerissen. Wenig bedeutungsvoll war jedoch für den Bauer der Ursprung all dieser Abgaben, die, unabhängig von ihrem Rechtscharakter, ohne Unterschied auf ihn abgewälzt wurden.

II. Wandlungen der ländlichen Wirtschaftsstruktur vom 12. Jh. an[7]

DIE BEVÖLKERUNGSVERMEHRUNG. Seit der Mitte des 10. Jhs. zeigen die Völker Westeuropas, nunmehr befreit von den Raubzügen der Sarazenen, Normannen und Ungarn, einen steigenden Geburtenüberschuss, dessen Einzelheiten zwar nicht mehr genau zu erkennen sind, wohl aber die Folgen für das kommende Jahrhundert. Die grundherrschaftliche Wirtschaftsordnung vermag ihn immer weniger aufzusaugen. Die Massen, welche ihren väterlichen Hof verlassen müssen, um sich neue Verdienstquellen zu erschliessen, sind im Wachsen begriffen. Der niedere Adel vor allen Dingen, dessen Lehen sich nur auf den ältesten Sohn vererben, weiss nicht wohin mit den jüngeren Söhnen. Aus diesen rekrutierten sich bekanntlich jene normannischen Abenteurer, welche sich in Süditalien festsetzten, Wilhelm dem Eroberer nach England folgten und aus denen auch der Gewalthaufe des ersten Kreuzzuges formiert wurde. Die Flucht der Landbevölkerung in die aufblühenden Städte, wo sich um dieselbe Zeit der neue Stand der Kaufleute und Handwerker bildet, ist ohne einen beträchtlichen Bevölkerungszuwachs nicht zu verstehen. Die Tendenz verstärkt sich im 12. Jh. und dauert ohne Unterbruch bis zum Ende des 13. Jhs.

Zwei wichtige Erscheinungen resultieren daraus: einmal die Verdichtung der Bevölkerung in den altbesiedelten Gegenden Europas, sodann die deutsche Kolonisation der slawischen Länder rechts der Elbe und Saale. Parallel zu dieser Vermehrung und Ausbreitung der Völker geht eine tiefgreifende Umgestaltung der wirtschaftlichen und rechtlichen Zustände. Je nach Ländern mehr oder weniger rasch wickelt sich hier ein Geschehen ab, das trotz variierender Details im ganzen Okzident dieselbe Hauptrichtung einschlägt.

Die Grundherrschaft der Zisterzienser. Wir haben oben wiederholt betont, dass der patriarchalischen Grundherrschaft der Sinn für Gewinn völlig abging, dass sie vielmehr lediglich dem Lebensunterhalt des Herrn und seiner Leute diente. Vom Gewohnheitsrecht gelenkt, das unverrückbar Rechte und Pflichten des einzelnen festsetzte, erwies sie sich aber als unfähig zur Anpassung an die neuen Gesellschaftszustände.

Nirgends sehen wir die Grundherren bereit, den Veränderungen ihrer Umwelt zu folgen, von denen sie zweifellos enttäuscht sind. Sie lassen den Dingen den Lauf, ohne auch nur einen Versuch zu unternehmen, aus ihren riesigen Ländereien Kapital zu schlagen. Die Entwicklung zeigt, dass nicht sie, sondern ihre Hintersassen jene Bewegung anbahnten, welche in den fortgeschrittensten Ländern schon seit der ersten Hälfte des 12. Jhs. zum Verfall der Grundherrschaft führte. Dies gilt jedoch nur für die alten Grundherrschaften der weltlichen Aristokratie, der Bischöfe und der benediktinischen Klöster, die nach den ökonomischen Prinzipien der Karolingerzeit eingerichtet waren. In den Zisterzienserklöstern des 11. Jhs. meldet sich dagegen schon der Bruch des traditionellen Wirtschaftsgleichgewichts, denn diese zeigen einen bisher unbekannten Typus landwirtschaftlicher Verwaltungspraxis. Das gesamte Kulturland ist bereits in festem Besitz zur Zeit ihrer Gründung, sie werden daher mitten in die Wildnis gebaut, umgeben von Wäldern, Heiden und Sümpfen. Die Stifter überliessen ihnen bereitwillig Wüsteneien, die sich in grosser Zahl innerhalb der Grundherrschaften befanden, wo die Mönche gemäss ihrer Regel von ihrer Hände Arbeit leben konnten. Im Unterschied zu den benediktinischen Klöstern, die meistens mit angebautem und bewirtschaftetem Lande bedacht wurden, sahen sich die Zisterzienser genötigt, ihr Werk mit Rodungsarbeiten einzusetzen. Als Gehilfen bedienten sie sich dabei der Laienbrüder oder Konversen, denen der Betrieb der grossen Klosterhöfe anvertraut wurde, welche ihrerseits ein landwirtschaftliches Novum darstellten. In der Regel waren sie von beträchtlichem Umfang, meist 200–300 Hektaren, und wurden, anstatt zwischen einzelne Hufeninhaber aufgeteilt zu werden, unter Aufsicht eines Mönches *(grangarius)* von Laienbrüdern oder fremden Lohnarbeitern geführt.

Die Leibeigenschaft, bisher der gewöhnliche Stand der Landbevölkerung, begegnet uns nicht auf Zisterzienser Boden, noch die Fronarbeit, noch die drückende und unangebrachte Überwachung durch erbliche *villici*. Nichts, das mehr im Gegensatz stünde zum Salgut der alten Herrschaft als die schönen Klosterhöfe des Zisterzienserordens mit ihrer zentralisierten Verwaltung, ihren zusammenhängenden Ländereien und ihrem rationellen Betrieb. Dem von den Klöstern erschlossenen Neuland entspringt daher auch eine neue Bewirtschaftung. Hier liegt ein System vor, das sich in intelligenter Art und Weise die Bevölkerungsvermehrung nutzbar zu machen wusste. Es trägt dem ausserordentlichen Arbeitsangebot Rechnung, das die alte Ordnung ungenützt beliess. Aus Arbeitslosen rekrutieren sich die Laienbrüder, deren Zahl bis in die zweite Hälfte des 13. Jhs. in ständigem Zunehmen begriffen ist. Die Abtei von Dunes zählt 1150 deren 36, 100 Jahre später 248. Neben den Laienbrüdern spielt die freie Arbeit der sog. *Gäste (advenae, hospites)* eine immer wichtigere Rolle[8].

DIE GÄSTE (ADVENAE). Der Ausdruck *Gäste*, der uns in den Urkunden vom 12. Jh. an immer häufiger entgegentritt, ist höchst bezeichnend für eine Entwicklung, die sich damals innerhalb der ländlichen Bevölkerung vollzieht. Wie der Name sagt, hat man darunter einen neuen Ankömmling, einen Fremden zu verstehen. Es ist ein Siedler, ein Eindringling auf der Suche nach kultivierbarem Neuland. Woher stammen diese Leute? Sicherlich einesteils aus jener Menge von Landstreichern, die, wie wir oben sahen, gleichzeitig auch die ersten Kaufleute und Handwerker in den Städten abgaben, andernteils aber aus grundherrlichen Hintersassen, die sich der Leibeigenschaft entzogen hatten. Denn der Gast ist seinem Stande nach gewöhnlich frei, obschon er zumeist von unfreien Eltern abstammt. Wer hätte aber seinen eigentlichen Rechtsstand aufspüren können, nachdem er sich einmal dem «Ursprungsland» entzogen hatte und den Nachstellungen des Grundherrn entgangen war? Weil niemand mehr seine Person beansprucht, ist er sein eigener Herr und Meister.

DIE ERSTEN RODUNGEN. Diesen Gästen boten sich herrenlose Länder im Überfluss dar. Denn es gab unermessliche, nicht in festem Besitz befindliche Wüsteneien, Wälder, Heiden und Sümpfe, die nur der Gewalt der Territorialherren unterstanden. Sich dort festzusetzen, genügte eine einfache Ermächtigung. Und weshalb sollte diese verweigert werden, da doch solche Neuankömmlinge kein altes Recht verletzten? Vielfach beginnen sie ohne vorherige Anfrage zu roden, trockenzulegen und anzubauen, wie es sich für Siedler auf Neuland gehört. Seit Beginn des 12. Jhs. z. B. lassen sich freie Einwanderer in den weiten Räumen des «Forstes von Theux» nieder, der dem Fürstbischof von Lüttich zugehört, ohne im übrigen von diesem hergerufen worden zu sein. Niemand hatte vor ihnen diesen Versuch gewagt. Die Besiedlung ist so gut das Werk jener freien Pioniere, dass bis zum Ende des Ancien Régime die Leibeigenschaft in dieser Gegend unbekannt blieb, wo ihre Nachkommen weiterhin verblieben.

DIE AUSBAUSIEDLUNGEN. Es ist begreiflich, dass diese primitive Besitzergreifung nicht sehr lange die Regel blieb. Alle Inhaber jungfräulichen Bodens, der ausserhalb der grundherrlichen Allmende lag, zögerten alsbald nicht, die aus der Zunahme der Arbeitskräfte springenden Vorteile auszuwerten. Die einfache Idee, Leute anzulocken und sie gegen einen Zins anzusiedeln, konnte ihnen nicht entgehen. Es wurden *mutatis mutandis* dieselben Methoden angewendet, die wir später im 19. Jh. in so vielen Fällen beim Ausbau des amerikanischen Westens beobachten können. Die Ähnlichkeit der neu entstehenden Dörfer des 11. und 12. Jhs. mit jenen *towns*, die planmässig durch amerikanische Unternehmer längs der Eisenbahnlinien angelegt wurden, geht bis in jedes Detail. Beide Male versucht man den Einwanderer durch die günstigsten materiellen und persönlichen Bedingungen zu gewinnen, beide Male greift man zur Propaganda, um ihnen alles mundgerecht zu machen. Die Handfeste der Neusiedlung wird im Land herum verlesen, wie in unserer Zeit die Presse die fabelhaftesten Schilderungen über die Zukunft, die Hilfsquellen und die Annehmlichkeiten des in Bildung begriffenen *town* publiziert.

Der Rechtsausdruck für die neuen Siedlungen *villae novae*, ist nicht weniger bezeichnend als derjenige der Gäste, für die sie bestimmt sind. Er zeigt an, dass sie Neuankömmlingen, Fremden, Einwanderern, mit einem Wort: Siedlern zugedacht sind. Schon dies ist ein scharfer Kontrast zur Grundherrschaft, was um so merkwürdiger ist, als der Gründer der neuen Anlagen meist zugleich Besitzer einer oder mehrerer Herrschaften ist. Er kennt somit die grundherrschaftliche Wirtschaftsorganisation, vermeidet es jedoch sorgfältig, sich davon beeinflussen zu lassen. Warum tut er dies, wenn nicht, weil er sie als nicht geeignet erachtet, den Wünschen der Landsuchenden zu genügen, die er beizuziehen gedenkt? Nirgends bemerkt man den geringsten Kontakt der alten Grundherrschaft mit den Ausbausiedlungen, nicht der leiseste Versuch, letztere an die *curtes* anzugliedern oder sie gar der Jurisdiktion der *villici* zu unterstellen. Keine direkte Linie führt von der einen zur andern. Es handelt sich um zwei getrennte Welten.

Vom agrarpolitischen Standpunkt aus ist die Neusiedlung durch freie Arbeit ausgezeichnet. Die Gründungsurkunden, die in reicher Zahl seit Beginn des 12. Jhs. bis zum Ende des 13. Jhs. vorhanden sind, bezeugen dies in gleicher Weise. Die Leibeigenschaft ist ihnen vollständig unbekannt. Noch mehr, Leibeigene, die von auswärts zustossen, sollen nach einjährigem Aufenthalt in Freiheit gesetzt werden, wenn auch der Gründer gelegentlich eine Ausnahme von dieser Regel macht und die eigenen Hintersassen ausnimmt, aus Bedenken, deren Zahl allzusehr zugunsten der Neuhöfe verringert zu sehen. Wie mit der Leibeigenschaft, verhält es sich auch mit den Frondiensten, die im übrigen ja nur der Bewirtschaftung des Sallandes dienen, das es in dieser Art hier nicht mehr gibt. Der ganze Boden ist nunmehr in einzelne verpachtete Lose aufgeteilt, und jeder sorgt allein für sein eigenes Stück. Höchstens wird hier und dort eine Kollektivabgabe beibehalten: so z. B. in der Handfeste für Lorris (1155), worin die Verpflichtung enthalten ist, einmal jährlich den königlichen Wein nach Orléans zu bringen.

Von andern grundherrlichen Rechten, wie Todfall, Besthaupt, Heiratszwang, ist natürlich keine Rede mehr. Die Beden bleiben noch, sowie militärische Dienstleistungen, aber sie haben den Charakter öffentlicher Abgaben angenommen, und über deren Erhebung und Entrichtung bestehen bestimmte Gesetze. Die Verordnungen, nur grundherrliche Pressen und Mühlen zu benützen, sind zwar nicht verschwunden, doch handelt es sich nicht mehr um ein Servitut, das persönliche Folgen nach sich zieht, noch um ein solches, dessen Erfüllung als Ausnutzung betrachtet werden muss. Wer anders, denn der Herr hätte solche notwendige Betriebe einrichten und unterhalten können?

Es ist ferner wichtig festzuhalten, dass der Bauer der Neusiedlung sich vom grundherrlichen Hintersassen deutlich unterscheidet und rechtlich dem Bürger der Stadt nahesteht. Die Urkunden, die seinen Stand bestimmen, sind direkt vom städtischen Recht beeinflusst. Dies geht mitunter so weit, dass den Bewohnern des Ausbaulandes die gleiche juristische Qualität zukommt wie den Städtern. Nach bürgerlichem Muster z. B. verfügen sie über eine ihren Bedürfnissen entsprechende administrative Autonomie. Der Meier, der an ihrer Spitze steht, hat nichts zu tun mit dem *villicus* der Grundherrschaften; er ist lediglich Hüter der Interessen des Dorfes, und öfters kommt es schon vor, dass die Bauern bei dessen Wahl mitzusprechen haben, wie dies der Fall ist in den zahlreichen Neusiedlungen, die mit dem Rechte von Beaumont-en-Argonne (1182) bedacht wurden. Sie besitzen, gleichfalls nach dem Vorbild der Städte, ihre eigenen Schöffen als Gerichtsorgan und Gerichtshof für die Einwohner. So erfreut sich eine neue bäuerliche Gesellschaft der vorangehenden, vom Bürgertum erzielten Fortschritte.

Es ist keineswegs so, wie man vielfach annahm, dass die

Ausbaudörfer aus ehemaligen Grundherrschaften hervorgegangen seien, es handelt sich vielmehr um von Anfang an freie Niederlassungen, die städtisches Recht erhielten, sofern dieses auf sie anwendbar war. Gleicherweise merkwürdig ist die Tatsache, dass zumeist die Statuten wichtiger Städte auf dem Land Verbreitung fanden, nicht aber die Satzungen zweitklassiger oder ländlicher Siedlungen. In Brabant z. B. verliehen die Herzöge das Recht von Löwen in folgenden Handfesten: 1160 Baisy, 1216 Dongelberg, 1222 Wavre, 1228 Courrières, 1251 Merchtem. Verschiedene solcher Gründungsurkunden waren so vorbildlich ausgedacht, dass sie eine ausserordentliche Verbreitung fanden. Jene von Lorris wurde seit 1155 an 83 Ortschaften des Gâtinais und des Orléanais verliehen; jene von Beaumont, seit 1182, an mehr denn 500 Dörfer und Flecken der Champagne, Burgunds und Luxemburgs, jene von Priches (1158) an sehr viele Landstädte im Hennegau und im Vermandois. Das Recht von Breteuil in der Normandie verbreitete sich gleicherweise weitherum im Laufe des 12. Jhs.: in England, Wales und sogar in Irland.

Man muss sich übrigens davor hüten, den Bauern des Ausbaudorfes zu sehr mit dem Bürger der eigentlichen Stadt zu vergleichen. Seine persönliche Freiheit findet oft eine Begrenzung in den Befugnissen, die der Besitzer des Dorfbodens sich vorbehält. Der Gast hat tatsächlich nur die Nutzniessung zu erblichem Eigen, indem er einen Zins zahlt; der eigentliche Besitz bleibt nach wie vor beim Grundherrn, dem ausserdem noch die Jurisdiktion in allen Rechtsgeschäften zusteht, soweit sie die einzelnen Erblehen betreffen. Genau genommen kommt in den Ausbausiedlungen die Gesamtheit der Bodenlose einer Grundherrschaft gleich, die nach wie vor das rechtliche Substrat zum neuen Gebäude liefert. Wenn dieses nicht mehr die persönliche Qualität beeinflusst, so doch die dingliche an Grund und Boden. Mit der Zeit freilich erweitert sich die ursprüngliche Inhaberschaft des einzelnen Bauern zu eigentlichem Besitzrecht, auf dem nur ein einfacher Rekognitionszins zugunsten des Herrn lastet. Aber es gelang ihm bis zum Ende des Ancien Régime nicht, sich dieser lästigen Bindungen zu entledigen.

Die Ausbausiedlungen manifestieren die Bedeutung der grossen Rodungsarbeiten, die seit Ende des 11. Jhs. die Bodenverhältnisse Europas umgestaltet haben. Nirgends lässt sich dies besser erkennen, und zwar in aller eben dargelegten Mannigfaltigkeit, als in Nordfrankreich zwischen Loire und Maas. Südlich der Loire kann man vergleichsweise die sog. *bastides* erwähnen, welche auf die Initiative der Fürsten oder der Grossgrundbesitzer zurückgehen. In Spanien sind dagegen die sog. *poblaciones* auf Gelände, das dem Islam abgerungen worden war, mehr als militärische Grenzersiedlungen zu betrachten. In Italien geht der gesamte Fortschritt im Landausbau allem Anschein nach durch die einfache Vermehrung der Bewohner innerhalb der aus der Antike stammenden ländlichen Bezirke vor sich, welche nach den Einfällen der Sarazenen und den Bürgerkriegen des 10. Jhs. wieder unter den Pflug genommen wurden. Überall stossen wir aber, trotz aller Nuancen, auf das gleiche Hauptproblem: eine dichtere Bevölkerung erweitert auf dem gesamten Gebiet des ehemaligen Karolingerreiches den Kulturboden; freie Arbeit stösst energisch in die Wildnis vor, um neue Anbauflächen zu gewinnen.

Deicharbeiten. In den Niederlanden nimmt man zur gleichen Zeit den Kampf gegen die Fluten des Meeres und der Flüsse auf. Die Übervölkerung, welche hier besonders fühlbar war, gab den ersten Anlass zur Trockenlegung. Die Texte erlauben uns den Schluss, dass Flandern im 11. Jh. seine Bevölkerung kaum aus dem eigenen Boden zu ernähren vermochte. Wir wissen tatsächlich, dass sehr viele Flamen 1066 unter die Fahnen Wilhelms des Eroberers traten und dass sie nach Beendigung der Heerfahrt in England blieben, wo während 100 Jahren sich noch weitere Scharen von Landsleuten zu ihnen gesellten.

Wenig später stellte das Land das bemerkenswerteste Kontingent zum ersten Kreuzzug. Hier auch finden benachbarte Fürsten die Söldner, die unter dem Namen *geldungi*, *cotereaux*, *brabançons* in der Militärgeschichte des 11. und 12. Jhs. eine ähnliche Rolle spielen sollten wie die Schweizer im 16. Jh. [9].

Schliesslich erklärt sich das parallelgehende aussergewöhnliche Wachstum der flämischen Städte z. T. aus einer Zuwanderung aus der Landschaft. Die Raumnot sollte auch die ersten Deicharbeiten ins Leben rufen. Die Grafen von Flandern propagierten und unterstützten schon frühzeitig solche Bemühungen. Die Sümpfe (*meerschen*, *broecken*) und anderes Schwemmland standen unter gräflicher Gewalt, und nichts war daher für diese vorteilhafter, als deren Kultivierung zu ermöglichen. Unter Balduin V. (1035–1067) waren die erzielten Fortschritte derart bedeutend, dass der Erzbischof von Reims ihn dazu beglückwünschen konnte, weite unfruchtbare Gebiete in üppige, von zahlreichen Herden bestandene Gefilde umgewandelt zu haben. Der gesamte Küstenstreifen ist hier übersät von Kuh- und Schafställen (*vaccariae*, *bercariae*), aus denen die Einkünfte zu Ende des Jahrhunderts schon so reichlich fliessen, dass es nicht mehr ohne Buchhaltung und einen eigens dafür bestellten «Notar» geht.

Dies beweist deutlich, dass die Grafen ihre grundherrschaftliche Verwaltung nicht einfach auf das Neuland des maritimen Flandern übertrugen. Die zur Trockenlegung oder zur Eindeichung bestimmten Gelände wurden Einwanderern zur Siedlung überlassen wie der Boden von Ausbaudörfern im Innern des Landes an die «Gäste». Ihr Rechtsstand war derjenige freier Leute, ähnlich den neuen Dörfern, wobei lediglich Abgaben in Geld oder Naturalien bestehen blieben. Die ausserordentlichen Bedingungen, welche der Kampf gegen das Meer diesen Leuten auferlegte, verlangte von ihnen eine viel engere Zusammenarbeit, als dies bei den Bauern des Festlandes der Fall ist. Wenn auch die Vereinigungen der sog. *wateringues* — obligatorische Arbeitstruppen in den einzelnen Küstengegenden zur Regulierung des Wasserstandes und zum Unterhalt der Deiche — in älteren Texten nicht nachzuweisen sind, so müssen sie gleichwohl sehr früh bestanden haben. Im 12. Jh. stösst man im gesamten Mündungsgebiet der Schelde und an der Nordseeküste auf die sog. *Poldern*, Schwemmland, das durch Eindeichung endgültig den Fluten entrissen worden war. Gleichzeitig ahmen die Abteien das Beispiel der Grafen nach und drängen das Wasser durch energisch betriebenen Dammbau in den Sumpfgebieten ihrer Ländereien zurück. Der Zisterzienserorden steht hier wiederum im ersten Rang. Auf dem Gebiete von Hulst besass die Abtei von Dunes im 13. Jh. allein 5000 Morgen eingedeichten, neben 2400 Morgen nicht eingedeichten Grundes (2200 gegen 1100 Hektaren).

Flämische Siedler in Deutschland. Im Norden von Flandern legten die Grafen von Seeland und Holland den gleichen Eifer an den Tag. Wir sind mangels Quellen ausserstande, Einzelheiten zu erkennen. Doch die Resultate ihrer Bemühungen, die allgemein grossen Eindruck hinterliessen, genügen, um jeden Zweifel über die erzielten Fortschritte auszuschliessen. Die Niederländer waren tatsächlich als Deichbauer so berühmt, dass sie von den deutschen Territorialfürsten seit Beginn des 12. Jhs. zur Entsumpfung des Landes an der untern Elbe herangezogen wurden, von wo ihr Weg weiterging nach Brandenburg und Mecklenburg, deren Bodeneinteilung heute noch Spuren ihrer einstigen Tätigkeit zeigt. Die Fürsten beliessen sie in ihrer persönlichen Freiheit und übertrugen ihnen den Boden zu ähnlichen Bedingungen, wie sie in ihrem Heimatland galten. Man bezeichnete mit *flämischem Recht* die auf sie zurückgehende neue Ordnung, mit deren Hilfe sich ein freier Bauernstand in Deutschland bildete, den sie mit aller Energie verteidigten. Seit jener Zeit kommt die Zubilligung des flämischen Rechts für die Landbevölkerung der Freilassung gleich.

Die deutsche Kolonisation östlich der Elbe. Flämische Kolonisten drangen auch nach Thüringen, Sachsen, in die Lausitz und bis nach Böhmen vor. Sie sind als Vorläufer der gewaltigen kolonialen Ausbreitung der Deutschen rechts der Elbe und der Saale zu betrachten. Hier folgte die Besiedlung der Eroberung auf dem Fusse. Die Herzöge von Sachsen und die Markgrafen von Brandenburg brachen der deutschen Besetzung Bahn, indem sie die slawische Urbevölkerung verstiessen oder niedermachten. Es ist aber sicher, dass die Okkupation weder die Ausbreitung noch die Kraft erhalten hätte, durch die sie sich später auszeichnete, wenn der Heimatboden damals nicht zu eng für die Volksmassen geworden wäre. Von Sachsen und Thüringen aus nehmen jene Bauern den Weg unter die Füsse, die sich zwischen Elbe und Saale niederliessen; westfälische Siedler folgten und ergossen sich mit ihnen über Mecklenburg, Brandenburg und die Lausitz. Seit dem Ende des 12. Jhs. darf die Besiedlung Mecklenburgs als beendet gelten, diejenige Brandenburgs im 13. Jh. Es war dem Deutschen Orden beschieden, mit gewappneter Hand einer weiteren Ausbreitung Vorschub zu leisten, die seit 1230 den deutschen Stoss nach Ostpreussen, Livland, Litauen und mit seiner äussersten Spitze bis zum Finnischen Meerbusen vortrug. Inzwischen gelangten Bayern und Rheinländer nach Böhmen, Mähren, Schlesien, nach Tirol und bis an die Grenzen Ungarns, sich über oder neben die slawische Urbevölkerung dieser Gegenden stellend.

Die ganze Bewegung zeichnet sich durch Geschicklichkeit und Energie aus. Die Fürsten übergeben die eroberten Länder sog. *locatores*, eigentlichen Kolonisationsagenten, deren Aufgabe darin bestand, weitere Siedler zu werben und das Land an sie zu verteilen. Zisterzienserklöster erfuhren reiche Dotationen in diesen den Slawen abgerungenen Gebieten und errichteten dort sofort ihre Klosterhöfe. Die Rechtsstellung der Bewohner kommt derjenigen der Ausbausiedler im nördlichen Frankreich gleich. Denn waren diese Einwanderer des kolonialen Deutschlands nicht eigentliche Gäste auf fremder Erde, welche die slawische Bevölkerung ersetzten? Der Boden fiel ihnen erblich zu gegen einen bescheidenen Grundzins, zudem erhielten sie die für Kolonien übliche persönliche Freiheit. So ist dieses neue Deutschland vom Altsiedelland der germanischen Stämme nicht nur in der Bodenverteilung, sondern auch in der Rechtsstellung der breiten Volksmassen durchaus verschieden.

Einfluss der Städte auf die Landschaft. Die tiefe Umgestaltung des Bauernstandes im 12. und 13. Jh. ist nicht nur ein Ausfluss der Bevölkerungszunahme. Grossen Anteil daran haben der neue Aufschwung des Handels und das Wachstum der Städte. Die alte Grundherrschaft entsprach einer Zeit, da das Fehlen von Absatzmärkten die Produktion auf den eigenen Bedarf beschränkte, was notwendigerweise ein Ende nehmen musste, sobald ein ständiger Markt für regelmässigen Abfluss der Waren sorgte. Dies aber trat an dem Tage ein, da die Städte die Produkte des Ackerbaus aufsaugten, der für sie von lebenswichtiger Bedeutung wurde. Es entspricht nicht den Tatsachen, wenn man sich die ersten städtischen Niederlassungen als halbländlich vorstellt und damit auch als fähig, für die eigene Ernährung zu sorgen. Von allem Anfang an besteht das Bürgertum aus Kaufleuten und Handwerkern, was auch in dessen mächtigsten Hochburgen stets der Fall blieb. Es stellt demnach einen unproduktiven Stand dar, um sich eines Ausdrucks der Physiokraten des 18. Jhs. zu bedienen, weil es nichts produziert, das direkt zum Lebensunterhalte dient. Von jeher bedurfte es des Nährstandes für die Bedürfnisse seines Haushaltes und für sein tägliches Brot. Der Bauer hatte bisher nur für sich und die Herrschaft geackert und geerntet. Nun sieht er sich mehr und mehr veranlasst, und zwar proportional zur wachsenden Zahl und Bedeutung der Städte, einen Überschuss für den dortigen Bedarf herauszuwirtschaften. Das Getreide verlässt die Speicher. Es gelangt in Umlauf, sei es, dass es der Bauer selbst auf dem benachbarten Markt verkauft oder dass Händler die Ernte an Ort und Stelle übernehmen.

FOLGEN DES VERMEHRTEN GELDUMLAUFES. Mit dieser Beweglichkeit der Bodenfrüchte fällt notwendigerweise eine Vermehrung des Geldumlaufes auf dem Lande zusammen. Ich sage ausdrücklich Vermehrung, nicht aber «Beginn», denn nichts ist unrichtiger als die Ansicht, die man allzu oft vernimmt, dass die ersten Jahrhunderte des Mittelalters, nämlich jene auf das 8. Jh. folgenden, eine Epoche des ausschliesslichen Natural- nicht aber des Geldaustausches gewesen seien. Genau gesagt, hat das, was man mit Naturalwirtschaft bezeichnet, nie in reiner Form existiert. Sicher wurden die dem Herrn geschuldeten Grundzinse von der *familia* der Grundherrschaft gewöhnlich in Bodenprodukten entrichtet. Nichts ist verständlicher in einem System, wo die Abgaben nur der Ernährung des Besitzers dienten; sobald aber die Ernte Handelsobjekt wird, kann ihr Preis nur in Geld berechnet oder bezahlt werden. So geschah es schon zu Zeiten jenes intermittierenden Handelsverkehrs, zu dem man sich während Hungersnöten gezwungen sah. Nirgends verschaffte man sich damals das fehlende Getreide durch Tausch, anstatt es bar zu bezahlen. Zudem genügt es, die karolingischen Kapitulare aufzuschlagen, um sich von der regelmässigen Verwendung des Geldes bei allen jenen unzähligen Transaktionen zu überzeugen, die *per deneratas* in den kleinen Märkten der Zeit getätigt wurden. Wenn der Gebrauch des Geldes tatsächlich sehr beschränkt blieb, so nicht, weil er unbekannt war, sondern weil ihn die Wirtschaftsstruktur der Zeit zurückband, die unvereinbar war mit den Gepflogenheiten eines wirklichen Handelsverkehrs. Sobald aber letzterer wieder hergestellt war und regelmässig funktionierte, musste sich der Geldumlauf entsprechend vermehren, der ja nie ganz verschwunden war. Leistungen in Naturalien kamen deshalb nicht völlig ausser Gebrauch — sie haben immer, und zwar bis auf unsere Zeit, Bestand gehabt —, doch traten sie zurück, weil ihr Nutzen in einer Zeit vermehrten Handels nicht mehr so sehr in Erscheinung trat. Was vor sich geht, ist nicht die Substituierung einer Naturalwirtschaft durch eine Geldwirtschaft, sondern ganz einfach die schrittweise Wiederaufnahme des Geldes als Wertmesser und Zahlungsmittel [10].

Die Bargeldmengen nahmen zu mit der Verallgemeinerung der Verwendung. Der Geldumlauf des 12. und 13. Jhs. ist unendlich viel grösser, als er es je vom 9. bis 11. Jh. gewesen war. Ergebnis ist eine Preishausse, die natürlich überall den Produzenten zugute kommt. Mit dieser zusammen lief eine immer teurer werdende Lebenshaltung. Wo der Handel die Oberhand gewann, weckte er überall Hunger nach den neuen Gütern, die er einführte.

Wie stets war es die Aristokratie, die sich mit Luxus oder zum mindesten mit standesmässigem Komfort umgeben wollte. Bei Betrachtung des Lebensstandards eines Ritters aus dem 11. mit einem aus dem 12. Jh. wird man sofort bemerken, wie sehr sich die Ausgaben für Ernährung, Kleidung, Mobiliar und vor allem Bewaffnung gegenüber früher vermehrt hatten. Sehen wir zu, ob die Einkommen eine analoge Hausse aufweisen! Bei den adligen Grundbesitzern erhielten sie sich auf gleicher Höhe wie vorher, und dies mitten in einer kritischen Teuerung. Durch Gewohnheitsrecht festgelegt, blieben die Grundzinse unantastbar. Die Grundbesitzer bezogen von ihren Leuten das, was sie zum Leben bisher immer bedurften, nicht aber, was sie für die neue Lebensweise benötigt hätten. Sie wurden zu Opfern einer veralteten Bewirtschaftung, die sie daran hinderte, dem Grund und Boden eine seinem Werte entsprechende Rente abzuringen. Die Tradition hinderte sie daran, so dass sie nicht einmal die Leistungen ihrer Zinsleute oder die Fronarbeiten der Leibeigenen zu vermehren wagten, die durch jahrhundertelange Gepflogenheit geheiligt waren und Rechte darstellten, an denen nicht ohne schwerwiegende ökonomische und soziale Folgen zu rütteln war.

Krisen und Reformen innerhalb der Grundherrschaften. Unfähig, den Anforderungen einer neuen Lebenshaltung zu widerstehen, aber auch einer solchen zu genügen, stürzte sich der Adel vielfach in Schulden und damit in den Ruin. Thomas von Chantimpré erzählt in der Mitte des 13. Jhs., dass an seinem Geburtsort die Zahl der Ritter von 60 zu Ende des vorangegangenen Jahrhunderts auf einen oder zwei gesunken sei [11]. Und sicherlich haben wir hier nur die lokale Bestätigung eines allgemeinen Phänomens zu erblicken. Selbst die Kirche blieb davor nicht verschont. Erzbischof Odo Rigaud von Rouen beschreibt zur selben Zeit die Situation der kleinen Klöster seiner Sprengel als sehr bedrängt [12].

Die adligen und kirchlichen Grossgrundbesitzer vermochten der Krise besser zu begegnen. Doch war dies nur möglich durch einen fast völligen Bruch mit der traditionellen grundherrlichen Wirtschaftsorganisation. Sie war zwar zu sehr eingewurzelt, als dass eine Umgestaltung denkbar gewesen wäre, doch konnte sie mindestens rentabler gestaltet werden, um teilweise besseren Ertrag abzuwerfen. Viele ihrer Organe waren seit dem Aufschwung des Handels zu unnützem Ballast geworden. Welchen Vorteil boten z. B. noch die häuslichen Werkstätten *(gynaecea)*, wie sie in jeder richtigen *curtis* eingerichtet waren, wo einige Dutzend Leibeigene damit beschäftigt wurden, Tuch oder Werkzeuge für die Bodenbearbeitung zu fabrizieren, und dazu noch in geringerer Qualität, als es die Handwerker der benachbarten Stadt taten?

Man liess sie deshalb während des 12. Jhs. fast überall eingehen. Aus demselben Grunde sahen sich die Klöster in Ländern ohne Rebbau veranlasst, ihre weit entfernten Weinberge zu veräussern [13]. Seit es einen Weinhandel gab, wofür Wein unter grossen Kosten auf eigenem Boden erzeugen? Was das Salland betraf, so empfahl es sich, dieses soweit als möglich in Erblehen zu verwandeln, da durch den Frondienst nichts mehr eingebracht wurde und es sich eher lohnte, den Boden gegen Geldzinse zu verteilen, als Ernten anzuhäufen, die zudem der Gefahr des Verderbs oder des Feuers ausgesetzt waren.

Das Hauptziel eines weitblickenden Wirtschaftsbetriebes richtet sich darauf, vor allen Dingen die Gelderträgnisse zu steigern. Und dies führt ganz natürlich zur Aufhebung oder Milderung der Leibeigenschaft. Einen Menschen befreien bedeutete doppelten Gewinn, denn einmal zahlte er für seine Freiheit, dann aber hörte er nicht auf, sein Bodenlos zu bebauen. Wenn er will, behält er dieses unter Bedingungen, die der Herrschaft sehr gelegen kommen; zieht er es vor, zu gehen, so wird man leicht jemand anderen an seiner Stelle finden. So zahlreich Freilassungen im 12. Jh. auch waren, die Leibeigenschaft wurde damit nicht aufgehoben, obwohl sie viel von ihrer ursprünglichen Beschaffenheit verlor. Es stand im Belieben der Bauern, Fronlasten und weitere drückende Abgaben durch Geld abzulösen. Wenn die alten Namen des Todfalls, des Besthauptes und des Heiratszwanges sich zuweilen bis zum Ende des Ancien Régime erhielten, so haben diese selbst sich in Wirklichkeit stark gemildert. Auch die Frondienste stellen nur mehr Kleinigkeiten dar, verglichen mit dem, zu was sie früher verpflichteten. Nirgends verschwindet die Grundherrschaft, aber überall vermindert sich ihre Gewalt über die Menschheit; auch von ihrem patriarchalischen Charakter bleibt nicht mehr viel übrig. Mit fortschreitender Entwicklung wandelt sich der Grossgrundbesitzer in einen Bodenrentner um, in einen *landlord*.

Die meisten freigelassenen Bauern werden zu Lehensmännern, denen der Boden gegen Erbzins überlassen ist. Während des 13. Jhs. aber gewinnt die Zeitpacht in den fortgeschrittenen Gebieten an Boden. Viele alte *curtes* werden an reiche Landwirte ausgegeben. Odo Rigaud erteilt seinen Äbten den Ratschlag, so oft wie möglich ihre Ländereien zu verpachten [14]. Im Süden, im Roussillon z. B., sind Zeitpachten gegen Geld auf zwei bis sechs Jahre üblich. Daneben bestehen aber auch Verträge auf Anteil am Ertrag [15].

Einfluss des Handels auf die Landschaft. Es ist sehr charakteristisch, dass dem Niedergang der Grundherrschaft ein Aufschwung des Handels entspricht. Mit andern Worten, ersterer vollzog sich viel schneller in den Ländern grosser Städte und lebhaften Verkehrs, wie der Lombardei, der Toscana, Nordfrankreich, Flandern oder den Rheinlanden, als in Mitteldeutschland oder England. Erst gegen Ende des 13. Jhs. werden die Gutshöfe auch dort davon berührt, während in Flandern schon Mitte des 12. Jhs. häufige Symptome der Zersetzung zu bemerken sind. Hier hat der wirtschaftliche Fortschritt weit gründlicher als andernorts die Leibeigenschaft beseitigt. 1335 können die Schöffen von Ypern schreiben, dass sie nirgendwo mehr weder von Leibeigenen noch von Todfall, noch von irgendwelchen andern Freiheitsbeschränkungen gehört haben [16].

Die zunehmende Bedeutung des Handels zeitigt als weiteres Resultat, dass sich die Bewirtschaftung zum mindesten längs der grossen Durchgangsstrassen oder aber im Hinterland der Häfen, der Bodenbeschaffenheit und dem Klima anpasst. Solange kein oder ein nur sehr geringer Verkehr bestand, hatte man sich stets darum bemühen müssen, in jedem Gutshof die verschiedensten landwirtschaftlichen Produkte zu erzeugen, da man auf dem Markte nichts bekam. Vom 12. Jh. an drängt dagegen der vorwärtsschreitende Handel zu rationellerem Anbau. Überall dort, wo man mit einem Export rechnen darf, sucht man das zu pflanzen, was am besten und mit den geringsten Kosten gedeiht. Seit dem 12. Jh. verlegen sich die Zisterzienserklöster Englands auf die Produktion von Wolle; Waidfarbe, das Indigo des Mittelalters, wird im Süden Frankreichs kultiviert, dann in der Pikardie, in der untern Normandie, in Thüringen und in der Toscana. Die Reben verdrängen das Getreide überall dort, wo aus ihnen edler und haltbarer Wein in reichlichem Masse gewonnen werden kann. Salimbene bemerkte sehr richtig, dass die Bauern des Tales von Auxerre deshalb nicht säten und ernteten, weil der Fluss ihren Wein bequem nach Paris brachte, wo er gute Preise erzielte [17]. Das Bordelais liefert das typische Beispiel einer Gegend, deren Kulturen durch den Handel bedingt sind. Die Mündung der Gironde und der Hafen La Rochelle erleichterten den Weinexport: nach den Küsten des Atlantik, nach England, in die Nord- und Ostsee. Ende des 12. Jhs. sind Bordeauxweine schon im Uferstreifen zwischen den Häfen von Brügge und Lüttich verbreitet, wo sie jenen von Rhein und Mosel Konkurrenz machen. Am andern Ende Europas spezialisiert sich Preussen auf Getreidebau, dessen Ertrag durch die Hanse über ganz Nordeuropa Verbreitung erlangt.

ZUNEHMENDE BEWEGLICHKEIT DES BODENBESITZES. Schliesslich darf nicht unerwähnt bleiben, dass die Intensivierung des Wirtschaftslebens eine Fluktuation des Grundbesitzes zur Folge hat, welche dessen hergebrachte Aufteilung beseitigte. Die ursprüngliche Gleichheit der Hufen weicht Gütern von verschiedener Grösse, deren einem Pächter zugehörende Parzellen einen einzigen Betrieb bilden. Jetzt findet der Bauer in der benachbarten Stadt einen Markt für seine Erzeugnisse, Lust am Sparen folgt der Freude an Gewinn, und was er zusammengebracht hat, legt er am besten in Grund und Boden an. Schon herrscht aber Nachfrage nach Grundbesitz auch beim Bürger. Dem reichen Kaufmann der Stadt bietet er die beste Plazierung für den Reingewinn seines Handels. Im 13. Jh. werden sehr viele Zinsgüter auf dem Lande von Leuten solcher Art erworben. In Flandern beteiligen sich die Kapitalisten an der Trockenlegung der Poldern. In Italien erwerben im 14. Jh. sienesische oder florentinische Bankiers Herrschaften, und ihre Geschäftsfreunde und Vertreter in Frankreich, England und Flandern sind nicht minder auf solche Immobilien erpicht.

Lassen wir uns jedoch nicht zu sehr verleiten, diese Phänomene zu verallgemeinern, die gemeinhin nur an den wenigen Orten anzutreffen sind, wo sich der Kapitalismus bis zur letzten Konsequenz entwickeln konnte. Tatsächlich ging die Veränderung der landwirtschaftlichen Wirtschaftsstruktur und der ländlichen Lebensbedingungen in allen Gebieten Europas, die nicht von grossen Handelswegen gekreuzt wurden, nur sehr langsam vor sich. Aber selbst dort, wo die Dinge ein schnelleres Tempo einschlugen, blieb die Vergangenheit nachhaltig wirksam. Die bebaute Bodenoberfläche hat scheinbar einen nie zuvor gesehenen Umfang erlangt, steht aber deswegen noch weit hinter jener unserer Tage zurück. Die Methoden der Wirtschaft bleiben stationär; die Verwendung von Düngemitteln ist nur in einigen bevorzugten Gebieten bekannt, im übrigen verharrt man auf der traditionellen Dreifelderwirtschaft. So sehr die Leibeigenschaft gemildert ist, der Bauer ist nach wie vor der grundherrlichen Gerichtsherrschaft unterworfen; noch besteht der Zehnte, Bannrechte und über allem der Missbrauch der Gewalt, gegen den der Staat keinen oder nur schlechten Schutz verleiht. Die Bauern, in ihrer Gesamtheit die grosse Masse des Volkes, spielen eine passive Rolle. Sie haben keinen Platz in der sozialen Hierarchie.

VIERTES KAPITEL

DER HANDEL BIS ZUM ENDE DES 13. JAHRHUNDERTS

I. Das Verkehrswesen [1]

DIE WEGZÖLLE. Ein reger Handel im Mittelalter muss um so höher eingeschätzt werden, als sich damals dem Personen- und Güterverkehr grosse Hindernisse in den Weg stellten. Der Zustand der Strassen und Wege seit dem 9. Jh. ist bedenklich. Die letzten Reste des bewunderungswürdigen römischen Netzes waren verschwunden. Die Zölle, die früher zum Unterhalt der Strassen dienten, blieben dagegen bestehen, und nicht nur das, man schuf neue hinzu, die zusammen mit den übrigen, nach antiker Überlieferung, *teloneum* hiessen. Es handelt sich aber nur noch um eine überflüssige und lästige Abgabe, die ihrer ursprünglichen öffentlich-rechtlichen Funktion entkleidet worden war. Der Transitzoll (*teloneum*) des Mittelalters, dessen Erhebung die Territorialgewalt beanspruchte, wurde so zu einem einfachen Fiskalrecht, das den Verkehr schwer behinderte. Kein Heller wurde mehr davon zum Unterhalt von Wegen und Brücken verwendet. Der Handel wird damit ebenso belastet, wie der Boden durch die Grundzinsen. Der Händler betrachtet die Abgabe als *exactio*, gleichsam als schlechte Gewohnheit, als ungerechte Auflage, kurz als Missbrauch; und damit ist er nicht allzu weit von der Wahrheit entfernt. Der Zoll war der eigentliche Hemmschuh des Verkehrs.

Man wird daher begreifen, dass die jungen Städte als erstes dessen Aufhebung zugunsten ihrer Bürger forderten, entweder nur an einzelnen Stellen, aber auch auf dem ganzen Hoheitsgebiet des Territorialherren. Ähnliches hatten ja so viele Abteien bereits früher von der Frömmigkeit der letzteren erwirkt. Seit dem 12. Jh. gelingt es den reichen Kommunen, Zollprivilegien in jenen fremden Ländern zu erhalten, die von ihren Kaufleuten aufgesucht wurden [2].

So häufig aber derartige Vergünstigungen gewesen sein mögen, noch gab es an allen Verkehrsadern Zollstellen in grosser Zahl. Zu Ende des 14. Jhs. bestanden am Rhein 64, an der Elbe 35 und an der Donau nur in ihrem Lauf durch Niederösterreich 77 [3].

Zustand des Verkehrsnetzes. Fiskalische Ausbeutung, daneben aber der schlechte Zustand der Wege trugen das Ihre dazu bei, den Transit beschwerlich zu gestalten. Im Winter war es fast unmöglich, das von Wasser und Schlamm durchweichte Strassenbett zu benützen. Die Instandsetzung der Verkehrsadern war deren Anstössern überlassen oder sonst irgendwie daran interessierten Personen. Aus keinem Dokument ist ersichtlich, dass z. B. die öffentliche Hand in der Lombardei eine Verbesserung der Alpenübergänge versucht hätte, obwohl diese für die Verbindungen Italiens mit Nordeuropa von entscheidender Bedeutung waren. Gelegentliche Fortschritte sind anscheinend nur der Initiative einzelner Reisender, Pilger oder Kaufleute zu verdanken. Zu den Übergängen des Mont Cenis, des Brenners, des Septimers und des Grossen St. Bernhards, die von altersher benützt wurden, tritt zu Beginn des 13. Jhs. der St. Gotthard. Ein namenloser Erfinder schlägt dort die erste bekannte Hängebrücke, jedoch zweifellos auf Kosten der Benützer. Diese Tat öffnet den direkten Weg zwischen Mailand und den Tälern des Rheins und der Donau. Im ganzen kennt nur die Verwaltung des Königreiches Neapel Massnahmen zur Instandsetzung der Wege, und zwar hatte dort die absolutistische Monarchie der Hohenstaufen und des Hauses Anjou am Beispiel des Byzantinischen Reiches und des arabischen Sizilien etwas gelernt [4]. In Frankreich überlässt der König selbst in unmittelbarer Nähe der Hauptstadt die Obsorge den Strassenbenützern. 1332 sahen sich die Kaufleute von Gent genötigt, auf eigene Kosten die Strasse nach Senlis zu reparieren, um die Beförderung ihrer Waren nach Paris zu beschleunigen [5].

Dem Bau von Brücken brachte man grösseres Interesse entgegen, denn ohne solche wären die grossen Flüsse allzu schwer passierbar gewesen. Es gilt jedoch zu beachten, dass die wichtigsten Bauten, die auch hohe Kosten verursachten, innerhalb der Städte ausgeführt wurden, sicherlich grösstenteils auf Rechnung der Bürgerschaft. So geschah es bei den Brücken über die Maas in Maastricht, Lüttich, Huy, Namur und Dinant, über die Seine in Paris und Rouen, über die Rhone in Avignon, über die Themse in London usw.

DIE TRANSPORTMITTEL. Die Fahrzeuge mussten sich natürlich den schlechten Wegen anpassen. Gewöhnlich wurden für die Frachten leichte zweirädrige Karren benutzt, der Pferderücken war jedoch das übliche Transportmittel. Schwere Lasten mussten gar auf viele Gefährte oder Tiere verteilt werden, um auf den damaligen Strassen vorwärts zu kommen. Grosse vierräderige Wagen fanden wegen der ungepflasterten Verkehrsrouten nur geringen Anklang. Verbesserungen in der Technik der Anspannung, wie sie im 10. Jh. festzustellen sind, wirkten sich nicht aus, wie dies bei günstigeren Wegverhältnissen wohl der Fall gewesen wäre [6].

FLÜSSE UND KANÄLE. Die Unzulänglichkeit der Erdverbindungen machte die Wasserläufe zu den bevorzugten Handelswegen, obwohl Trockenheit, Vereisung und die Hochwasser im Frühjahr und Herbst die Schiffahrt häufig verhinderten. Die Flüsse vermittelten aber schon in natürlichem Zustand aufs beste Austausch und Transporte. Hier bemühte man sich daher bald um Korrektionsarbeiten. Dämme wurden errichtet sowie Ufermauern und Landestellen an günstig gelegenen Stellen. In der Ebene Flanderns, wo die Wasser träger fliessen, ward es möglich, sehr früh schon Kanäle auszuheben, welche, durch die Flüsse gespiesen, diese miteinander verbanden. Die ältesten dieser sog. *vaarten* reichen ins 12. Jh., doch erst im 13. Jh. ist ihre Zahl so erheblich, dass allein schon daraus auf eine bedeutende Aktivierung des Handelsverkehrs geschlossen werden dürfte. Der Wasserspiegel wurde durch Pfahlwehre, die in gewissen Abständen voneinander eingerammt wurden, auf dem gewünschten Niveau gehalten. Die Schiffe überwanden den Höhenunterschied auf geneigten Ebenen, über die sie von einem Abschnitt zum andern mittels Seilwinden gezogen wurden. Ein solches Hebewerk nannte man *overdrag.* Die Ausgaben für die Herstellung von Kanälen wurden teils von Städten, teils von Kaufmannsgilden getragen. Abgaben, jedoch sehr verschieden vom grundherrlichen Wegzoll, deren Ertrag nämlich zur Amortisation des Anlagekapitals und zum Unterhalt Verwendung fand, lagen auf der Schiffahrt [7].

Die Schiffahrt. Ungleich wichtiger noch als der Flussverkehr war die Meerschiffahrt. Bis zum allgemeinen Gebrauch des Kompasses, d. h. bis zum 14. Jh. im Mittelmeer, bis zum 15. Jh. in der Nordsee, war Küstenschiffahrt allein möglich. Gewöhnlich fuhr man zusammen im Konvoi, mit Ausnahme ganz kleiner Reisen, oft von Kriegsschiffen begleitet, eine Vorsichtsmassnahme, die nicht wegzudenken ist aus einer Epoche allgemeiner Piraterie, wo selbst Kaufleute sich die Gelegenheit dazu nicht entgehen liessen. Der Tonnagegehalt des einzelnen Fahrzeuges schwankte zwischen 200–600 Tonnen [8]. Im Mittelmeer verwendete man vor allem Ruder- und Segelgaleeren. Das französische Schiff und die Kogge der Nord- und Ostsee waren einfache Segler, hochbordig, mit gerundeten Seitenwänden. Verbesserungen des Steuers zu Beginn des 13. Jhs. erhöhten die Seetüchtigkeit all dieser Fahrzeuge. Während der Winterstürme wagte man sich aber immer noch nicht aufs Meer hinaus. Bis zum Beginn des 14. Jhs. kreuzten die Galeeren der italienischen Städte nur ausnahmsweise jenseits der Strasse von Gibraltar. Venedig und Genua rüsteten erst 1314 Flotten aus, die für den Verkehr mit Flandern und England bestimmt waren [9]. Die Hansakoggen, die seit dem 12. Jh. die skandinavische Navigation aus den nordischen Gewässern verdrängten, fuhren südlich nur bis zum Golf von Biscaya, wo sie in Bourgneuf Salz, und Wein in La Rochelle luden.

Die Hafeneinrichtung bestand aus Warenhallen, Kränen, und sonstigen Löscheinrichtungen. Venedig im Süden, Brügge im Norden galten als die sichersten und modernsten Häfen Europas.

Kirchtürme, Glockentürme und der Bergfried der Burgen dienten zur Orientierung im Küstenfahrwasser. Gelegentlich wurden schon Feuer auf ihrer Spitze entzündet, Vorläufer der Leuchttürme. Die Schiffe werden zumeist, nachdem sie gelöscht sind, zur Überholung auf den Strand gezogen.

Fehlen von Schutzzöllen. Während die üppig wuchernden Wegzölle überall den Handelsverkehr störten, stiess dieser an den politischen Grenzen auf keinen Widerstand. Vorläufer des Schutzzollsystems verraten sich erst im 15. Jh. Früher regt sich nirgendwo das Verlangen, den nationalen Handel dadurch zu begünstigen, dass man ihn vor fremder Konkurrenz sicherstellt. Der Internationalismus, der bis zum 13. Jh. die mittelalterliche Kultur kennzeichnet, tritt in dieser Haltung der Staaten besonders klar zutage, von denen keiner sich in den Handel einmischt. Vergeblich wird man nach einer eigentlichen Wirtschaftspolitik suchen.

Staatsoberhaupt und Handel. Dabei blieben die politischen Beziehungen zwischen den Fürsten nicht ohne Einfluss auf die Wirtschaft. In Kriegszeiten wurden Kaufleute aus feindlichen Ländern verhaftet, ihre Güter eingezogen, ihre Schiffe beschlagnahmt. Handelssperren sind eines der Druckmittel, den Gegner gefügig zu machen. Im 13. und 14. Jh. verboten z. B. die englischen Könige während ihrer Konflikte mit Flandern den Wollexport, um dieses Land durch eine Wirtschaftskrise auf die Knie zu zwingen. Es sind aber einmalige Gewaltmittel, Versuche ohne dauernde Wirkung. Der Friede einmal hergestellt, bleibt nichts davon bestehen. Der Gedanke, günstige Gelegenheiten auszunützen, um den Gegner wirtschaftlich zu ruinieren, ihm den Absatzmarkt zu rauben, sich seiner Industrien zu bemächtigen, erscheint nirgendwo. Die mittelalterlichen Fürsten kennen keine merkantilistischen Anwandlungen, mit Ausnahme vielleicht von Friedrich II. und seiner Nachfolger aus dem Hause Anjou im Königreich beider Sizilien.

Hier überrascht man unter dem Einfluss der Byzantiner und der Araber in Sizilien und Afrika den Staat bei seinen ersten Versuchen, in Wirtschaftsdinge einzugreifen. Der König reserviert sich ein Handelsmonopol auf Getreide und setzt eine eigentliche Zollverwaltung an den Grenzen ein. Indem er dies tut, denkt er sicherlich nur an die Staatsfinanzen. Doch dadurch, dass er den Handel seiner Aufsicht unterstellt, betritt er neue Wege, die schon an die Politik moderner Monarchien gemahnen [10]. Aber die Könige von Sizilien fanden mit ihren Ideen, die der Zeit vorauseilten und auf ein zu kleines Milieu beschränkt blieben, keine Nachahmung, und es scheint, dass ihr Werk die Katastrophe Karls von Anjou vom Jahre 1282 nicht überlebte. Der Gedanke übrigens, den Handel zugunsten der fürstlichen Finanzen zu belasten, taucht bei allen Regierungen auf. Überall ist der Fremde Spezialtaxen unterworfen, er sei denn durch Verträge geschützt, und seine Ware schwebt in grosser Gefahr, im Bedarfsfalle vom Territorialherrn requiriert zu werden. Der Fürst aber drückt ihn nicht nur, er schirmt ihn auch. Wie der Pilger, so steht der Kaufmann unter der speziellen Obhut des Landesvaters. Auch er geniesst den allgemeinen Landfrieden. Mehr als ein Landesherr galt als unbarmherziger Rächer von Plünderung und Strassenraub. Wenn auch bis zum Ende des Mittelalters und selbst später viele Edelleute und Ritter den Kaufleuten auflauerten, so geschieht dies vom 13. Jh. an nur mehr in abgelegenen Gegenden oder in solchen, die der Anarchie ausgeliefert sind; dort begegnet man noch dem gefürchteten «Raubritter». Wegelagerer sind in Friedenszeiten überall dort Ausnahmen, wo die

Regierungen die Distriktionsgewalt ihrer Gerichte und die Autorität der Beamten gefestigt haben.

Gleichzeitig werden verschiedene unzeitgemässe Massnahmen gemildert, die nicht mehr zur fortgeschrittenen Wirtschaft passen. Das Strandrecht, laut welchem alles vom Meer ans Land Gespülte dem Herrn gehört, wird gänzlich abgeschafft oder vertragsmässig eingeschränkt. Weiter trifft man Vereinbarungen, die den fremden Kaufmann vor der Verhaftung wegen Schulden seiner Regierung oder seiner Mitbürger sicherstellen sollen. Ja, es kommt zuweilen dazu, dass diesem im Kriegsfall eine Frist eingeräumt wird, sich selber und seine Ware in Sicherheit zu bringen. Die Anwendung solcher Massnahmen, die während des 13. Jhs. immer häufiger und präziser werden, bleibt allerdings fragwürdig, gerade weil sie mangels allgemeiner Anerkennung dem Zufalle unterworfen waren. Das verhindert jedoch nicht ein aufkommendes Gefühl der Geborgenheit. Die brutale Gewalt ist im Schwinden begriffen, und eine Mentalität bahnt sich langsam an, die dem Handelsverkehr und der internationalen Zusammenarbeit ausgesprochen günstig gesinnt ist.

Die Gilden und Hansen. Anfänglich zwangen die überall drohenden Gefahren die Kaufleute, gemeinsam zu reisen, als bewaffnete Verbände in eigentlichen Karawanen. Sicherheit konnte nur durch Macht erzwungen werden, und solche ergab sich nur aus einer Zusammenrottung. In Italien und in den Niederlanden, d. h. in den handelspolitisch am meisten entwickelten Ländern, bietet sich uns das gleiche Schauspiel, wobei zwischen Germanen und Romanen kein Unterschied besteht. Überall derselbe Stand der Dinge, nur um Nuancen und in der Benennung verschieden. Ob es sich um Brüderschaften, charités, Kompanien, Gilden oder Hansen handelte, es ist stets ein und dasselbe. Nicht die nationale Eigenart, sondern die sozialen Bedürfnisse sind es nämlich, welche die Geschicke der Wirtschaft lenken. Die Institutionen des Handels waren am Anfang ebenso kosmopolitisch wie jene des Feudalismus.

Die Quellen geben uns genaue Nachrichten von Kaufmannsscharen, wie sie seit dem 10. und 11. Jh. in Westeuropa immer häufiger auftreten. Ihre mit Bogen und Schwert bewaffneten Mitglieder umschwärmen die mit Säcken, Ballen, Kisten und Fässern beladenen Saumtiere und Karren. An der Spitze reitet der Standartenträger *(Schildrake)*. Der Hansgraf oder ein Dekan befehligen den Trupp. Dieser besteht aus «Brüdern», die durch ein Treuegelöbnis miteinander verschworen sind. Ein Geist enger Solidarität belebt die Schar. Die Ware wird augenscheinlich gemeinschaftlich eingekauft und verkauft, wobei der Gewinn proportional zur Einlage jedes einzelnen zur Verteilung gelangt [11]. Je länger die Reise, desto grösseren Erfolg versprach sie zu einer Zeit, wo die Preise vor allem durch die mit der Entfernung zunehmende Seltenheit bestimmt wurden. Um günstige Verkäufe zu erzielen, war es am besten, Produkte billig im Ursprungsland zu erwerben, um sie andernorts loszuschlagen, wo sie als Raritäten hoch bezahlt wurden. Die Lockungen des Gewinns waren stark genug, den Strapazen und den Zufällen einer herumziehenden Lebensweise die Waage zu halten. Seit Beginn des 12. Jhs. bemühen sich Händler aus Dinant bis nach Goslar, um sich mit dem Kupfer der dortigen Minen zu versehen; Kaufleute aus Köln und Huy, aus Flandern und aus Rouen besuchen den Hafen von London, zahlreiche Italiener tauchen an den Messen von Ypern auf. Ausser im Winter ist der unternehmungslustige Kaufmann stets unterwegs, daher auch für ihn in England der groteske Name des Staubfusses *(pedes pulverosi, piepowders)* üblich ist [12].

Spezialisten schliessen sich innerhalb dieser herumziehenden Masse mit ihrem Grösserwerden zu Einzelgruppen zusammen. Im Tale der Seine besorgt die Hanse der *marchands de l'eau* von Paris die Flußschiffahrt bis nach Rouen [13]. In Flandern wird unter dem Namen der Londoner Hanse im 12. Jh. ein Konsortium der einzelnen Gilden für den Handel mit England begründet [14]. In Italien veranlasst die Beliebtheit der Champagnemessen die Bildung einer *universitas mercatorum Italiae nundinas Campaniae ac regni Franciae frequentantium*. Schliesslich umfasst die sog. *Hanse der 17 Städte* die Bürger zahlreicher Textilstädte Nordfrankreichs und der Niederlande, deren Interesse ebenfalls auf die Champagnemessen gerichtet sind.

Der Kaufmann ist zu Wasser nicht weniger ein ewiger Wanderer als zu Land. Auch hier setzt er das Leben aufs Spiel, wenn er sich einschifft, um in eigener Person in entlegener Gegend seine Güter zu verkaufen und die Rückfracht zu erstehen.

ABNAHME DER WANDERNDEN KAUFLEUTE. Mit der Zeit gestaltete sich das Kaufmannsleben ruhiger, und zwar aus folgenden Gründen: die zunehmenden Kapitalgeschäfte verlangten die Anwesenheit des Chefs des Unternehmens am Geschäftsplatz; die grössere Sicherheit gestattete den Handelsexpeditionen, ihren Bestimmungsort gefahrloser zu erreichen, eine um sich greifende Bildung den Kaufleuten die schriftliche Erledigung ihrer Geschäfte. Dies alles machte die Begleitung der Waren weniger dringlich, bedingte aber auch die Lostrennung des Transportwesens als gesonderten Berufes mit eigenem Personal[15]. Die einzelnen Handelsherren liessen sich in ihren Filialen des Auslandes durch Teilhaber oder Geschäftsführer vertreten. Diese Entwicklung, in Italien in der 2. Hälfte des 13. Jhs. schon weit vorgeschritten, verstärkt sich seither überall, jedoch nicht auf dem Meer, wo die Handelsschiffe wegen der Seeräuber nur gewappnet auf lange Reisen in See zu stechen wagen, eine Gewohnheit, welche während langer Jahrhunderte beibehalten wird. Sonst aber verliert der Handel den militärischen Aspekt, den wir anfänglich an ihm wahrnehmen.

II. Die Messen[16]

Besonders auffallend ist die wichtige Rolle, welche die Messen im mittelalterlichen Handel gespielt haben, namentlich bis zum Ende des 13. Jhs. In allen Ländern blühen sie auf. Überall tragen sie denselben Charakter, und zwar so sehr, dass wir sie als internationale, den Lebensbedingungen einer europäischen Gesellschaft entsprechende Erscheinung betrachten dürfen. Die Epoche der wandernden Kaufmannschaften ist ihre Blütezeit, mit der Sesshaftigkeit des Handels verlieren sie ihre Bedeutung. Die zu Ende des Mittelalters neu begründeten Messen sind von den älteren durchaus verschieden, und auch ihre wirtschaftliche Stellung ist mit jenen nicht zu vergleichen.

MESSEN UND MÄRKTE. Der Ursprung der Messen *(nundinae)* darf nicht in jenen kleinen Lokalmärkten gesucht werden, die seit dem 9. Jh. in ganz Europa gleichsam aus dem Boden spriessen. Zwar sind letztere sicher älter, doch bestehen keine Beziehungen, wogegen der Kontrast nicht schärfer gedacht werden könnte. Lokalmärkte dienten den Bedürfnissen der ortsansässigen Bevölkerung, daher auch die wöchentliche Abhaltung, das sehr beschränkte Einzugsgebiet und die Eindämmung ihrer Tätigkeit auf den Detailhandel. Messen sind dagegen periodische Zusammenkünfte von Berufskaufleuten, Zentren des Austausches — vor allem en gros —, die, ohne lokale Rücksichten zu kennen, eine möglichst grosse Zahl von Leuten und Waren an sich zu ziehen versuchten. Man darf sie am ehesten mit den Weltausstellungen vergleichen, da niemand und nichts ausgeschlossen wird; jedermann, welcher Nation er auch angehöre, und Handelsware aller Art finden dort freundliche Aufnahme. Auch ist es unmöglich, solche mehr als ein oder höchstens zweimal jährlich am gleichen Orte zu veranstalten, wegen der damit verbundenen zeitraubenden Vorbereitungen.

Die meisten Messen besassen zwar einen mehr oder weniger beschränkten Einzugsbezirk. Einzig die Champagnemessen des 12. und 13. Jhs. genossen europäischen Ruf. Theoretisch aber ist jede Messe dem gesamten Handel offen, wie jeder Hafen der ganzen Schiffahrt. Zwischen Messe und Lokalmarkt besteht demnach nicht eine blosse

Differenz der Grössenordnung, sondern eine solche prinzipieller Art.

Ursprung und Entwicklung der Messen. Mit Ausnahme der Messe von St-Denis bei Paris, welche in merowingische Zeit zurückreicht und während der bäuerlichen Epoche des Mittelalters bloss vegetierte, ohne Widerhall zu finden, datieren die Messen aus der Renaissance des Handels. Die ältesten bestehen seit dem 11. Jh.; im 12. Jh. ist deren Zahl schon erheblich und steigt während des 13. Jhs. noch mehr an. Ihr Standort wird bestimmt durch die Handelswege, daher sie sich in jedem Lande mit dem intensiven und zunehmenden Verkehr vermehren. Das Recht zur Gründung liegt einzig beim Territorialherrn, der dieses zuweilen den Städten zubilligt, was aber längst nicht jeder grossen städtischen Siedlung eine eigene Messe eintrug. Metropolen ersten Ranges, wie Mailand und Venedig, besassen keine; in Flandern finden wir sie in Brügge, Ypern und Lille, dagegen nicht in einem so aktiven Handelszentrum wie Gent, während mittlere Städtchen, wie Thourout und Messines, wiederum damit bedacht sind. Gleich verhält es sich in der Champagne mit Ortschaften, wie Lagny und Bar-sur-Aube, deren Bedeutungslosigkeit mit ihren berühmten Messen im Widerspruch steht.

Die Beliebtheit einer Messe ist unabhängig von der Wichtigkeit ihres Sitzes, was insofern begreiflich ist, als ohne Rücksicht auf die Bevölkerungsdichte hier eine entfernte Kundschaft zu periodischen Versammlungen zusammentritt. Erst gegen Ende des Mittelalters entstanden Messen mit dem einfachen Ziele, bestimmten Städten zusätzliche Handelsgüter durch eine momentane Zufuhr zu verschaffen. Doch haben lokale Überlegungen hier die Oberhand gewonnen und eine Institution ihrem ursprünglichen und eigentlichen Zwecke entfremdet.

Das Recht der Messen. Die Messen standen unter Ausnahmerecht, ihr Boden war durch einen besonderen Frieden geschützt, auf dessen Bruch eine ausserordentlich strenge

Sühne winkte. Alle Messbesucher erfreuen sich des *Geleites*, d. h. des Schutzes durch den Territorialfürsten. Eigene Aufseher, *custodes nundinarum*, wachen über Marktordnung und Marktgerichtsbarkeit. Die mit ihrem Siegel versehenen Verordnungen werden genau befolgt. Die verschiedenen gewährten Vergünstigungen sollen möglichst viele Messbesucher anziehen. In Cambrai ist z. B. Würfel- und Kartenspiel während der Messe der Heiligen Simon und Juda erlaubt. Bankette und Schauspiele sind weitere Attraktionen [17]. Die grösste Anziehungskraft üben aber jene Freiheiten aus, welche die teilnehmenden Kaufleute den Vergeltungsmassnahmen wegen begangener Delikte oder ungetilgter Schulden entziehen, insoweit diese ausserhalb der Messe liegen, die ferner das Heimfallrecht aufheben, sowie jegliches rechtliche Vorgehen und sämtliche Urteilsvollstreckungen während der Dauer des Marktfriedens. Noch geschätzter ist die Suspension der kanonischen Artikel gegen den Wucher. Der Zins ist vielmehr unter Festsetzung eines maximalen Fusses zugelassen.

Die Champagnemessen. Die geographische Standortkarte der Messen zeigt uns auf den ersten Blick, dass deren wichtigste ungefähr halbwegs an der grossen Handelsstrasse abgehalten werden, welche von Italien und der Provence her nach der flandrischen Küste strebt. Es sind die berühmten Messen der Champagne und der Brie, die einander ohne Unterbruch im Jahreslauf ablösen. Zuerst im Januar Lagny-sur-Marne, am Dienstag vor Mittfasten Bar, im Mai die erste Messe von Provins, genannt nach dem Heiligen Quiriacus, im Juni die «Heisse Messe» von Troyes, im September die zweite Messe von Provins, die von St. Agilolf, und schliesslich im Oktober, als Abschluss, die «Kalte Messe» von Troyes. Im 12. Jh. dauerte jede einzelne ungefähr sechs Wochen, so dass dazwischen lediglich das zum Transport der Waren notwendige Intervall verblieb. Saisonmässig am wichtigsten waren die beiden Messen von Provins und die «Heisse Messe» von Troyes.

Sie verdanken ihre Frequenz der günstigen Lage. Schon im 9. Jh. müssen vereinzelte Kaufleute die Ebenen der Champagne bereist haben, denn es scheint, dass der in einem Brief des Lupus von Ferrières erwähnte *sedes negotiatorum Cappas* in Chappes (Dep. Aube) zu suchen ist [18]. Der lebhaftere Handelsverkehr bringt die Grafen der Champagne auf den Gedanken, sich dadurch einen Vorteil zu sichern, dass sie im eigenen Land dem Kaufmannsstand den öfteren Besuch der ihm so gelegenen Messen gewähren. 1114 müssen die von Bar und Troyes seit längerer Zeit existiert haben, und das gleiche gilt ohne Zweifel auch für jene von Lagny und Provins, neben denen weniger bedeutende bestanden in Bar-sur-Seine, Châlons-sur-Marne, Château-Thierry, Nogent-sur-Seine etc. Am Ende der in die Nordsee mündenden Verkehrsader entsprechen den Champagnemessen fünf flämische in Brügge, Ypern, Lille, Thourout und Messines.

Die Champagnemessen und der Handel. Dieser Komplex wichtiger Handelszentren entwickelt sich im 12. Jh. rasch zu hoher Blüte. Ein sehr lebhafter Austausch bestand zwischen den flandrischen Messen und jenen der Champagne — ist es doch Walbert, der uns erzählt, wie lombardische Kaufleute auf die Nachricht hin von der Ermordung des Grafen Karl des Guten von Flandern (1119–1127) fluchtartig die Messe von Ypern verliessen. Ihrerseits fanden die Flamen in der Champagne einen dauernden Absatz für Textilien, welche von dort auf eigene Rechnung oder durch die italienischen und provençalischen Käufer nach Genua gelangten, dem Exporthafen für die levantinischen Handelsplätze [19]. Die Flamen bezogen aber auch aus der Champagne Seidengespinste, Goldschmiedearbeiten und vor allem Gewürze, mit welchen sich alsdann nordische Seefahrer im Hafen von Brügge, ebenso wie mit flandrischem Tuch und französischem Wein eindeckten. Im 13. Jh. waren diese Wechselbeziehungen am lebhaftesten. Eine jede flandrische Stadt schlug in den Messen ein Zelt auf, wo die einheimischen Weber ihre Erzeugnisse ausbreiten. Messeboten besorgen den ständigen brieflichen Geschäftsverkehr zwischen der Champagne und Flandern [20].

Sicherlich erwuchs die grosse Bedeutung der Champagnemessen aus dem Kontakt, den gerade sie frühzeitig zwischen italienischem Handel und flämischer Industrie schufen, daneben aber ging ihr Strahlungsbereich über den ganzen Okzident. Im Messgelände von Troyes gab es ein Haus der Deutschen, Hallen und Herbergen für die Kaufleute aus Montpellier, aus Barcelona, Valencia, Lerida, Rouen, Montauban, Provins, aus der Auvergne, aus Burgund und aus der Pikardie, aus Genf, Clairmont, Ypern, Douai und Saint-Omer. In Provins besassen die Lombarden eigene Messbuden, ein Quartier der Stadt nannte sich *Vicus Alemannorum*, wie man auch in Lagny einen *Vicus Angliae* kannte [21].

CHAMPAGNEMESSEN UND KREDIT. Aber nicht nur der Warenverkehr warb weitherum für die Champagnemessen. Die dort getätigten Geldgeschäfte waren so zahlreich und so wichtig, dass die Messen zum «Europäischen Wechseldomizil» wurden, um einen glücklichen Ausdruck Goldschmidts zu verwenden [22]. Während jeder Messe folgte einer Verkaufsperiode eine solche der Zahlungen. Es ging dabei jedoch nicht nur um Tilgungen frischer Schulden, sondern dazu noch um Verpflichtungen aus früheren Messen. Seit dem 12. Jh. entwickelte sich dort eine Kreditpraxis, für die zum erstenmal Wechselbriefe verwendet wurden, wie sie zweifellos von den in Handelssachen dem Kontinent vorauseilenden Italienern eingeführt worden sind. Es handelte sich zunächst um das einfache schriftliche Versprechen, eine Summe später und an einem andern Platze einzubezahlen, oder, um einen Rechtsausdruck zu benützen, um *domizilierte Eigenwechsel*. Der Trassant verpflichtet sich darin, dem Remittenten oder dessen *Nuntius*, d. h. einem Beauftragten, die Summe in eigener Person später an einem bestimmten Ort zu erstatten (aktive Orderklausel) oder durch einen eigenen Bevollmächtigten erstatten zu lassen (passive Orderklausel). Die Champagnemessen waren so stark frequentiert, dass man alle anderweitig eingegangenen Verbindlichkeiten an einer davon einlösen konnte. Dies traf nicht nur für Handelsschulden zu, sondern auch für einfache Anleihen von Einzelpersonen, Fürsten oder kirchlichen Anstalten. Die Tatsache, dass sie mit sämtlichen Handelsplätzen Europas in Verbindung standen, führte schon im 13. Jh. zu einem System der Schuldentilgung durch Kompensation. Die Messen spielten im damaligen Europa die Rolle eines embryonalen Clearings. Wenn man bedenkt, wie die Leute von überall her dorthin strömten, begreift man, wie gross ihre Bedeutung für die Modernisierung des Kreditwesens gewesen sein muss, nach dem Vorbild der in Geldsachen führenden Florentiner und Sieneser.

NIEDERGANG DER CHAMPAGNEMESSEN. Die 2. Hälfte des 13. Jhs. darf als Höhepunkt der Champagnemessen gelten. Schon zu Beginn des folgenden Jahrhunderts sehen wir sie im Niedergang begriffen. Dieser erklärt sich vor allem daraus, dass der Handel nunmehr sesshaft wurde und dass gleichzeitig zwischen Italien und den Häfen Flanderns und Englands ein direkter Schiffsverkehr aufkam. Zweifellos trug auch der lange Krieg von 1302–1320 zwischen den Grafen von Flandern und den Königen von Frankreich vieles dazu bei, weil die Messen dadurch ihrer aktivsten nördlichen Kunden beraubt wurden. Der Hundertjährige Krieg versetzte ihnen sodann den Fangstoss. Seither ist es geschehen um jene grossen Handelsversammlungen, zu denen während zwei Jahrhunderten die Kaufleute aus ganz Europa herbeigeeilt waren. Neue, gerade durch diese angeregte Methoden, die allgemein geübte Handelskorrespondenz und Kreditverrechnungen, werden künftighin der Geschäftswelt die Reisen nach der Champagne ersparen.

III. Das Geld [23]

NATURALWIRTSCHAFT UND GELDWIRTSCHAFT. Die deutschen Wirtschaftshistoriker haben für die Zeit vor der Erfindung des Geldes den Ausdruck Naturalwirtschaft geprägt, französisch wenig glücklich als *économie naturelle* oder *économie-nature* übersetzt. Es steht hier nicht zur Untersuchung, inwiefern dadurch die erste Phase menschlicher Wirtschaftsbeziehungen richtig bezeichnet wird. Aber man muss sich fragen, ob dies, wie oft behauptet wird, für jene Epoche des Mittelalters zutrifft, die dem Aufschwung des Handels im 12. Jh. voranging. Wer ihn dafür verwendet, tut dies sicher nicht in der absoluten Bedeutung des Wortes. Es ist nicht zu verkennen, dass das Geld seit seiner Erfindung niemals mehr bei den zivilisierten Völkern des Okzidents ausser Gebrauch kam und dass es sich vom römischen Reiche auf dessen Nachfolgestaaten vererbte. Wenn man die Anfänge des Mittelalters als eine Periode der Naturalwirtschaft bezeichnet, so nur in dem Sinne, dass das Bargeld darin von gänzlich untergeordneter und daher kaum zu erwähnender Bedeutung war. Obwohl aber in dieser Beobachtung viel Wahres liegt, darf man sie auch wieder nicht übertreiben [24].

Es wäre ein völliger Irrtum, zu glauben, dass der einfache Warenaustausch damals das Geld als übliches Instrument des Handels verdrängt habe. Zwar ist der Tausch zu keiner Zeit je aus den gesellschaftlichen Verkehrsformen wegzudenken; er ist heute noch ebenso wie früher im Schwang. Doch hat er niemals seit der Erfindung des Geldes dessen Funktion an sich reissen können. Greift man zu ihm, so geschieht das mehr aus Gründen der Bequemlichkeit oder des Zufalls, er ist eher billiger Ersatz, nicht eigentlicher Stellvertreter der Münze. Die Texte lassen darüber keinen Zweifel. Vom 9.–12. Jh. werden die Preise nur in Geldsorten angegeben, nicht einmal der Fall ist vorgesehen, dass Ware an Geldes statt in Zahlung gegeben werden könnte. Ein Blick in die Kapitulare genügt: selbst auf den kleinsten Lokalmärkten, wo ein Tauschhandel sehr am Platze gewesen wäre, werden die unbedeutenden Geschäfte stets *per deneratas* getätigt. Noch mehr, die Annahme des Geldes als Zahlungsmittel wird darin ausdrücklich als obligatorisch erklärt. Es ist übrigens bekannt, dass in der auf die Karolinger folgenden Zeit das Münzrecht zumeist mit dem Marktrecht verliehen wurde, und dieses Zusammentreffen beweist zur Genüge den regelmässigen Gebrauch des Geldes als Wertmesser bei Kauf und Verkauf. Was für kleine Transaktionen zutrifft, galt nicht minder für grosse. Während Hungersnöten beschaffen sich die Abteien die ihnen fehlenden Nahrungsmittel mittels klingender Münze. In Zeiten der Überproduktion tauschen sie nicht etwa den Überschuss ihres Weines und Getreides gegen andere Waren ein, sondern verkaufen ihn. Vor solchen unumstösslichen Beweisen geht es kaum an, der alten Volkstradition irgendwelchen Glauben zu schenken, die z. B. in Flandern dem Grafen Balduin III. (958–962) die Regelung eines bargeldlosen Handels zuschreibt: 2 Hühner für eine Gans, 2 Gänse für ein Spanferkel, 3 Lämmer für ein Schaf, 3 junge Kühe für einen Stier [25]. Kurz, es ist nicht an der Tatsache zu rütteln, dass während der Agrarzeit des Mittelalters, bei noch so geringem Handelsverkehr, Geld stets verwendet wurde. In dieser Beziehung liegt Kontinuität vor, und es wurde keineswegs eine Naturalwirtschaft durch eine Geldwirtschaft abgelöst.

Anderseits weiss man auch, wie unbedeutend der Handel dieser Zeit war. Dem schwachen Umsatz entspricht notwendigerweise ein geringerer Geldumlauf. Dieser vollzieht sich nach Massgabe des sehr eingeschränkten Geschäftsverkehrs. Die ökonomisch weitaus wichtigsten Leistungen, wie sie im sozial führenden Grossgrundbesitz üblich waren, stehen ausserhalb seines Bereichs. Hier begleicht der Beliehene die auf ihm liegenden Lasten dem Herrn gegenüber in Naturalien. Jeder Leibeigene, jeder Hufenbesitzer schuldet eine bestimmte Anzahl von Arbeitstagen und von selbsterzeugten Produkten: Getreide, Eier, Gänse, Hühner, Lämmer, Schweine, Hanf- und Linnentücher. Hinzu kommen einige Denare, aber in so geringer Anzahl, dass der naturalwirtschaftliche Charakter der Grundherrschaft dadurch keineswegs verfälscht wird; naturalwirtschaftlich deshalb, weil es keine Tauschwirtschaft ist, sondern eine Ökonomie, welche ohne Absatzmärkte in geschlossenem Raume, d. h. ohne Verbindung nach aussen, vor sich geht, in einem bestimmten Herkommen erstarrt und nur für örtliche Bedürfnisse arbeitend. In einem solchen System ist es für den aus seinem Lande lebenden Herrn am einfachsten, dessen Produkte direkt von den Hintersassen zu beziehen, da er sie sonst überhaupt nicht bekäme. Woher sollten ferner letztere das dem Werte ihrer Leistungen entsprechende Geld auftreiben, da sie doch nichts nach auswärts verkaufen? In Naturalien zahlen und in Naturalien einziehen, das gehört zu den wirtschaftlichen Grundbedingungen der mittelalterlichen Domanialverfassung. Bargeld ist überflüssig, wo kein Handel getrieben wird, der seinerseits ohne solches nicht auskommt. Dass dies richtig ist, beweist die Wandlung der grundherrschaftlichen Wirtschaftsstruktur unter dem Einfluss des aufkommenden Handelsverkehrs, dessen wesentliches Merkmal in der Ablösung der Naturalabgaben durch Geldabgaben besteht.

Es ist daher zugleich richtig und falsch, die Periode zwischen dem 9. und dem 12. Jh. als eine naturalwirtschaftliche zu betrachten. Abwegig wäre es, zu glauben, dass das Geld seine Funktion als normales Zahlungsmittel eingebüsst habe, die es vielmehr beibehielt, sofern noch ein Handelsverkehr bestand. Zutreffend hingegen ist es, wenn man damit die Schrumpfung des Geldumlaufes und seiner Bedeutung im Auge hat, weil die Grundherrschaft Geld gar nicht brauchte. Mit andern Worten, bei jeder Zahlung auf Grund eines Kaufes wird immer Geld verwendet, während überall dort, wo es sich um einfache Abgaben ohne Gegenwert handelt, die Naturalwirtschaft bestehen bleibt.

Karolingischer Ursprung des Geldwesens. Es ist eine Tatsache von hoher Bedeutung und die zu gutem Recht auch als paradox gelten kann, dass das Geldsystem, wie es bis zum Ende des Ancien Régime in ganz Europa und heute noch im riesigen Gebiete des Britischen Reiches Geltung hat, in einer Epoche eingeführt wurde, wo der Münzumlauf den tiefsten bisher bekannten Stand erreicht hatte. Der Niedergang des Geldwesens von der merowingischen zur karolingischen Zeit ging zweifellos rasch vor sich und war folgenschwer. Die arabische Invasion des 8. Jhs. verschloss das Tyrrhenische Meer und trennte so den Okzident vom antiken Wirtschaftsorganismus, dessen letzte Pulsschläge wir bis dahin verfolgen können. Sämtliche germanischen Staaten auf dem Boden des Weströmischen Reiches hatten den konstantinischen Goldsolidus als Währung beibehalten. Dieser wurde im Namen der Könige geschlagen und stellte ein eigentliches internationales Zahlungsmittel dar, welches allgemein von Syrien bis nach Spanien und von Afrika bis an die Nordgrenzen Galliens anerkannt war [26]. Doch auch er sollte die Umwälzung nicht überleben, die auf die Verbarrikadierung des Okzidents folgte. Seit Beginn des 9. Jhs. verschwindet er in der karolingischen Monarchie, die zum Agrarstaat ohne Handel ward. Unter Ludwig dem Frommen prägte man nur dort einige wenige Goldstücke, wo sich ein verblichener Rest von Handelsverkehr erhalten hatte: in Friesland und an den Grenzen Spaniens [27]. Etwas später setzten die Einbrüche der Normannen und Sarazenen auch dieser letzten Spur antiken Münzwesens ein Ende. Das gelbe Metall, welches mit dem Abbruch des Mittelmeerhandels aus Europa verschwand, hat auf lange Jahrhunderte hinaus seine Rolle als Tauschmittel ausgespielt. Mit der Herrschaft Pippins des Kurzen wird die Goldwährung endgültig durch die Silberwährung ersetzt, und Karl der Grosse vollendet hier, wie noch auf so manchem andern Gebiete, das Werk seines Vaters, dem er dazu endgültige Gestalt verleiht.

Das von ihm eingeführte Geldsystem wurde zur dauerhaftesten seiner Einrichtungen, weil es sich überall dort verewigt hat, wo heute noch der *livre sterling* rollt. Es brach aber auch definitiv mit dem Geldwesen des Römischen Reiches. Wie in der übrigen Politik des grossen Kaisers, kann man auch in diesem Falle den festen Willen beobachten, den neuen Zuständen gerecht zu werden, die Gesetzgebung den veränderten Lebensbedingungen der Menschheit anzupassen, die Tatsachen so zu nehmen, wie sie sind und sich ihnen zu unterwerfen, um so dem Chaos durch eine neue Ordnung beizukommen. Hier erweist sich Karl der Grosse wie nirgends sonst als schöpferisches Genie und als Realist. Er war sich zweifellos der minderen Funktion bewusst, die dem Gelde in einer verbauerten Gesellschaft zukommen sollte, und daher auch entschlossen, ein neues, für diese passendes Zahlungsmittel zu schaffen. Seine Reform entspricht durchaus einer Agrarwirtschaft ohne Absatzmärkte, in welcher Tatsache zugleich ihre Eigenart und ihre Grösse beruht.

DAS KAROLINGISCHE GELDWESEN. Das karolingische Geldwesen lässt sich summarisch als Silbermonometallismus charakterisieren. Der Staat, der zwar während einiger Jahre die Herstellung weniger Goldstücke duldet, schlägt selber nur Silber. Ein neues Pfundgewicht, schwerer als das römische, 491 Gramm anstatt 327, bildet die Basis der neuen Prägung [28]. Daraus werden 240 Einzelstücke geschaffen, sog. *denarii*. Diese Silberdenare, jeder ungefähr im Gewicht von 2 Gramm, sowie die Halbdenare oder *oboli* sind die einzigen vollwichtigen Metallsorten, d. h. die eigentlichen Münzen. Neben diesen bestehen einfache Zählwerte, von denen jeder einer bestimmten Menge von Denaren entspricht. Es sind dies der *solidus*, mit 12 Denaren und das Pfund *(libra)*, soviel wie 20 *solidi*, welch letzteres somit den 240 aus dem Gewicht geschlagenen Denaren gleichkommt [29]. Der niedere Wert des einzigen Umlaufgeldes, der Denare und Oboli, genügt aufs beste der Nachfrage, da sich der weitaus grösste Teil der Geschäfte nur innerhalb niederer Summen abspielt. Diese

Münze ist tatsächlich nicht auf den Grosshandel berechnet; sie dient hauptsächlich der Kundschaft jener kleinen, häufig in den Kapitularen erwähnten Lokalmärkte, wo Kauf und Verkauf *per deneratas* vor sich geht.

Der Staat wacht übrigens sorgfältig darüber, dass Gewicht und Feingehalt der Geldsorte untadelig seien. Deren Prägung ist ausschliesslich ihm reserviert und auf ein paar wenige Münzstätten konzentriert, die zur besseren Überwachung unter seiner Kontrolle arbeiten. Schwere Strafen werden den Falschmünzern angedroht, und wer sich weigert, den ordentlichen Denar an Zahlungsstatt anzunehmen, wird gebüsst. Der Geldumlauf ist aber sehr eingeschränkt. Der notwendige Metallvorrat stammt grösstenteils aus alten silbernen Kleinmünzen der merowingischen oder gar der römischen Zeit, ferner aus Beute von Kriegen gegen die Ostvölker und schliesslich aus einigen Silberadern Galliens, wie z. B. jener von Melle in Aquitanien. Das Kursgeld wurde häufig eingeschmolzen, um in neuer Prägung aus den königlichen Münzen in Umlauf gebracht zu werden, und zwar wahrscheinlich in der Absicht, Fälschungen zu vereiteln.

Das Geldsystem Karls des Grossen verblieb sämtlichen aus der karolingischen Reichsteilung hervorgegangenen Staaten. Alle behielten den Silberdenar als Umlaufmünze, Solidus und Pfund als Zählwerte bei. Ob ersterer *Pfennig* oder *penny*, der Solidus *shilling*, die libra *Pfund* oder *pound* genannt werden, unter verschiedenen Ausdrücken verbirgt sich dieselbe Sache. Die Goldmünze erhält sich im Okzident nur in den Ländern byzantinischer Herrschaft, so in Süditalien und Sizilien vor der normannischen Besetzung, oder aber in den vom Islam eroberten Gebieten Spaniens. Auch die Angelsachsen prägten weiterhin Goldstücke, bis die Invasion von 1066 auch England der allgemeinen Regel unterwarf.

Das Geldwesen der Feudalzeit. Die Auflösung des Karolingerreiches und der Zusammenbruch der monarchischen Verfassung in der zweiten Hälfte des 9. Jhs. konnten nicht ohne Einfluss auf das Geldwesen bleiben. Wenn dessen Grundzüge zwar unangetastet fortbestehen, so ergeben sich in seiner praktischen Anwendung grosse Veränderungen. Mitten in der Anarchie, in der die königliche Gewalt unterging, verfehlten die Feudalgewalten nicht, sich das Münzrecht anzueignen. Die Könige ihrerseits gewährten es zahlreichen Kirchen. Bald standen im Okzident soviel Geldsorten im Umlauf, als es Lehen mit hoher Gerichtsbarkeit gab. Verständlich, dass sich daraus eine ungeheure Unordnung ergeben musste. Nicht nur vervielfachten sich die Sorten, darüber hinaus verloren sie an Gewicht und Feingehalt, mangels jeder wirksamen Kontrolle. Verschiedene Pfundwerte ersetzten je nach Hoheitsgebiet das Mass Karls des Grossen. In Deutschland wurde seit Beginn des 11. Jhs. ein neues Geldgewicht eingeführt, die Mark von 218 Gramm, ursprünglich aus Skandinavien stammend, welche selbst eine ganze Anzahl anderer Markeinheiten hervorrief, deren bekannteste jene von Köln und Troyes waren.

Zu all diesen Motiven der Verwirrung brachte die Ausbeutung des Münzrechtes durch die Lokalgewalten eine weitere sehr störende und wohl die schwerste Belastung. Das Geld wurde nämlich periodisch verrufen, d. h. ausser Kurs gesetzt; man wurde gezwungen, dieses den Münzen zurückzuerstatten, die es dann in schlechterem Gewicht und reichlicherer Beimischung wieder dem Volke überliessen. An der Differenz bereicherten sich die Fürsten. Auf solche Weise wurde der Gehalt an Edelmetall nach Bedarf vermindert. Die schönen Denare Karls des Grossen aus reinem Silber wichen solchen, die zunehmend und schliesslich in solchem Mass mit Kupfer vermengt wurden, dass um die Mitte des 13. Jhs. aus den ursprünglichen weissen Geldstücken grösstenteils schwarze Münzen *(nigri denarii)* geworden waren.

Diese bedenklichen Zustände erklären sich nicht nur aus der politischen Anarchie, sondern auch aus dem damaligen Wirtschaftsleben. Wo der Handel fast verschwunden war, bedeutete es wenig, dass verschiedene Sorten den Umlauf erschwerten. Man begnügte sich sehr wohl mit einem Gelde, dessen Geltung mit den engen Grenzen eines Territoriums zusammenfiel innerhalb einer Wirtschaftsordnung, wo die Geschäfte sich grösstenteils auf Lokalmärkten abspielten. Dem geringen Handelsverkehr entsprach ein beschränktes Bargeldbedürfnis, und auch die schlechte Qualität der Münze kümmerte die Menschen wenig zu einer Zeit, da Kauf und Verkauf auf ein Minimum reduziert waren.

Der neue ökonomische Impuls, wie wir ihn Ende des 11. Jhs. wahrnehmen, musste dem bisher an enge Münzkreise gefesselten Geld grössere Beweglichkeit verschaffen. Dieses wanderte nunmehr mit den Kaufleuten; in den Städten, an den Messorten kamen durch den Handel von überall her die verschiedensten Währungen zusammen. Eine schneller werdende Zirkulation kompensierte den nicht genügenden Metallvorrat. Um die Mitte des 12. Jhs. aber eröffneten sich neue Quellen durch die Entdeckung der Silberminen von Freiberg. Trotzdem konnte bis zum Ende des Mittelalters der Nachfrage nach dem weissen Metall nie entsprochen werden. Erst um 1450 wurde die Produktion merklich gefördert durch die Ausbeutung des Silbervorkommens in Sachsen, Böhmen, Tirol, Salzburg und Ungarn.

Das Münzregal der Territorialfürsten. Die Zunahme des Geldumlaufes gab den Fürsten erwünschte Gelegenheit, Vorteile daraus zu ziehen. Im Besitz des Münzregals glaubten sie sich berechtigt, es zugunsten ihrer Schatzkammern auszunützen, ohne sich Sorgen darüber zu machen, dass dies einer Bereicherung auf Kosten des öffentlichen Interesses gleichkam. Je mehr der Bedarf an Bargeld anstieg, um so mehr wurde letzteres durch die Inhaber der Prägemonopole selbst verschlechtert. Die Gewohnheit, stets neue Ausgaben von vermindertem Wert herauszubringen, riss seit dem 13. Jh. immer mehr ein; fortwährend wurde das Geld eingezogen, eingeschmolzen und wiederum ausgegeben, aber in schlechterer Qualität als vor dem Verruf. In Deutschland vor allem geschah dies überraschend häufig. Während der 32 Jahre dauernden Herrschaft Bernhards des Askaniers ward das Geld durchschnittlich dreimal jährlich einer solchen Umgestaltung, besser gesagt Verschlechterung unterworfen [30].

Zweifellos war die Situation günstiger in den Ländern, wo der Einfluss der städtischen Bevölkerung der Willkür der Fürsten, die für die Interessen des Handels und des Gewerbes so abträglich war, Schranken setzte. In Flandern veranlassten die Bürger von Saint-Omer 1127 den Grafen Dietrich von Elsass, ihnen das Münzrecht abzutreten. Zwar widerrief er dies im folgenden Jahre [31], für uns aber bleibt diese Tatsache gleichwohl als Zeugnis für eine höchst bedeutungsvolle Haltung bestehen. Tatsächlich zeichnete sich das flämische Bargeld stets durch eine relativ bessere Qualität aus, obwohl es der allgemeinen Verschlechterung nicht zu entgehen vermochte, die mit der Zwangsläufigkeit eines Gesetzes alle Geldsorten des Mittelalters ergriff. Die Denare von Köln, weitverbreitet im Rheinland, stachen im 12. und 13. Jh. ebenfalls durch bemerkenswerte Stabilität hervor [32]. In England war das Münzrecht dem König nie verloren gegangen; die Dinge lagen daher ebenfalls etwas besser, und der Missbrauch trat weniger in Erscheinung als auf dem Kontinent, wo eine Vielzahl von Fürsten das Münzregal usurpiert hatte.

Das königliche Münzregal. Gegen solche widerrechtliche Aneignung setzte die Reaktion von seiten des Königtums ein, sobald sich dieses dazu stark genug fühlte. In Deutschland und Italien war dessen Machteinbusse seit dem 13. Jh. so stark, dass es wie auf andern Gebieten so auch hier, die alten Rechte nicht wiederherzustellen vermochte, die im Gegenteil in zunehmendem Masse den Territorialherren und den Fürsten überlassen wurden; in

Frankreich dagegen begann es seit Philipp August wieder an Boden zu gewinnen. Hier waren ihm zwar weit mehr als anderswo die Befugnisse über das Münzwesen durch die Feudalgewalt entrissen worden. Unter den ersten Kapetingern hatten sich etwa 300 Vasallen das Münzregal angeeignet. Dieses wieder an sich zu bringen, war seit der Wiedererstarkung eine der vornehmsten Anstrengungen der Krone, und sie ging dabei so erfolgreich vor, dass im 14. Jh. nur noch etwa 30 Feudalherren es zu bewahren vermochten, und dass 1320–1321 Philipp V., der Lange, das verfrühte Projekt erwog, eine einzige Münzstätte für das ganze Königreich zu errichten [33].

Nur Rücksichten auf die Souveränität spornten aber die Könige zur Wiedererlangung des Münzregals an. Die Idee, den Missbräuchen des Feudalismus zu steuern und den gesetzlichen Gehalt der Sorten zu wahren, war ihnen völlig fremd, da auch für sie die Münzhoheit nur als eine der vorzüglichsten Einnahmequellen galt. Indem diese nun königlich wurde, erfreute sich das Geld keineswegs grösserer Stabilität als früher. Jeder König verschlechterte seinerseits die Qualität. Die Verordnungen häuften sich, die je nach den Bedürfnissen der Krone den Nominalwert erhöhten, indes der Feingehalt in ständigem Abnehmen begriffen war. Man hob oder minderte den Kurs willkürlich, je nachdem der König zu zahlen oder einzunehmen hatte. Philipp der Schöne schloss sich in dieser Beziehung nur einer geläufigen Praxis an. Kursschwankungen waren an der Tagesordnung, und die chronische Unordnung des Geldumlaufes könnte die Meinung aufkommen lassen, dass jeglicher Handel unmöglich gewesen wäre, wenn wir aus dem Beispiel unserer Zeit nicht noch tiefer greifende Störungen kennen gelernt hätten.

Die primitive Technik des Münzschlages trug das ihre dazu bei, das Chaos zu vergrössern. Man war noch nicht imstande, den ausgegebenen Stücken gleiches Gewicht und identischen Durchmesser zu verleihen. Die sog. Kipper und Wipper (Münzverschlechterer) hatten daher ein leichtes

Spiel, aus dem Metall der umlaufenden Münzen Gewinne zu erraffen. Selbst die Aussicht, lebendig gesotten zu werden, vermochte nicht die Falschmünzer von der Versuchung abzubringen, aus einem Zustand zu profitieren, der ihren Wünschen so sehr passte.

Aufkommen grösserer Geldsorten. Seit dem Ende des 12. Jhs. erreichte die Unordnung im Geldwesen jenen Punkt, der unbedingt eine Reform heischte. Bezeichnenderweise ergriff der grösste Handelsplatz jener Zeit, Venedig, die Initiative dazu. Im Jahr 1192 brachte der Doge Heinrich Dandolo eine neue Münze in Kurs, den Groschen oder Matapan, der etwas mehr als zwei Gramm wog und 12 alten Denaren im Werte gleichkam. Dieser galt damit soviel wie der karolingische Solidus, jedoch mit dem Unterschied, dass es sich hier um Hartgeld, nicht um einen einfachen Zählwert handelte. Das System Karls des Grossen wurde damit nicht aufgegeben, denn die Neuerung hält sich im Rahmen der von ihm eingeführten Einteilung. Sie trägt nur der fortwährenden Verschlechterung des Denars Rechnung, setzt diesem einen neuen, gewissermassen 12mal grösseren Denar entgegen — daher der Name *grossus* —, der genau dem alten Solidus entspricht. Letzterer aber wird aus einem blossen Rechnungswert zur eigentlichen Münze. Anders gesagt, das neue System bleibt der Überlieferung treu, mit der einzigen Ausnahme, dass es eine 12mal höhere Einheit einführt. Der alte Denar wird dadurch nicht etwa verdrängt; es tritt vielmehr lediglich ein neues praktisches Zahlungsmittel für den Handel neben ihn, während er selbst zum Kleingeld herabsinkt.

Der venetianische Groschen entsprach so sehr den Wünschen der Kaufmannschaft, dass er augenblicklich in den Städten der Lombardei und der Toscana Nachahmung fand. Inzwischen begann man aber auch schon nördlich der Alpen der untragbaren Zerrüttung des Geldes zu steuern. In Deutschland, wo die Dinge scheinbar am übelsten standen, kam der Heller auf, ein neuer Denar, an Gewicht und Feingehalt erhöht, so benannt nach Schwäbisch Hall, wo er zuerst geprägt wurde. Auch der Sterling, der Ende des 12. Jhs. in England erscheint, ist ein verbesserter Denar. Aber Frankreich erst, angespornt durch das Beispiel Italiens, brachte das wahre Heilmittel. 1266 schuf Ludwig IX. den Groschen von Tours *(grossus denarius turonensis)*. Wenig später trat der Pariser Groschen neben ihn, um etwa einen Viertel höher im Werte. Diese zwei Münzsorten fanden alsbald über ganz Europa Verbreitung, wie zur gleichen Zeit auch die gotische Kunst und die ritterliche und höfische Dichtung Frankreichs. An dieser Expansion hatten die Champagnemessen ihren guten Teil, galten doch ihretwegen diese Münzen als internationales Zahlungsmittel. Alsbald wurden sie in Flandern, Brabant, in Lüttich und Lothringen geprägt. Seit 1276 bürgert sich der *grossus turonensis*, der zu deutsch einfach Groschen genannt wird, im Tale der Mosel ein; vor dem Ende des 13. Jhs. erobert er schon Köln, von wo er sich weiterhin über die deutschen Lande ausbreitet, über den Rhein hinaus und in die nördlichen Niederlande.

Beinahe denselben erstaunlichen Münzkreis wie der *grossus* von Tours erreichte auch der englische Sterling, der, Ende des 13. Jhs. verbessert, alsbald wie der erstere in Deutschland und in den Niederlanden imitiert wird. Der Groschen eröffnet daher in der Geldgeschichte eine neue Epoche. Es tritt aber kein Bruch ein mit dem karolingischen System, sondern eine blosse Anpassung an die modernen Bedürfnisse des Handels. Bald darauf liefert die Rückkehr zur Goldprägung den Beweis, wie notwendig es war, der Wirtschaft den wachsenden Anforderungen entsprechende Tauschinstrumente an die Hand zu geben.

WIEDERAUFNAHME DER GOLDPRÄGUNG. Seit dem 11. Jh. waren durch den Mittelmeerhandel arabische oder byzantinische Goldmünzen zunächst in Italien, dann auch nördlich der Alpen verbreitet worden. Doch diese Stücke, Byzantiner, Hyperperum oder Marabotinus genannt, wurden meist von ihren Besitzern thesauriert und nur in seltenen Fällen und bei ausserordentlichen Auslagen zur Zahlung verwendet [34]. Im Jahr 1071 z. B. versetzte Gräfin Richilde des Hennegaus gegen die enorme Summe von 500 Goldbyzantinern ihr Gut Chevigny an die Abtei Saint-Hubert [35]. Für den landläufigen Handel aber war das Gold nicht im Gebrauch, obwohl es durch Geschäfte mit der Levante schon frühzeitig den italienischen Seeleuten mit all seinen Vorteilen bekannt geworden und bei ihnen den Wunsch geweckt hatte, im eigenen Vaterlande Goldmünzen einzuführen.

1231 liess Friederich II. in seinem sizilianischen Königreiche die wundervollen Augustales aus Gold schlagen, Meisterwerke der mittelalterlichen Prägekunst, die aber nie über die Grenzen Süditaliens hinaus kursierten. Erst 1252 eröffnete die Ausgabe der ersten Florine *(fiorino d'oro)* in Florenz, deren Name vom Lilienstempel herrührt, dem Wappenbild der Stadt, mit dem sie geschmückt waren, dem Gold als Zahlungsmittel des Okzidents den Weg. Genua folgte bald dem Beispiel. 1284 erwiderte Venedig mit dem Dukaten oder der Zechine das Vorgehen der Florentiner. Diese zwei schönen Stücke, identisch in ihrem Gewicht von 3 ½ Gramm, entsprachen dem Werte eines Pfundes von Silbergroschen, gleich wie der Groschen einst dem Wert des Solidus gleichgekommen war. Wie der Solidus, so wurde nunmehr die *libra*, dank der Goldprägung, vom Zählgeld zur harten Münze. Der Denar, einst das alleinige Kursgeld der Karolingerzeit, ist nunmehr einfaches Kleingeld. Die Verriegelung des Mittelmeers im 8. Jh. hatte für lange Zeit dem westlichen Europa die Silberwährung aufgedrängt; mit der Wiedereröffnung der Seewege nahm die Goldwährung ihren ehemaligen Platz wieder ein.

Der wirtschaftliche Vorsprung Italiens erklärt zur Genüge, dass dort die Initiative zur Ausgabe von Goldmünzen ergriffen wurde, wie dies früher bei den Groschen der Fall gewesen war. Aber beide Male zögerte das übrige Europa nicht, diesem Beispiel zu folgen. Die Goldmünzen fanden sogar noch schnellere Nachahmung als einst der Groschen, was zweifellos den zunehmenden wechselseitigen Handelsbeziehungen zuzuschreiben ist. Aller Wahrscheinlichkeit nach seit 1266, d. h. im selben Jahr, das den *grossus* von Tours hervorbrachte, liess Ludwig IX. die ersten «Golddenare» nördlich der Alpen zirkulieren, an die sich unter seinen Nachfolgern eine ununterbrochene Produktion reicher Goldmünzen anschloss. Die von ihm eröffnete Bewegung gewann im Laufe des 14. Jhs. den ganzen Kontinent. In Spanien wird seit Alfons I. von Kastilien (1312 bis 1350) regelmässig Goldgeld geprägt; im Deutschen Reich hat Böhmen den Vorsprung, seit 1325; in England ist es Eduard III., der 1344 Goldflorine in Umlauf setzt. In den Niederlanden, wo ein reger Handel herrscht, prägt man ebenfalls das gelbe Metall; in Flandern unter Ludwig von Nevers schon vor 1337; in Brabant unter Johann III. (1312–1355); in Lüttich unter Engelbert von der Marck (1345–1364); in Holland unter Wilhelm V. (1346–1389); in Geldern unter Reinhold III. (1343–1371).

Die Schaffung des *grossus* und die Goldprägung sanierten den Münzumlauf; dem Missbrauch, unter dem er bisher gelitten hatte, ward dadurch aber kein Ziel gesetzt. Könige und Fürsten verschlechterten die Sorten ohne Unterbruch, setzten willkürlich deren Kurse fest. Ihr Wert zeigte dadurch weiterhin absteigende Tendenz. Im ganzen opferte die Politik nach wie vor die Wirtschaft den Bedürfnissen des Fiskus. Die ersten Mahnrufe eines Nikolaus Oresmius im 14. Jh. zugunsten eines besseren Verständnisses der wirtschaftlichen Zusammenhänge verhallten ungehört. Viele Jahrhunderte mussten noch ins Land gehen bis die Regierungen sich zu den Prinzipien einer gesunden Geldpolitik bekannten.

IV. Geld- und Kreditwesen [36]

Ursprung des Kreditwesens. Die Theorie, welche den Ablauf der Wirtschaftsgeschichte in drei Epochen einteilt:

Naturalwirtschaft, Geldwirtschaft, Kreditwirtschaft, galt lange Zeit als feststehend. Dabei hätte eine nähere Beobachtung ergeben müssen, dass sie nirgendwo den Tatsachen entspricht und dass sie lediglich jenen Bestrebungen nach Systematik entsprang, die lange Zeit die Wirtschaftsgeschichte beherrschten.

Zwar verstärkte sich die Rolle des Kreditwesens zusehends, ein solches lässt sich aber zu allen Zeiten feststellen. Es besteht jeweils nur ein quantitativer, nicht aber ein Unterschied prinzipieller Art [37].

VERBRAUCHSDARLEHEN DER KIRCHE. Während der Agrarepoche des Mittelalters gab es natürlich keinen eigentlichen Handelskredit. Es ist nicht einzusehen, wie ein solcher hätte bestehen sollen, wo die Handelsgeschäfte nur gelegentlich betrieben wurden und ein Kaufmannstand gänzlich fehlte. Soweit er innerhalb einer bäuerlichen Gesellschaftsschicht ohne Absatzmärkte sich entwickeln konnte, erlangte der Kredit aber schon früh eine beträchtliche Bedeutung. Es ist kaum auszudenken, wie der grundbesitzende Adel, dem die Regelung aller sozialen Fragen oblag, ohne einen solchen überhaupt hätte auskommen können. Durch Kredit allein sah er sich in den Stand versetzt, die durch ständig wiederkehrende Hungersnöte bedingten Krisen zu überstehen.

Die Kirche wurde hier zum unentbehrlichen stillen Geschäftsteilhaber der Zeit. Sie allein verfügte über jene Mengen freien Kapitals, die sie zu einer Finanzmacht erster Ordnung stempelten. Die Chroniken wissen zur Genüge von den Reichtümern der klösterlichen Sakristeien zu berichten, die mit Reliquienkästen, Leuchtern, Monstranzen und Kelchen gespickt sind, all dies verfertigt aus kostbaren Edelmetallen, herrührend von grossen und kleinen Gaben frommer Gläubiger an die Kirche, deren Beihilfe im Jenseits um so wirksamer gedacht war, als man sich ihren irdischen Dienern gegenüber grosszügig erwies. So besass jedes Gotteshaus einen Schatz, der zunächst der Prachtentfaltung beim Kulte diente, daneben aber ein beträchtliches Spargut darstellte. Trat Not ein, so galt es nur, einige der kostbaren Goldschmiedearbeiten einzuschmelzen und sie der nächsten Prägestätte einzuliefern, um sich eine entsprechende Summe an Bargeld zu verschaffen. Zu dieser Praxis griffen die Klöster nicht nur bei Eigenbedarf, sondern auch zugunsten von Drittpersonen. Stand ein Bischof vor ausserordentlichen Ausgaben, etwa für den Erwerb eines Gutes oder im Dienste des Landesherrn, so wandte er sich an die Abteien seiner Diözese. Beispiele solcher Anleihen sind leicht beizubringen. Als Bischof Otbert von Lüttich 1096 die Schlösser von Bouillon und Couvin kaufte, waren es seine Kirchen, die für die Kosten aufzukommen hatten [38].

Aber vor allem im Falle von Teuerungen war man um das Geld der Klöster froh. Für den umliegenden Adel, dessen Vorräte erschöpft waren, der daher die Lebensmittel kaufen musste, nahmen sie die Stellung eigentlicher Kreditinstitute ein. Sie streckten die notwendigen Kapitalien vor, gegen ein Grundpfand von seiten des Schuldners, dessen Wert ihnen für die Schuldtilgung gutstand. Man nannte es Totsatzung *(vif-gage)*, wenn die Einkünfte aus dem verpfändeten Boden in Abzug vom Darlehen gelangten, Zinssatzung *(mort-gage)*, wenn diese ohne Einfluss auf dessen spätere Rückerstattung blieben. Im einen wie im andern Fall wurde das kirchliche Wucherverbot nicht verletzt, weil die Zinsen des gewährten Kredites auf den Boden abgewälzt waren.

Bei allen diesen Geschäften, die noch im 13. Jh. sehr häufig getätigt wurden, handelt es sich um einfache Verbrauchsdarlehen, d. h. um Anleihen aus Mangel, die man nur unter dem Druck der Not aufnahm. Das empfangene Geld wird sofort ausgegeben, so dass jede Kapitalaufnahme zugleich einer Verarmung gleichkommt. Durch die Beibehaltung des Zinsverbotes aus religiösen Gründen hat aber die Kirche der Agrarwirtschaft des Hochmittelalters einen ausgezeichneten Dienst geleistet, wodurch letzterer die Wunde der Ernährungsschulden erspart blieb, an der die Antike mit verblutet war. Christliche Wohltätigkeit fand hier im strengsten Sinne des Wortes Verwirklichung. Die Vorschrift unentgeltlicher Darlehen und jenes *mutuum date nihil inde sperantes* standen im Einklang mit einer Zeit, da Geld noch nicht als Instrument des Reichtums galt und jede Entschädigung für dessen Verwendung einer Erpressung gleichkam.

Die Renaissance des Handels brachte mit der Entdeckung der Produktivität des beweglichen Gutes zugleich auch neue Probleme, um deren befriedigende Lösung man sich vergeblich bemühte. Bis zum Ende des Mittelalters sollte die Gesellschaft von der fürchterlichen Frage nach der Rechtmässigkeit des Zinses geplagt bleiben, um die sich kirchliche Moral und Geschäftspraxis stritten. Den Ausweg fand man schliesslich in Kompromissen.

Ursprung des Handelskredites. Die Texte sind zu spärlich, uns einen genauen Einblick zu erlauben in die Bedingungen, unter denen der Handelskredit seinen Anfang nahm. Es ist jedoch sicher, dass schon seit dem 11. Jh. eine beträchtliche Zahl von Kaufleuten über flüssige Kapitalien verfügte. So strecken jene von Lüttich im Jahre 1082 der Abtei von Saint-Hubert die zum Ankauf eines Gutes notwendigen Summen vor [39]. Wir hören zwar nichts von einem eingegangenen Vertrag, doch ist kaum anzunehmen, dass dies ohne Gegenleistung geschehen sei. Die Geldgeber haben zweifellos nicht ohne genügende Garantien darin eingewilligt, und schwerlich werden sie sich eines Zinses in irgendeiner Form enthoben haben.

Jedenfalls ist der Zins seit der Mitte des 12. Jhs. gebräuchlich. Wir kennen z. B. genügend Einzelheiten aus dem Leben des Bürgers Guillaume Cade von Saint-Omer (gestorben um 1166), um klar zu sehen, dass dieser neben einem Warenhandel auch Geldgeschäfte betrieb. Schon handelt es sich um eigentliche Termingeschäfte, wenn er in englischen Abteien den gesamten Wollertrag zum voraus einkauft, womit er sicherlich gleiche Geschäftspraktiken befolgte wie die bedeutenderen unter seinen Kollegen.

Zeugnisse für die Existenz von Kreditgeschäften im Engroshandel von Wein, Wolle und Tücher usw. sind übrigens ebenfalls beizubringen.

Frühformen des Kredites in Italien. Die mengenmässige Unzulänglichkeit des Geldumlaufes würde nicht an die Möglichkeiten eines Grosshandels glauben lassen, hätte dieser nicht auf den Kredit als ein normales Gebaren gegriffen. Italien, das wirtschaftlich vor dem Kontinent einen guten Teil voraus hatte, liefert dafür den unumstösslichen Beweis. Schon im 10. Jh. legen die Venetianer ihr Geld in überseeischen Handelsunternehmen an, und seit Genua und Pisa die Schiffahrt kennengelernt haben, wagen zahlreiche Adlige und Bürger ihre Kapitalien daran. Dass nur niedrige Summen genannt werden, darf uns nicht über die Bedeutung der Geschäfte hinwegtäuschen, da zur Risikoverteilung Anteile auf verschiedenen Schiffen zugleich genommen wurden. Die schon im 12. Jh. blühende Gesellschaft nach Commenda-Vertrag lässt uns über die damalige Rolle des Kredits nicht im unklaren. Der Kommanditär stellt dem Unternehmer ein Kapital für seine auswärtigen Geschäfte gegen Gewinnbeteiligung zur Verfügung. Meistens fallen letzterem drei Viertel davon zu, während der stille Teilhaber den Rest erhält [40]. Die Seetransportversicherung, die laut genuesischen Dokumenten seit dem 12. Jh. besteht, stellt eine weitere Verwendung des Kredites dar. Um die verschiedenen Modalitäten des damaligen Kreditwesens zu zeigen, müsste man näher auf das Handelsrecht eintreten, als es an dieser Stelle möglich ist. Aller Wahrscheinlichkeit nach verdanken wir dessen Fortschritte den italienischen Reedern, speziell jenen aus Genua, über deren Praktiken im Überseegeschäft es in die allgemeine Finanzgebarung Eingang fand.

Die kontinentalen Handelsgesellschaften entwickelten sich etwas weniger rasch als die maritimen. In voller Entfaltung stehen sie in den Städten Italiens im 12. Jh. Kreditbriefe sind allerorts üblich. Weiter oben war schon die

Rede von deren wichtiger Funktion bei den an den Champagnemessen getätigten Transaktionen. Die Vereinbarungen, die am Anfang des Wechselwesens stehen, wurden in Italien und Südfrankreich durch Notare, in Flandern durch die Schreiber des Schöffenkollegs aufgesetzt.

Die kaufmännische Ausbildung und der Kredit. Die Ausbildung des Kreditwesens hat Lese- und Schreibkenntnisse des Kaufmannsstandes zur Voraussetzung. Interessen des Handels waren zweifellos die Ursache zur Gründung der ersten bürgerlichen Schulen. Anfänglich wurden die Kaufmannskinder den Klosterschulen anvertraut, wo sie das zur Handelskorrespondenz notwendige Latein erlernten. Doch wird man begreifen, dass diese Lehranstalten weder im Geiste noch der Organisation nach imstande waren, ihren Zöglingen die für tüchtige Kaufleute notwendigen praktischen Kenntnisse beizubringen. So eröffneten die Städte seit der zweiten Hälfte des 12. Jhs. eigene kleine Schulen, die man zugleich als erste Pflanzstätte des mittelalterlichen Laienunterrichts betrachten darf. Der Klerus verfehlte es nicht, sich gegen diesen Eingriff der weltlichen Gewalt zur Wehr zu setzen, die daran ging, eine bisher ausschliesslich ihm zustehende Domäne an sich zu reissen. Zwar gelang es ihm nicht, diese neue und notwendige soziale Einrichtung zu verhindern, doch gerieten fast überall die Stadtschulen unter seine Aufsicht, wobei allerdings die Lehrer von den städtischen Behörden ernannt wurden.

Im 13. Jh. erhielt der grösste Teil der im internationalen Handel tätigen Kaufleute eine sorgfältige Ausbildung. Darauf ist es zurückzuführen, wenn nunmehr die Vulgärsprache das Latein in der Privaturkunde verdrängte, eine Bewegung, die merkwürdigerweise in den wirtschaftlich am meisten entwickelten Ländern, nämlich in Italien und Flandern, ihren Anfang nahm. Die älteste französisch redigierte Urkunde gehört bekanntlich letzterem Lande an. In Italien war die Schriftlichkeit im Geschäftsbetrieb so verbreitet, dass die Buchführung bei den Kaufleuten im

13. Jh. wenn nicht obligatorisch, so doch allgemein üblich war. Seit dem 14. Jh. ist sie Usus in ganz Europa. Die Rechnungsbücher der Gebrüder Bonis in Montauban beginnen mit 1339 [41], jenes des Hugo Teralh aus Forcalquier datiert von 1330–1332 [42]. In Deutschland haben sich unter anderem erhalten die «Handlungsbücher» des Johann Tölner von Rostock [43], des Vicko von Geldernsen aus Hamburg [44], der Brüder Hermann und Johann Wittenborg aus Lübeck [45]; das älteste von allen, jenes des Warendorp, stammt ebenfalls aus Lübeck [46]. Zu Beginn des 13. Jhs. verfasste Leonardo Pisano (Leonardo Fibonaci) ein Handbüchlein der Arithmetik zum Gebrauch für Kaufleute.

Die Kenntnis fremder Sprachen war offenbar unter Geschäftsleuten stark entwickelt. Das Französische galt damals, was das Englische heutzutage. Die Champagnemessen hatten ihm zu dieser Stellung verholfen. Aus Brügge haben sich einige kleine Sprachlehrbücher aus der Mitte des 14. Jhs. erhalten [47]. Neben dem Französischen diente auch das Lateinische als internationale Sprache, vor allem für den Verkehr zwischen romanischen und germanischen Völkern.

Der Handel und der Kredit. Die fortschreitende kaufmännische Ausbildung ist eng mit dem Kreditwesen verknüpft und, wie das Beispiel Italiens lehrt, vervollkommnet sie sich um so schneller, je mehr letzteres an Umfang gewinnt. Die erhaltenen Handelsurkunden zeigen, dass langfristige Zahlungen sehr häufig waren. Die oben erwähnten Rechnungsbücher bezeugen dies zur Genüge. Diese betreffen jedoch nur den Detailhandel. Analoge Dokumente für den Handel en gros würden noch erstaunlichere Aufschlüsse geben. Man darf nicht annehmen, dass Händler, die Hunderte von Wolleballen in England kauften, diese schon bezahlten, bevor sie das damit fabrizierte Tuch verkaufen konnten. Wir besitzen zudem genügende Nachrichten darüber, dass die Grosskaufleute zueinander in einem dauernden Verhältnis von Schuldnern und Gläubigern standen. Während die lange herrschende Lehre dem Handelskredit im Mittelalter eine durchaus untergeordnete Funktion zugewiesen hat, halten wir dafür, dass ihm eine ausschlaggebende Rolle zukam.

Sicherlich bediente man sich seiner nicht überall im gleichen Mass. In den Ländern jenseits des Rheins war er bis zum Ende des 13. Jhs. weniger in Übung als etwa in Flandern oder gar in Italien, und es war ein methodischer Fehler, das, was nur für erstere gilt, auf ganz Europa anzuwenden, wie man es allzuoft getan hat. Um die Tragweite des Phänomens zu verstehen, muss man es dort studieren, wo es mit grösster Wirkungskraft auftritt. Es ist nicht zulässig, das Wirtschaftsleben der grossen flämischen oder italienischen Handelszentren in eine gleiche Stufe mit jenem der hanseatischen Häfen des 13. Jhs. oder einer Stadt zweiter Ordnung, wie Frankfurt am Main, zu stellen. Es wäre aber auch übertrieben, die Bedeutung des Handelskredits im Mittelalter mit jenem unserer Tage zu vergleichen oder gar nur mit dem Zustand am Ende des 15. Jhs. So wichtig er war, seiner Anwendung wurden schon rein natürlich durch einen Wirtschaftsraum Grenzen gesetzt, der im Westen vom Atlantischen Ozean abgeschlossen war, im Osten aber nicht über die Küsten der Levante, des Schwarzen Meeres und der Ostsee hinausreichte. Zudem stand nicht die Wirtschaftsmacht von Großstaaten hinter ihm, und er war — aus Gründen, die wir später erörtern werden — ausserstande, die industrielle Produktion wesentlich zu beeinflussen.

GELD- UND KREDITGESCHÄFTE. Die Handelskredite beschlugen nur einen Teil der flüssigen Kapitalien. Weitaus das meiste ging an öffentliche und private Kreditbegehren. Die Tätigkeit der mittelalterlichen Banken beschränkte sich also vorwiegend auf das Leihgeschäft; und dieses dominiert auch die Geschichte der zeitgenössischen Geldgeschäfte.

Letztere sind selber eine Folge der Renaissance des Handels im 11. und 12. Jh. Die ersten mittelalterlichen

Bankiers sind einmal die Abkömmlinge jener Wechsler *(cambiatores)*, die schon frühzeitig wegen der Verschiedenheit der Münzsorten wie Pilze aus dem Boden schossen und sich mangels genügender Kontrolle rasch bereichern konnten; in weit grösserer Zahl aber sind es Grosskaufleute, die ihre reichen Kapitalien zum Leihgeschäft verwenden. Halten wir daran fest, dass die Bank niemals ganz vom Warengeschäft losgelöst sein kann. Sie ist vielmehr jenem aufgepfropft und diente damals lediglich der Verwertung von Kapitalreserven.

In der Regel ist der mittelalterliche Bankier zugleich Geldverleiher und Händler. Die Bildung grosser Vermögen im Verlauf des 12. Jhs. musste sofort die Aufmerksamkeit der Könige, der Fürsten, der Aristokratie und selbst der Kirche auf sich lenken. Diese alle laborierten an einer Krise ihrer Einkommen, welche auf die neue Wirtschaftsgebarung zurückzuführen ist, sowie an einer durch die raffinierte Lebenshaltung verursachten Steigerung der Ausgaben. Nun war es einfacher, sich fehlendes Geld von Kaufleuten vorschiessen zu lassen, die davon übergenug besassen, als Ländereien an Abteien zu verpfänden oder den Goldschmuck in den Münzstätten einzuschmelzen. Wie hätten sich die Kaufleute andrerseits solchem Verlangen verschliessen dürfen? Dies wäre zu gefährlich gewesen bei Bittstellern, deren politischer und sozialer Einfluss sehr hoch anzuschlagen ist. Ihre Macht war so gross, dass es ganz bei ihnen lag, die Rückerstattung der ihnen zugespielten Summen zu verweigern. Doch genügte es auch wiederum, sich dadurch schadlos zu halten, dass die Höhe des Zinsfusses den Ausfall nicht zurückbezahlter Schulden deckte. Bei genauer Überlegung ergaben sich trotz grosser Risiken (und waren diese wirklich die gefährlichsten, bei einem internationalen Handel, welcher den Zufällen des Krieges, des Schiffbruches, der Piraterie und der Plünderung so ausgesetzt war?) doch sehr verlockende Gewinnaussichten. Von diesen wurden seit dem 12. Jh. sämtliche reichen Emporkömmlinge ergriffen. Zwar haben die

Quellen nur leise Spuren der eingegangenen Verbindlichkeiten zurückbehalten, da die Schuldscheine nach der Tilgung meistens vernichtet wurden. Nur durch Zufall wissen wir etwas davon. Die seltenen Zeugnisse genügen aber, den Umfang der Krediteröffnung durch die Kaufleute an ihre Kundschaft erkennen zu lassen.

GELDGESCHÄFTE DER KAUFMANNSCHAFT. Um 1160 gewährte Wilhelm Cade dem König von England und zahlreichen Adligen beträchtliche Summen [48]. In Gent tun Jan Rynvisch und Simon Saphir gleiches gegenüber dem englischen König Johann ohne Land [49]. Zur selben Zeit ist Arras berühmt durch seinen Geldverleih.

Atrebatum... urbs... plena
Divitiis, inhians lucris et foenore gaudens [50].

Die Louchard, die reichsten dieser Geldwechsler, genossen einen legendären Ruf in den Niederlanden, und bei den Crespin ist es fast ebenso. Die poetische Literatur von Arras hat uns den Eindruck bewahrt, den die Üppigkeit und die Gewinnsucht der Bürger bei den Zeitgenossen hinterlassen hat [51].

Seit Beginn des 13. Jhs. ist der gesamte Adel des Scheldebeckens bei den Städten verschuldet. Neben den Bewohnern von Arras stossen wir unter den Geldgebern auf Bürger von Lens, von Douai, Tournai, Gent, Valenciennes und Ypern, und im Verzeichnis ihrer Schuldner auf die Namen der Gräfinnen Johanna und Margarete von Flandern, des Grafen Guido von Dampierre, seiner Söhne Robert und Jean, des Bischofs von Lüttich, des Grafen Robert II. von Artois, des Herrn von Termonde und vieler anderer. Die vorgestreckten Summen schwanken zwischen 60 und 14000 Pfund, doch erscheinen immer wieder dieselben Personen als Schuldner. Von 1269–1300 betragen die von Guido von Dampierre allein in der Grafschaft Flandern eingegangenen Verpflichtungen 55813 Pfund, und wieviel andere mögen noch dagewesen sein, von denen wir nichts mehr wissen? Für die Rückerstattung wird meistens unter

Beiziehung von Bürgen ein bestimmtes Datum festgesetzt. Als solche amtieren gewöhnlich wohlhabende Bürger, dann auch hohe Persönlichkeiten, wie die Vögte von Arras und Béthune, der Herr von Audenarde, in der Regel aber die Stadt Brügge. Auch geschieht es gelegentlich, dass die Garantie im Grundbesitz des Schuldners besteht.

Die Städte selber entlehnen nicht weniger als der Adel, ob gross oder klein, benötigen sie stets die Börsen der Kaufleute. Von Oktober 1284 bis Februar 1305 hat die Stadt Brügge wiederholt Geld aufgenommen im Betrag von über 460 000 Pfund [52].

Die kirchlichen Anstalten machten geringere Ansprüche, doch auch sie griffen fortwährend zum Kredit. Die Visitationsprotokolle von Odo Rigaud (1248–1269) erwähnen fast alle Klöster der Normandie als verschuldet.

Die Zinsleihe. Das mag genügen, den Umfang aufzudecken, den die Geldgeschäfte angenommen hatten, sobald durch den Handel die Kapitalbildung ermöglicht worden war. Das Bild, das die Niederlande bieten, findet sich ähnlich in ganz Europa wieder mit leichten örtlichen Varianten, entsprechend der Intensität des Wirtschaftslebens. Überall kann das Geld um so günstiger angelegt werden, als die Nachfrage darnach gross ist. Jede vorgestreckte Summe bringt dem Gläubiger eine Entschädigung ein, die nichts anderes als ein Wucherertrag *(usura)* ist oder, um einen modernen Ausdruck zu gebrauchen, ein Zins. Stadtrechnungen ebensowenig als private Briefe scheuen sich mehr vor dem Gebrauch des verpönten Wortes *usura*. Der wirkliche Zustand wird einzig in öffentlichen Dokumenten verwischt. Der Schuldner zahlte gewöhnlich im Verfallstermin eine höhere Summe, als er tatsächlich erhalten hatte; der Unterschied kam dann dem Zinse gleich. Bei einem Darlehen *ad managium* entspricht dagegen die zurückzuzahlende Summe genau dem geliehenen Betrag. Wird im Verfallstermin das *managium* erstattet, aber nicht das Kapital, so wiederholt sich dies bei jedem neuen

Termin bis zur völligen Befriedigung des Gläubigers. Dabei war es von vornherein klar, dass der Schuldner sich am festgesetzten Datum nicht entlasten konnte, so dass hier die Entrichtung eines Zinses unter einer Busse für Zahlungsverzug versteckt wurde [53]. Gewöhnlich schwankte der Zinsfuss zwischen 10 und 16 Prozent. Manchmal fällt er auf 5, um wiederum auf 24 und darüber hinaus zu steigen. Die mit der ausstehenden Schuld verbundenen Risiken bestimmten stark dessen Höhe.

FORTSCHRITTE DES KREDITWESENS IN ITALIEN. Die Geschäftspraktiken der nördlichen Kaufleute, der Cade, der Louchard, der Crespin und ihrer Nacheiferer, zeigen trotz ihres Umfanges recht primitive Züge. Sie beschränken sich auf private Verträge zwischen Kapitalisten und Schuldnern. Weder in Arras noch in den andern Städten Flanderns schliessen sich die Finanzleute zu Gesellschaften zusammen. «Sie betrieben ihre Geschäfte allein oder meistens in Gruppen von zwei oder drei Interessenten, zwischen welchen eine vorübergehende Gemeinschaft bestand, ohne dass daraus ein regulärer Gesellschaftsvertrag entstanden wäre [54].» Sie haben keine auswärtigen Vertreter noch Filialen, mit denen sie korrespondieren. Auch scheint es, dass sie nicht einmal mit den Bankiers und Wechslern der Champagnemessen in Verbindung standen, denn regelmässig erscheint ihr Domizil als Zahlungsort für vorgestreckte Gelder. Andererseits übernehmen sie weder Depositen noch Zahlungen ins Ausland, noch kennen sie die Diskonti in Wechselgeschäften.

Alle diese Operationen sind dagegen bei den Italienern seit dem 12. Jh. in Übung und werden im folgenden Jahrhundert zu einer Höhe entwickelt, die so recht mit den sozialen Zuständen der Zeit im Einklang steht. Ihre Überlegenheit über die Kapitalisten des Nordens war so erdrückend, dass letztere ihnen überall das Feld überlassen und sich darauf beschränken mussten, seit dem 13. Jh. als reiche Rentner *(otiosi)* lediglich noch ihr persönliches Vermögen zu verwalten, Ländereien zu erwerben und Renten zu kaufen.

Die italienischen Finanzleute im Norden. Seit dem 13. Jh. suchten, wie man schon gesehen hat, Kaufleute aus dem Norden und aus Italien die Messen in der Champagne und Flandern auf. Die Tuchindustrie, deren Produkte letztere in immer grösserer Zahl nach dem Süden Europas exportierten, wurde für sie so wichtig, dass viele sich entschlossen, im Lande zu bleiben, oft sogar einheirateten. Und sie schritten sogleich, im Bewusstsein der Vorteile, die ihnen ihre höhere Finanztechnik über die Einheimischen gewährte, zu deren siegreicher Konkurrenzierung. Die mächtigen Gesellschaften, denen sie angehörten, steuerten ihnen von ferne die Hilfe ihrer Kapitalien bei. Seit der zweiten Hälfte des 13. Jhs. sind letztere überall in den Niederlanden vertreten. Man findet Teilhaber oder Vertreter der Salimbene, der Buonsignori, der Gallerani aus Siena, der Frescobaldi, Puci, Peruzzi und Bardi aus Florenz, der Scoti aus Piacenza und daneben noch Genueser, Leute aus Pistoia und aus der Languedoc von Cahors. Alle diese Südländer verfügen über eine bedeutende Kaufmannsbildung, Routine in Wechsel- und Kreditgeschäften, Kenntnis der grossen Handelsplätze Europas, mit denen sie ständig verkehren, und zwar in einer Weise, der andere nichts Gleichwertiges gegenüberzustellen haben. Es ist daher nicht erstaunlich, dass die Gräfin Johanna nach der Schlacht von Bouvines das für ihren Gatten, Ferdinand von Portugal — der in Gefangenschaft von Philipp August gefallen war —, notwendige Lösegeld bei italienischen Kreditgebern sucht. 1221 empfing sie 29 194 Pfund an den verlangten Preis von 34 626. Das Geschäft geriet durchaus zur Zufriedenheit der Gläubiger, über deren Geschicklichkeit die Gräfin sich nur beglückwünschen konnte [55]. Anleihen bei den «Ultramontanen» sind jedenfalls seit jener Zeit im Zunehmen begriffen.

Der Fortschritt des Kreditwesens zeichnet sich aus

durch neue Modalitäten. Es waren gewöhnlich die Champagnemessen, die als Zahlungsorte erschienen und die Verfallstermine bestimmten. Aber die italienischen Bankiers treten als Vermittler zu Zahlungen ausserhalb dieser Termine auf und ihre Meisterschaft in Wechselgeschäften, ihre praktischen Erfahrungen im Schuldenausgleich sicherten ihnen seit Ende des 13. Jhs. das Bankmonopol nördlich der Alpen zu.

Die Könige von Frankreich, von England, die Territorialfürsten, Bischöfe und Äbte bilden ihre internationale Kundschaft. Das Papsttum bedient sich ihrer zur Verwaltung seines gewaltigen Vermögens, zur Kontrolle des Peterspfennigs und der übrigen Abgaben, mit denen es die Kirche zusehends belastet [56]. Die italienischen Bankiers dirigieren recht eigentlich die Finanzen von ganz Europa. Sie finden Eingang in die Staatsräte der Könige, welche ihnen die Münzprägung überantworten und sie mit dem Eintreiben der Steuern beauftragen. In zahlreichen Städten pachten sie die Steuern, und überall werden sie von den Fürsten autorisiert, Leihbuden zu eröffnen.

Neben den Banken kennen sie eine Menge anderer Geschäfte. Sie handeln Wolle ein, verkaufen Tücher, Gewürze, Goldschmiedearbeiten, Brokat und Seidenstoffe, sie sind Schiffsreeder und zugleich Herbergenbesitzer in Paris, Brügge und London. Mit der Vergrösserung ihrer Unternehmungen wächst auch ihre Kühnheit, während die erzielten Gewinne allfällige Verluste bei weitem übersteigen. Ohne Zögern werden Schuldner betrieben, wenn die Notwendigkeit dies heischt. Nicht selten fordern sie von Abteien oder Privaten, die in Not geraten sind, Zinsen von 50 bis über 100 Prozent. Für grosse Geschäfte und mächtigen, zahlungsfähigen Klienten gegenüber bewegt sich der Zinsfuss dagegen um 10 Prozent.

Die Juden. Verglichen mit der Blüte und der Allgegenwart des italienischen Kreditgeschäfts erscheint jenes der Juden, dessen Rolle im Mittelalter sicherlich überschätzt wurde, kleinlich. Bezeichnend für ihre Bedeutung ist die Tatsache, dass mit dem wirtschaftlichen Fortschritt in den einzelnen Staaten die Zahl der jüdischen Wechsler im Sinken begriffen ist. In Flandern waren sie stets in verschwindender, kaum nennenswerter Minderheit gewesen. Hingegen nehmen sie gegen Osteuropa hin zu, zahlreicher trifft man sie in Deutschland, je mehr man sich vom Rheine entfernt, in Polen, Böhmen und Ungarn sind es grosse Mengen.

Während der Agrarepoche des Mittelalters vermittelten sie den Handel mit orientalischen Produkten, wie schon oben bemerkt wurde[57]. Über das mohammedanische Spanien, wo die Juden frühzeitig grossen wirtschaftlichen Einfluss gewonnen hatten, importierten sie nach Nordeuropa Gewürze, kostbare Webereien und Geschmeide in geringen Quantitäten. Dann scheinen sie bis zum Ende des 10. Jhs. dem verbotenen Handel mit christlichen Sklaven nachgegangen zu sein. Wenige unter ihnen erwarben in Südfrankreich Ländereien, Weinberge, Mühlen etc. Die Kirche, ohne sie zunächst zu verfolgen, suchte den Kontakt zwischen diesen Abtrünnigen und den Gläubigen zu verhindern, und jene Eruption des Mystizismus, die parallel zum ersten Kreuzzug ging, entfesselte gegen sie die Leidenschaft des Volkes und damit die lange Serie von Pogromen, deren Opfer sie in der Folgezeit immer wieder wurden. Auf der andern Seite wurden sie seit dem Wiederaufleben des Mittelmeerhandels im 11. Jh. als Vermittler zu der Levante kaltgestellt. Einzig in Barcelona beteiligten sich reiche jüdische Kaufleute aus der Sarazenenzeit, die nach der «Reconquista» in der Stadt verblieben waren, am Seeverkehr als Reeder oder Schiffsteilhaber. Überall sonst sahen sich die Juden des Abendlandes darauf beschränkt, Pfandleihgeschäfte zu betreiben. Da sie vom Wucherverbot der Christen nicht betroffen waren, profitierten sie davon, nicht selten unter Missbrauch. Denn man suchte nur im Notfall bei ihnen Zuflucht, und die verzweifelte Lage ihrer Klienten erlaubte deren Ausbeutung nach Lust und Laune. Dank der Beziehungen zu ihren Glaubensgenossen, nicht nur in Europa, sondern auch in den Gebieten des Islams, wussten sie sich das für ihre Geschäfte notwendige Silbergeld leicht zu beschaffen, und wer in bedrängten Umständen war, fand bei ihnen Hilfe, ohne in der Zwangslage auf den Zins zu achten. Wer bei Juden borgte, genoss den Vorteil der Heimlichkeit. Diese Annehmlichkeit liessen sich selbst die Kirchen nicht entgehen.

Wo sie sich niederliessen, sahen sich die Juden im Schutze der Territorialgewalt, von deren gutem Willen sie übrigens vollständig abhängig waren. Der sterbende Herzog Heinrich von Brabant verordnete 1261, dass alle Wucherer aus seinen Landen zu vertreiben seien, seine Witwe entschloss sich zur Toleranz, aber erst nachdem sie Thomas von Aquin um seine Meinung befragt hatte [58]. Eduard I. jagte sie 1290 aus England; in Frankreich folgte Philipp der Schöne 1306 diesem Beispiel. Seine Nachfolger gestatteten ihnen schrittweise den Eintritt in das Königreich, aus dem sie 1393 abermals verbannt wurden. Periodisch erhob sich das Volk wider sie, angestachelt durch die Schuldner, denen es nur zu leicht fiel, an die Leichtgläubigkeit der Massen zu appellieren [59]. Man warf den Juden alle möglichen Grausamkeiten und Gotteslästerungen vor. 1349 wurden sie in ganz Brabant niedergemacht; 1370 hinausgeworfen, nachdem sich das Gerücht von Hostienschändung verbreitet hatte [60].

Das Darlehensgeschäft. Als Pfandleiher fanden die Juden seit dem 13. Jh. in den Christen selber gefährliche Konkurrenten. Die ersten scheinen Leute aus Cahors gewesen zu sein, die über ganz Frankreich und die Niederlande ausschwärmten, wobei sie eine derartige Betriebsamkeit entwickelten, dass der Name Kawerze *(Cahorsin)* allgemein seit Mitte des 13. Jhs. für einen Geldverleiher gebräuchlich wurde [61]. Bald wurden sie von den Lombarden, d. h. von den Italienern, auf diesem Beschäftigungszweig abgelöst. Die Stadtherren statteten ihnen gegen Mietzins das Recht zu, Darlehensgeschäfte zu eröffnen, deren älteste bekannte Bewilligung in den Niederlanden aus dem Jahre 1280 datiert. Wer die Konzession besass, genoss das Monopol unter Ausschluss aller andern, es seien Toscaner, Kawerzen oder Juden [62]. Und man darf sich mit Fug und Recht fragen, ob die Judenvertreibungen nicht von diesen Kreisen inspiriert wurden, welche deren einstigen Platz einnahmen. Obwohl die Zulassung von einer loyalen Geschäftsgebarung ohne Betrug und Wucher abhängig gemacht wurde, leuchtet es ein, dass nur die Festlegung eines übersteigerten Zinses verboten wurde. Die späteren Texte lassen keinen Zweifel über diesen Punkt zu. Man verbietet lediglich verwerfliche Bedingungen oder verpflichtet die Leihgeber, sich den Gewohnheiten anzupassen, wie sie bei den Lombarden üblich waren [63]. Es ist daher klar, dass ein vernünftiger Zins offiziell erlaubt war. Der normale Zinsfuss betrug 2 Denare pro Pfund und Woche, d. h. $43^1/_3$ Prozent im Jahre, was das Doppelte der Handelspraxis bedeutete. Die Banken der Lombarden waren übrigens weit davon entfernt, nur der Zinsleihe obzuliegen. Es wurden auch Inkassi und Überweisungen angenommen sowie Handel getrieben.

Die Wechsler. Die Wechsler beteiligten sich ebenfalls am Geld- und Kreditgeschäft. Ihr Gewerbe war einträglich, und die Landesherren erteilten ihre Bewilligung nur gegen Taxen an eine beschränkte Anzahl von Personen, die dadurch auch offiziellen Charakter erhielten. Der Handel mit Edelmetall war ihnen reserviert und brachte ausser den Provisionen für das Wechselgeschäft noch weiteren reichlichen Profit. Frühzeitig wurden ihnen Depositen anvertraut, was zweifellos nicht unentgeltlich geschah. Ausserdem erhielten sie hinterlegte und beschlagnahmte Gelder, daher sie häufig als Zahlagenten wirtschafteten und viele von ihnen Leihkassen eröffneten.

Die kirchlichen Anstalten dagegen, die während der ersten Jahrhunderte des Mittelalters wie Kreditinstitute arbeiteten, betätigen sich seit dem 13. Jh. nur noch sehr selten in Geldverleih. Sie konnten nicht, wie die Laien, das Zinsverbot umgehen, obwohl sie es gelegentlich verletzten [64]. Sie verfügten auch nicht über die nötigen flüssigen Mittel, um mit den italienischen Finanzleuten rivalisieren zu können, wenn sie es auch noch so sehr gewünscht hätten. Meistens müssen sie sogar deren Hilfe in Anspruch nehmen, und häufig sind sie bei ihnen tief verschuldet.

Der Templerorden allein gelangte im Laufe des 13. Jhs. zur Stellung einer eigentlichen Finanzmacht wegen seiner Beziehungen zum christlichen Orient. Alle seine Kommenden standen untereinander in Verbindung, von Syrien bis zu den Staaten Westeuropas. Das militärische und politische Prestige der Ritter brachte es mit sich, dass der Adel bei ihnen Geld hinterlegte oder sich ihrer Vermittlung in Geldgeschäften mit der Levante bediente. In Frankreich wurden die Templer häufig von seiten der Könige mit den Angelegenheiten des Staatsschatzes betreut, bis Philipp der Schöne den Orden auflöste, dessen Reichtümer er so begehrte, dass er seine Vormundschaft abschütteln zu müssen glaubte.

Die Grundrenten. Der Bodenkredit gewinnt vor allem in den Städten eine entscheidende Bedeutung. Die reich gewordenen Kaufleute nämlich legten ihre Gewinne nicht nur im Handel oder im Bankgeschäft an. Die sicherste Plazierung bestand im Terrainkauf, zumal durch die rasche Bevölkerungsvermehrung der Städte der baureife Boden zu günstigen Zinsen an Neubürger abgetreten werden konnte. Schon zu Beginn des 12. Jhs. berichten die *Gesta Episcoporum Cameracensium* vom ersten Grosskaufmann, dessen Name die Geschichte der Niederlande bewahrt hat, Werimbold, der sein aufgespeichertes Vermögen dazu verwendete, Grundrenten in immer grösserem Masse aufzukaufen.

Census accrescunt censibus
et munera muneribus [65].

Zu den alten, den Eigentümern zufallenden Grundzinsen gesellten sich neue hinzu, welche auf den dort errichteten Gebäuden lasteten. Diese «Renten» gehören zu den allgemeinsten und häufigsten Gepflogenheiten mittelalterlicher Kreditwirtschaft. Der Hausbesitzer, der eine langfristige Anleihe aufnehmen will, verkauft eine Rente auf sein Haus, d. h. er verpflichtet sich, seinem Gläubiger eine häufig ewige, meistens aber ablösbare Rente zu zahlen, die dem Zins des auf der Liegenschaft lastenden Kapitals entspricht. Dieser Zins, weit bescheidener als der in Handelsgeschäften übliche, bietet den Vorteil, nicht unter das Verbot des Wuchers zu fallen, und schwankt bis zum 15. Jh. zwischen 8 und 10 Prozent [66].

Die Leibrenten. Sehr verschieden von den Grundrenten sind die Leibrenten, die bei Anleihen der Städte üblich wurden. Vom 13. Jh. an gingen letztere unter dem Zwang, sich ausserordentliche Einnahmequellen zu verschaffen, dazu über, einfache oder doppelte Leibrenten zu verkaufen, die auch hier wieder dem Kapitalzins entsprachen. Sie wurden bis zum Tode des Renteninhabers ausbezahlt, oder bis zum Tode der Erben *(doppelte Leibrente)*. Solche Investierungen waren beim Bürgertum beliebt. Jedermann war der Erwerb gestattet, so dass jede Stadt Rentner in einem manchmal weiten Umkreis besass. Um Betrug zu vermeiden, versprach man Leuten Prämien, die den Hinschied der den Titelträgern moderner Staatspapiere gleichzustellenden Rentenbezieher meldeten. Gelegentlich wurden spezielle Agenten von den Stadtverwaltungen bezeichnet, welche die Leibrentner zu registrieren hatten [67]. Einzelne Städte verpfändeten die Verwaltung eines Teils dieser Einkünfte ihren Geldgebern, die befugt waren, sie bis zur Rückerstattung zu ihren Gunsten einzuziehen. Mitte des 12. Jhs. war dies besonders in Italien üblich. 1164 überliess Genua für die Dauer von elf Jahren einer siebenköpfigen Gesellschaft *(monte)* einige derartige Einnahmen. Seit dem 13. Jh. hatte die Stadt diese Schuld konsolidiert und es ihren Gläubigern gestattet, die Titel an Drittpersonen zu verkaufen. Die berühmte Georgsbank *(Casa di S. Giorgio)*, die im 15. Jh. einen so kräftigen Aufschwung nahm, hat dort ihren Ursprung.

So ungenügend und unvollständig obige Skizze der Geld- und Kreditwirtschaft ist, so geht daraus doch deren grosse Bedeutung und Vielgestaltigkeit bis zum Ende des 13. Jhs. hervor. Sie ist nicht wegzudenken aus dem Wirtschaftsleben des Mittelalters. Aber mit Ausnahme der grossen italienischen Städte, wo schon der Grund zum späteren Kredit- und Bankenwesen gelegt ist, entspricht die technische Vervollkommnung noch nicht ihrer eigentlichen Stellung. Durchaus richtig wurde schon bemerkt, dass es noch keinen Geldmarkt im modernen Sinne des Wortes gibt. Jede Kreditoperation war die Folge eines durch die Umstände bestimmten Vertrages, eine private Abmachung zwischen Leihgeber und Leihnehmer [68]. Im grossen ganzen bestand zwischen einem Handelskredit und einem blossen Verbrauchsdarlehen kein wesentlicher Unterschied.

Die Gesetzgebung gegen den Wucher. Sind diese Unzulänglichkeiten dem Zinsverbot zuzuschreiben? Sicher behinderte es die Geschäfte, weil es vom kanonischen auf das zivile Recht übergegangen war. Tatsächlich war es aber unmöglich, ihm dem Buchstaben nach Geltung zu verschaffen. Nur in Fällen überführten Wuchers wurde es streng angewendet, d. h. bei Pfanddarlehen zu übertriebenem Zins. Das Kreditbedürfnis war zu stark und allgemein, als dass man gewagt hätte, durch rigorose Massnahmen die Wechsler zu entmutigen. Seit dem 13. Jh. suchen die Kirchenrechtslehrer nach Mitteln und Wegen, das allzu Absolute in jenem *mutuum date nihil inde sperantes* abzuschwächen [69]. Man entdeckte, dass jedem Leihgeschäft entweder ein Verlust folgen könne *(damnum emergens)* oder auch ein Gewinnausfall *(lucrum cessans)* oder ein Risiko für das Kapital *(periculum sortis)* und dass all dies sehr wohl eine Entschädigung, d. h. einen Zins *(interesse)*, rechtfertige. Dieser war demnach eine legitime *usura*, und man begreift, dass der subtile Unterschied zwischen der geduldeten und der verbotenen Zinsnahme dem Gutdünken der Richter weiten Spielraum übrig liess. In Handelsgeschäften gestattete die landläufige Praxis eine Miete für geborgtes Geld. Es war dies die Regel an den Champagnemessen und zumeist auch bei Gesellschaftsunternehmungen. Im 14. Jh. stellte der Theologe Alvarus Pelagius fest, dass die Untersagung der *usura* für letztere nicht in Frage komme [70].

Trotzdem schwebten kirchliche Strafen als Drohung über allen, die mit dem Kredit etwas zu tun hatten. Schuldner liessen sich häufig durch die Kirche von der Verpflichtung befreien, die Schuldzinsen zu bezahlen. Auf alle Art und Weise versuchte man, die gefährlichen Zinsen zu verschleiern. Entweder zog sie der Gläubiger zum voraus ab, oder man gab ihnen den Anschein von Bussen wegen Zahlungsverzug, oder der Schuldner anerkannte eine höhere Summe an, als er jemals empfangen hatte. Alles in allem scheint die Gesetzgebung gegen den Zins nicht mehr ausgerichtet zu haben, als die Prohibitionsakte in Amerika es gegen den Alkoholverbrauch vermochte. Sie wirkte als Verzögerung, nicht aber als Schranke. Die Kirche bedurfte der Kapitalien jener Financiers, deren Gebaren sie verwarf; so vertraute selbst der Papst ihnen die Eintreibung und die Verwaltung seiner von der ganzen Christenheit erhobenen Einkünfte, und es war ihm dabei doch genau bewusst, wes Geistes Kind sie waren.

FÜNFTES KAPITEL

IMPORT UND EXPORT BIS ZUM ENDE DES 13. JAHRHUNDERTS

I. Handelsware und Handelswege [1]

So merkwürdig es ist, der mittelalterliche Handel entwickelt sich aus dem Export, nicht aber aus dem lokalen Detailhandel. Aus ersterem allein konnte der tatkräftige Kaufmannsstand hervorgehen, dem wir die wirtschaftliche Umwälzung des 11. und 12. Jhs. zu verdanken haben. Die zwei neuen europäischen Geschäftszentren, Norditalien und die Niederlande, zeigen dasselbe Bild eines vom Fernhandel ausgehenden Impulses [2].

Ein Blick auf die Handelsware ist aufschlussreich. Sie besteht nämlich durchwegs aus exotischen Produkten, so dass der mittelalterliche Handel in seinen Anfängen einigermassen dem Kolonialhandel unserer Tage entspricht.

Die Gewürze. Gewürze sind dessen wichtigste Warengattung und bleiben stets in diesem Rang. Gewürze bereichern Venedig und die übrigen grossen Häfen des westlichen Mittelmeers, aus ihnen bestehen grösstenteils die Schiffsladungen seit der Wiederaufnahme des Verkehrs zwischen dem Tyrrhenischen Meer, Afrika und der Levante im Laufe des 11. Jhs. Syrien, Treffpunkt der Karawanen aus Arabien, Indien und China, bleibt das Hauptziel aller maritimen Routen, bis neu entdeckte Seewege es den Portugiesen erlauben, sich direkt in den Ursprungsländern einzudecken.

Die Gewürze erfüllen aber auch sämtliche Bedingungen eines gangbaren Artikels: leichtes Transportgewicht und hohe Preise. Der mittelalterliche Fernhandel setzte mit Luxuswaren ein, warf hohe Erträgnisse ab bei geringen Spesen. Diese Eigenschaften sollten ihm nie verloren gehen, wie wir gleich sehen werden. Enorme Lieferungen von Rohmaterialien oder allgemeinen Konsumgütern, die ein gewaltiges Transportmaterial und gigantische Kapitalanlagen benötigen, kannte er nicht. Darin unterscheidet er sich auch am stärksten von der Moderne. Die Einrichtung eines mittelalterlichen Hafens besteht aus einfachen hölzernen Ausladerampen mit einem oder zwei Kränen, an denen Schiffe von 200–600 Tonnen anlegen. Was braucht es mehr für die Manövrierung, das Löschen und die Expedition von einigen Tausend Kilo Pfeffer, Zimmt, Nelken, Muskatnüssen, Rohrzucker etc., aus denen die hochwertigen Ladungen bestanden?

Der Gewürzhandel im Mittelmeer. Die Völker des Okzidents, die seit der Merowingerzeit sich des Gebrauchs von Gewürzen entwöhnt hatten, wussten diese nunmehr ganz besonders zu schätzen. Aus der Ernährung der besseren Gesellschaft sind sie hinfort nicht mehr wegzudenken. Mit der Ausdehnung des Handels nördlich der Alpen wächst die Nachfrage darnach.

Mögen die Importe noch so sehr zunehmen, Käufer finden sich immer. Der mittelalterliche Reeder hat sich nicht zu sorgen, weder um Absatzstockungen noch um katastrophale Preisstürze. Jeder einlaufende Segler garantiert erspriesslichen Gewinn. Dafür galt es auf der andern Seite auch Gefahren zu begegnen. Schiffbrüche sind an der Tagesordnung. Die Piraterie wird in aller Öffentlichkeit mit der Rührigkeit eines eigentlichen Gewerbes praktiziert. Zwischen den italienischen Städten endlich wütet ein dauernder Krieg, und jede sucht den Handel der Rivalin zu vernichten, um daraus zu profitieren. Während des ganzen Mittelalters bekämpfen sie sich auf dem Mittelmeer mit gleicher, wenn nicht noch grösserer Erbitterung, als dies Spanien, Frankreich und England während des 16. bis 18. Jhs. auf den Gewässern des Atlantik und des Pazifischen Ozeans taten. Kaum hatten Genua und Pisa eigene Handelsbeziehungen mit der Levante geknüpft, so richtet Venedig alle Anstrengungen darauf, sie aus diesem unbestrittenen Reservat zu verjagen. Die Gründung des Lateinischen Kaiserreiches von Konstantinopel, welche die Lagunenstadt mit viel Energie und Geschick betrieben hatte, gab ihr ein vorübergehendes Übergewicht über ihre Widersacher. Nach der Restauration der Griechen (1261), teilweise ein Werk der Genueser, verliert sie es wieder. Seither teilen sich die zwei grossen Handelsstädte in die Herrschaft der Ägäis, wobei sie sich aber weiterhin überwachen und einander Schaden zufügen. Pisa dagegen büsste seine bedrohliche Machtstellung ein seit der Niederlage von 1284 in der Seeschlacht bei Meloria gegen die Genueser.

Doch weder die Länge noch die Hartnäckigkeit dieser Kriege haben Wohlstand und wirtschaftlichen Fortschritt der Kämpfenden beeinträchtigt. Man kann kaum einen besseren Beweis für deren Energie, zugleich aber auch für die glänzenden Gewinne aus diesem hartumstrittenen Handel beibringen als gerade die obige Tatsache.

Der Handel mit orientalischen Produkten. Gewürze, die dem Mittelmeerhandel den Schwung verliehen, konnten jedoch diesen nicht voll beschäftigen. Mit den enger werdenden Beziehungen zwischen dem Okzident und dem christlich-mohammedanischen Orient tauchen in immer grösserer Zahl andere Naturprodukte oder Fabrikate darin auf. Seit Beginn des 13. Jhs. kommen Importe von Reis vor, von Orangen, Aprikosen, Feigen, getrockneten Trauben, Parfümerien, Medikamenten, von Farbstoffen, wie indischen Brasilianerspänen, Scharlachmuscheln oder Alaun. Hinzu tritt Baumwolle, welche die Venetianer nach dem griechischen Wort *bombax* benennen, die Genueser mit dem arabischen *cotone*, das dann auf alle andern romanischen Sprachen überging. Mit Rohseide handelt man schon Ende des 12. Jhs. und wie mit Baumwolle in wachsenden Mengen, seit beide von der italienischen und bald darauf von der kontinentalen Industrie verarbeitet werden. Ferner sind Stoffe orientalischen Fabrikats zu erwähnen, die bald im

Okzident Nachahmung finden: Damast aus Damaskus, Baldachine aus Bagdad, Musseline aus Mossul, Gaze aus Gaza. Das Vokabular der modernen Sprachen ist noch jetzt gespickt mit Wörtern arabischen Ursprungs, die Zeugnis ablegen von der Intensität und Reichhaltigkeit dieses Handelsverkehrs. Man braucht nur etwa französische Ausdrücke zu zitieren wie: divan, douane, basane (Schafleder), bazar, artichaut, épinard, estragon, orange, alcôve, arsenal, darse (inneres Hafenbecken), matelas, carafe, carquois (Köcher), farde, gabelle (Salzspeicher), goudron, jarre (Sommerhaar), jupe, magasin, récif, sirop, taffetas, tare, tarif usw., alles Lehnwörter aus dem Arabischen durch Vermittlung des Italienischen.

Der Tuchhandel. Als Gegenleistung zu diesen Importen, die in Europa eine neue komfortablere und raffiniertere Lebenshaltung zur Folge hatten, versorgten die Italiener die levantinischen Handelsplätze mit Bauholz und Waffen; Venedig mindestens während einiger Zeit auch mit Sklaven. In diesem Export nehmen jedoch bald Wolltücher den ersten Platz ein, zunächst einmal italienischer Barchent, seit der zweiten Hälfte des 12. Jhs. flandrische und nordfranzösische Erzeugnisse. Die Italiener lernten die guten Absatz und hohen Gewinn versprechende Qualität dieser Textilien an den Champagnemessen kennen. Der Hafen von Genua eignete sich ausgezeichnet für deren Export nach dem Orient, der denn auch viel zur raschen Steigerung seines Verkehrs beigetragen hat. Die Notariatsurkunden der genuesischen Archive lehren, dass die Stadt schon vor dem 13. Jh. Tücher aus Arras, Lille, Gent, Ypern, Douai, Amiens, Beauvais, Cambrai, Tournai, Provins und Montreuil ausführte [3].

Unsere Liste enthält die Namen vieler französischer Städte. Doch während des 13. Jhs. übernahmen Flandern und Brabant in dieser Industrie die Führung. Beide gelten seither als die ersten Tuchländer Europas [4]. Ihre Vormachtstellung erklärt sich aus der Qualität ihrer Gewebe, der

Weichheit, dem Glanz und der Schönheit der Farben, die ihresgleichen nicht fanden. Es liegen hier im wahrsten Sinne des Wortes Luxusprodukte vor, nach denen unter Händlern der hohen Preise wegen grosse Nachfrage bestand. Innerhalb der Textilien spielen sie dieselbe Rolle wie die Gewürze unter den Nahrungsmitteln. Dank ihrer Kapitalien und der höheren Organisation ihres Handels sichern sich die italienischen Kaufleute seit dem 13. Jh. das Exportmonopol nach dem Süden. Der Niedergang der Champagnemessen zwingt die Handelsgesellschaften, ständige Vertreter nach Brügge zu entsenden, die den Einkauf flandrischer und brabantischer Stoffe en gros besorgen. Warenzeichen aus Blei, als Garantie für Preis und Qualität, wurden vor der Expedition angebracht. Florenz bezog grosse Mengen davon ohne Appretur, um sie dann in der Stadt selbst einer Überarbeitung durch die berühmten *Arte di Calimala* zu unterziehen [5].

Der Hafen von Brügge. Die Industrie Flanderns und Brabants hatte einen erheblichen Anteil am Mittelmeerhandel, der selber ständige Verbindungen zu Brügge unterhielt. Eine andere Stadt ähnlichen Charakters würde man im mittelalterlichen Europa vergeblich gesucht haben. Es ist unrichtig, sie das Venedig des Nordens zu nennen, denn Venedig wies nie jenes kosmopolitische Fluidum auf, welches die Originalität des flämischen Hafens ausmachte. Venedigs Macht beruhte lediglich auf der Schiffahrt, nichts verdankte es fremden Elementen; einzig die Deutschen besassen ihren *Fondaco dei Tedeschi*, eine ständige Niederlassung, deren Tätigkeit sich auf den Einkauf der eingeführten Produkte beschränkte. Brügge dagegen, darin ähnlich dem Antwerpen des 16. Jhs., lebte vorwiegend von seiner ausländischen Kundschaft. Der weitaus grösste Teil der einlaufenden Schiffe gehörte fremden Reedern; die Einwohner nahmen nur schwachen Anteil am Handel. Sie beschränkten sich darauf, zwischen den Händlern aus aller Welt zu vermitteln, die sich in der Stadt trafen. Seit dem 13. Jh. besassen die Venetianer, die Florentiner, die Katalanen, die Spanier, die Leute aus Bayonne, die Bretonen und die Hanseaten eigene Buden und Niederlagen. Die Fremden hauchten diesem grossen Handelstreffpunkt Leben ein, der die Champagnemessen als Vermittler zwischen Nord und Süd abgelöst hatte, mit dem einzigen Unterschied, dass die dortigen periodischen Zusammenkünfte hier einem dauernden Kontakt Platz gemacht hatten.

Erst seit Beginn des 14. Jhs. nahmen Genueser und Venetianer die direkten Seeverbindungen mit dem Hafen von Brügge auf. Bis dahin erfolgte der Verkehr mit Italien und Südfrankreich auf dem Landweg. Dagegen war die See nach dem Norden immer offengestanden. Schon die Skandinavier hatten Tiel zugunsten von Brügge aufgegeben, und als sie im Verlauf des 12. Jhs. die Vorherrschaft auf Nord- und Ostsee den Deutschen abtreten mussten, brachte die daraus resultierende Belebung des nordischen Handels auch dem flämischen Hafen neuen Aufschwung [6]. Es trifft wohl nicht zu, die Errichtung eines Vorhafens in Damme vor 1180, dann vor 1293 eines solchen in Sluis, an der Einmündung des Zwyn gelegen, nur aus der fortschreitenden Versandung der Gewässer von Brügge zu erklären; man muss des weiteren auch annehmen, dass das stets häufigere Auftreten der schweren Hansakoggen, welche die leichten decklosen Barken der Skandinavier ablösten, tiefere Landungsstellen und mehr Platz benötigte. Seit ihrem Erscheinen setzt der endgültige Niedergang der flandrischen Handelsflotte ein, die zwar nie bedeutend gewesen war, deren endgültiges Verschwinden aber den passiven Charakter des Handels von Brügge besiegelte.

Die deutsche Hanse. Die Blüte der Tuchindustrie im Scheldebecken wurde wie für die Italiener so auch für die Hanseaten zum Anlass ihrer Niederlassung in Brügge. Aus dem fortwährenden Zusammentreffen dieser beiden ergaben sich neue Vorteile für die Stadt. Die Grafen von Flandern zögerten nicht, den hanseatischen Kaufleuten ihr berechnendes Wohlwollen zu bezeugen. Im Jahre 1252 regelte Gräfin Margarete auf Grund einer im Namen vieler Reichsstädte von den Lübeckern eingereichten Eingabe die Entrichtung von Hafenzöllen in Damme. Die Handelsniederlassung der von den Flamen *Oosterlingen* genannten Hanseaten, die seit der zweiten Hälfte des 13. Jhs. in Brügge bestand, sollte deren wichtigste ausserhalb Deutschlands bleiben.

Die deutsche Hanse nahm in Nordeuropa eine Stellung ein, die mit jener der grossen italienischen Häfen im Mittelmeer verglichen werden kann. Auch sie diente als Vermittlerin zwischen West und Ost. Doch bestand zwischen dem Orient der Hanse und dem Orient Italiens ein grosser Unterschied. Hier boten Byzantiner und Mohammedaner dem Handel die Produkte einer unvergleichlichen Natur und eines seit Jahrtausenden bestehenden hochentwickelten Gewerbes an, dort aber weiteten sich Landstriche, von denen die nächstgelegenen in der Kolonisation begriffen waren, die entfernteren aber den Zustand der Barbarei noch nicht abgestreift hatten. Hinzu kommen das harte nordische Klima, von Urwäldern bedeckte Länder, ein im Winter vom Eise verschlossenes Meer.

An der Ostseeküste lagen die Städte, die mit dem Vorstoss der Deutschen über die Elbe immer weiter vorgeschoben wurden. Unter dem kräftigen Antrieb Lübecks, 1158 an den Ufern der Trave erbaut, hatten sie die vorgelagerten Inseln und Flussmündungen in Besitz genommen. 1160 wurde Wisby auf der den Skandinaviern entrissenen Insel Gotland gegründet, Rostock 1218, Stralsund und Danzig um 1230, Wismar um 1269; Riga erscheint zu Beginn des 13. Jhs., dann, zwischen 1224 und 1250, Dorpat und schliesslich 20 Jahre später das entlegene Reval. Eine handeltreibende Bürgerschaft liess sich so an den slawischen, litauischen und lettischen Ufern nieder, bevor die Eroberung des Landes überhaupt beendet war. Noch hat der Deutsche Orden nicht ganz Preussen besetzt, Königsberg noch nicht gegründet, aber schon haben Kolonisten sich in Elbing festgesetzt. Gleichzeitig fasste die Hanse Fuss an der schwedischen Küste, richtete sich in Stockholm ein und riss den Heringfang auf der Halbinsel Schonen an sich.

Auf vorgeschobenem Posten, innerhalb einer noch nicht unterworfenen Bevölkerung, an der Küste eines Meeres, aus dem die Skandinavier hinausgeworfen worden waren, konnte nur ein Bündnis den Schutz aller garantieren. Unter der Führung von Lübeck, das um 1230 einen Freundschafts- und Handelsvertrag mit Hamburg einging, vereinigten sich die jungen baltischen Städte zu einer Liga, der auch bald jene der Nordsee beitraten und die, nach dem Vorbild der Kaufmannschaften, Hanse genannt wurde. Dieser Bund der deutschen Seestädte, der in eklatanter Weise von den ewigen Kriegen der italienischen Mittelmeerstädte abstach, sicherte ihnen bis zum Ende des Mittelalters die Vorherrschaft in den nordischen Gewässern. Dank gegenseitiger Verständigung widerstanden sie siegreich den Angriffen der dänischen Könige und gelangten gemeinschaftlich zu einer Ausweitung ihrer Auslandsgeschäfte.

Der hanseatische Handel. Ausgangspunkt der westeuropäischen Handelsunternehmungen war der Stahlhof in London, gegründet Mitte des 12. Jhs., ganz besonders aber die Niederlassung in Brügge. Im Osten besass die Hanse eine weitere Station in Nowgorod, von wo der russische Handel geleitet wurde. Über die Weser, Elbe und Oder drang sie nach Deutschland vor, über die Weichsel beherrschte sie Polen und gelangte bis an die Grenzen der Balkanländer. Andrerseits war ihr aber die einstige grosse Handelsader, welche die Ostsee mit Konstantinopel und Bagdad über Russland verband, durch die Festsetzung der Petschenegen am Schwarzen und Kaspischen Meer im 12. Jh. verschlossen, wodurch dem Mittelmeer für die Handelsbeziehungen zum byzantinischen und muslimischen Orient eine Monopolstellung gewährleistet war.

Die Exporte der Hanse bestanden, und darin liegt ebenfalls ein grosser Unterschied zu den italienischen Städten, in

Naturprodukten, den einzigen Ausfuhrartikeln ihres rein agraren Hinterlandes. Es war dies vor allem Korn aus Preussen, Pelze und Honig aus Russland, Bauholz, Teer, getrocknete Fische und gepöckelte Heringe aus Schonen. Als Rückfracht kamen in Betracht: Wolle aus England, Salz aus Bourgneuf, sog. Baisalz, das man im Golf von Biscaya lud, wo ebenfalls französischer Wein aufgenommen wurde.

Dieser ganze Handel kreiste um Brügge, der eigentlichen zentralen Etappe der Hanseaten, das halbwegs zwischen der Ostsee und dem Meerbusen von Biscaya lag, über den hinaus sie nie fuhren. Dort warteten Gewürze aus Italien und Textilien aus Flandern und Brabant auf die deutschen Seeleute, um durch diese bis an die Peripherie ihres Bereichs zu gelangen, nach Nowgorod und nach Südpolen; und in allen Küstenstädten türmte sich das flandrische Tuch in den Werkstätten der Gewandschneider auf, den reichen Bürgern zur Kleidung.

Der mengenmässige Umfang des hanseatischen Handels erreichte jenen des Mittelmeers, wenn er ihn nicht gar übertraf. Die darin investierten Kapitalien waren aber zweifellos geringer. Ihre Handelsware trug nicht dieselben Gewinne ein wie etwa der Verkauf von Gewürzen; man musste schon sehr viel absetzen um relativ geringen Gegenwert. Man wird deshalb in den Hansestädten nicht auf jene mächtigen Finanzmänner stossen, die dem italienischen Kreditwesen im Mittelalter den Vorrang in Europa sicherten. Zwischen Häusern, wie jenen der Bardi oder der Peruzzi, und den ehrbaren Handelsherren, als da sind ein Wittenborg in Lübeck, ein Geldernsen in Hamburg oder ein Tölner in Rostock, gähnt eine Kluft, und der Kontrast ist nicht minder gross zwischen der entwickelten kaufmännischen Technik auf der einen Seite und den einfachen Praktiken auf der andern.

Der Handel im kontinentalen Deutschland. Keine andere Gegend Deutschlands erreichte die Wirtschaftsintensität der Hanse. Im 13. Jh. haben die Seestädte zweifellos jene des Rheinlands eingeholt, von denen einst die Stadtkultur des Reiches ihren Ausgang genommen hatte. Köln, unter den Hohenstaufen noch der grosse Marktplatz Deutschlands, wird seit ungefähr 1250 von Lübeck ausgeschaltet. Über den grossen Fluss erhält sich allerdings dort, ähnlich wie weiter unten in Utrecht und flussaufwärts in Mainz, Speyer, Worms, Strassburg und Basel ein durch den Transitverkehr Italien–Niederlande genährter Handel, dessen Hauptader dieser darstellt. Die Rebgelände am Rhein und Mosel erlauben eine beträchtliche Ausfuhr; ein Gewerbe blüht in den wichtigsten Städten, ohne aber mehr als nur lokale Bedeutung zu besitzen.

Süddeutschland, wenn auch über Venedig mit dem Mittelmeerhandel in Verbindung, ist noch weit entfernt von der Blüte zu Ende des Mittelalters. Der *Fondaco dei Tedeschi* in der Lagunenstadt hält keineswegs den Vergleich mit der mächtigen hanseatischen Niederlassung in Brügge aus. Die Ausbeutung der Bergwerke Tirols und Böhmens steckt noch in den Kinderschuhen. Der Salzhandel aus dem Salzkammergut und aus Lüneburg kommt an jenen aus Bourgneuf nicht heran, der den Vorteil der Seewege geniesst. Der ausgezeichnete Absatzmarkt, den die Donau im Schwarzen Meere eröffnet, bleibt ungenützt. Der Strom dient nur dem Transit zwischen Bayern und Österreich, mit den Hauptplätzen Augsburg, Regensburg und Wien. Das schwach entwickelte Ungarn und die unaufhörlichen Aufstände des Balkans verbieten einen grossen Verkehr im Unterlauf. Die politische Zersplitterung Deutschlands, die Schwäche des Kaisers, die Rivalitäten der Dynasten stehen zudem einer wirtschaftlichen Prosperität entgegen. Es fehlt, dies auszugleichen, die fortgeschrittene Kultur Italiens und die günstige geographische Lage, die dort den Zugang des Festlandes zum Meere erleichtert.

Der englische Handel. England, das einzig in Europa eine nationale Regierung besass, die überall im Lande anerkannt war und nicht auf den Widerstand der Feudalgewalten stiess, kannte einen weit besser entwickelten Wirtschaftsapparat als alle Staaten des Kontinents. Dabei aber lagen weder für das Gewerbe noch für den Handel besonders günstige Bedingungen vor. Bis Mitte des 14. Jhs. ist es vorwiegend Agrarland. Ausser London, dessen Hafen stets sehr häufig von festländischen Kaufleuten seit dem 11. Jh. aufgesucht wurde, begnügen sich alle andern Städte vor der Regierung Eduards III. mit einer für ihre eigenen Bedürfnisse und jene der unmittelbaren Umgebung bestimmten Produktion. Die ausgezeichnete Wolle des Königreiches wurde nur für den Konsum einer lokalen Kundschaft verarbeitet, ausser in Stratford während etwa 50 Jahren des 13. Jhs. Die Gründe dieses merkwürdigen Zustandes sind in der ausserordentlichen Entwicklung der flämischen Textilindustrie des Mittelalters zu suchen. Von ihren niederländischen Nachbarn überflügelt, beschränkten sich die Engländer auf Rohstofflieferungen. Sie waren für jene, was Argentinien und Australien für die Textilindustrien Europas und Amerikas sind. Anstatt als Konkurrenten aufzutreten, trachteten sie darnach, die Produktion der gut verkäuflichen Wolle zu steigern. Die Zisterzienserklöster der grossen Insel verstanden sich hervorragend auf die Schafzucht. Auf dem Wollhandel beruhte die Prosperität der Messe von St. Ives an der Ouse, der St. Giles-Messe von Winchester, der Messe von Stour-Bridge, der St. Botolph-Messe in Boston und der Messen von Westminster, Northampton und Bristol; gleichzeitig bezog die Krone daraus ihre meisten Einkünfte, und auch der Hafenverkehr erfuhr dadurch manche Belebung [7].

Gegen alle Wahrscheinlichkeit kam die Bedeutung der englischen Handelsmarine keineswegs dem Wollexport gleich. Dieser erfolgte anfänglich durch Schiffe des Kontinents und wurde seit dem 13. Jh. zum Monopol der Hanse. Die englischen Könige begünstigten nicht vor dem Ende des Mittelalters die Schiffahrt ihrer Untertanen [8]. Sie trugen nicht schwer an einer passiven Handelsbilanz und zeigten sich im Gegenteil bestrebt, durch allerlei Privilegien fremde Händler anzuziehen. Solches Vorgehen wurde durch die Interessen des Staatsschatzes bedingt, der namentlich aus den auf dem auswärtigen Handel liegenden Steuern gespiesen wurde sowie durch Anleihen der Krone bei den in London ansässigen Kapitalisten. Seit dem 13. Jh. etablierten sich die Italiener in der Stadt, um gleichzeitig Geldgeschäfte und Handel mit Wolle zu betreiben, welch letztere sie nach Flandern oder aber direkt an die Zentren der Tuchfabrikation jenseits der Alpen, vor allem nach Florenz, verkauften.

Der französische Handel. Die wirtschaftliche Physiognomie Frankreichs ist komplizierter als jene Englands. Der Begriff Frankreich bedeutet vor Ende des Mittelalters keineswegs eine ökonomische Einheit. Er gilt für eine Anzahl von Teilgebieten, die miteinander nicht enger verbunden sind als etwa mit dem Ausland. Im Süden nehmen die Häfen der Provence, d. h. Montpellier, Aiguesmortes, Narbonne und vor allem Marseille teil am Mittelmeerhandel und betreiben während des 13. Jhs. aktiv den Export flandrischen Tuches und den Import von Gewürzen. Der Misserfolg der Kreuzzüge Ludwigs des Heiligen und vorab die genuesische Konkurrenz schwächten gegen Ende des Jahrhunderts das dortige blühende Wirtschaftsleben, das vor dem 17. Jh. nicht wieder erstehen sollte. Der Wirkungskreis von Marseille reicht seither nicht über Südfrankreich hinaus. Sein Niedergang geht ungefähr gleichzeitig mit jenem der Champagnemessen, die, wie wir gesehen haben, seit dem Anfang des 12. Jhs. die grossen Handelszentren Europas gewesen waren. Paris dagegen profitierte weitgehend von diesem Verfall. Es wurde damals zusammen mit Brügge zum Hauptsitz der nördlich der Alpen arbeitenden italienischen Handelsfirmen. Diese führten dort die Seidenindustrie ein, lagen aber vor allem Bankgeschäften ob. Paris war immerhin weit davon entfernt, im Mittelalter eine wirtschaftliche Rolle zu spielen, die dem Prestige der französischen Zivilisation und der politischen Vorherrschaft Frankreichs seit Philipp August entsprochen hätte. Es war vielmehr international bekannt durch die Universität, nicht aber durch Handel und Gewerbe. Keine andern ausländischen Händler wurden angezogen als nur die Italiener und die Tuchhändler der Niederlande; der rasche Anstieg der Bevölkerung geht auf Kosten des Hofes und der politischen Zentralisierung. Die 282 Handwerke, die Ende des 13. Jhs. dort geübt wurden [9], lagen in den Händen von Leuten, deren kleine Werkstätte den vielfachen Bedürfnissen der grossen Stadt nachkamen, ohne Absatz nach aussen zu suchen. Die französische Industrie exportierte nicht, wie etwa die italienische und die niederländische. Architekten und Bildhauer verbreiteten zwar den Ruhm französischer Kunst über ganz Europa, Anteil am internationalen Handel nahm das Land aber nur dank des Überflusses an natürlichen Reichtümern.

Der Wein und das Salz Frankreichs. Unter diesen nahm der Wein zweifellos den ersten Platz ein. Es ist erstaunlich und zudem bedauerlich, dass wir keine eingehende und der Wichtigkeit des Stoffes würdige Studie über dessen Gewinnung und Handel besitzen [10]. Für die Ernährung jener Länder, die selber keinen Rebbau besassen, war er im Mittelalter ungleich wichtiger als heutzutage. In England, Deutschland und in den Niederlanden stellte er das Tischgetränk der reichen Klassen dar. In Gent wird, wie aus einer Satzung des 13. Jhs. hervorgeht, dem gemeinen Manne der reiche Bürger gegenübergestellt, *qui in hospitio suo vinum bibere solet* [11]. Die italienischen Weine eigneten sich nicht zum Export, und die Produktion an rheinischen und Moselweinen erlaubt wegen ihrer Geringfügigkeit keinen grossen Versand, so dass die französischen Weine seit dem 13. Jh. den internationalen Handel des Nordens beherrschten. Seine- und Burgunderweine wurden nur von Rouen aus zu Schiff verschickt. Bordeauxweine erfreuten sich dagegen seit Beginn der Handelsrenaissance des 12. Jhs. der grössten Beliebtheit, wozu verschiedene Umstände beitrugen: ihr Überfluss, die bessere Qualität und die durch die Meernähe bedingten Transporterleichterungen. Gascognische, bretonische, englische und seit der Mitte des 14. Jhs. in erster Linie Hanseschiffe trugen sie über die Nordsee bis an die äussersten Gestade des Baltikums, während sie meistens an der Bucht von Oléron oder in La Rochelle eingeschifft wurden, unter dessen Marke, «Weine von La Rochelle», sie im Handel bekannt waren. Über die Flüsse drangen sie ins Landesinnere. In Lüttich gab es sie zu Beginn des 14. Jhs. in solcher Menge, dass sie sich, ungeachtet der weiteren Distanz, billiger verkauften als deutsche Weine [12]. In England, unter dessen Botmässigkeit die Gascogne bis zum 15. Jh. lag, fanden sie einen immer offenen Absatzmarkt. Weinhandel führte dort zu beachtlichen Vermögensbildungen, und unter der Pairschaft gibt es heute noch Familien, die ihm ihren sozialen Aufstieg zu verdanken haben [13].

Die namentlich durch den Weinexport aus Bordeaux aufkommende Seeschiffahrt war so bedeutend, dass aus ihr das spätere Seehandelsrecht Nordeuropas hervorwuchs. Man weiss, dass die Rodel von Oléron, in welche gegen Ende des 12. Jhs. die auf Weinschiffe bezüglichen Urteile eingetragen wurden, in Damme schon frühzeitig ins Flämische übertragen wurden, von wo sie in England und bis in die Ostsee Verbreitung fanden (Wisbysches Seerecht) [14]. Die geographische Nähe der Salinen von Bourgneuf bei La Rochelle erlaubte es den Schiffern, zugleich Wein und Salz einzuholen. Im 14. Jh. importierte die hanseatische Flotte in zunehmendem Mass sog. Baisalz für den wachsenden Bedarf der Heringsfischerei in Schonen, wodurch in Deutschland selbst Lüneburg und Salzburg als Lieferanten ausgeschaltet wurden [15].

Neben Wein und Salz führte Frankreich noch Getreide aus dem Artois und der Normandie aus. Waid, das man auch schon das Indigo des Mittelalters genannt hat, wurde in der Pikardie erzeugt, mit dem Zentrum in Amiens, ferner in der Languedoc, wo es mit zum Wohlstand von Toulouse beigetragen hatte. Die italienischen und flämischen Tuchfabrikanten waren die festen Kunden dafür.

Im grossen ganzen zeigt Frankreich im Mittelalter denselben wirtschaftlichen Aspekt wie heutzutage, da seine Industrie für den Eigenbedarf arbeitet und mit Ausnahme einiger Luxusartikel, wie z. B. die Emaillen von Limoges, sich nur in beschränktem Mass am europäischen Geschäft beteiligt. Das Tuchgewerbe im Norden des Landes war zwar recht aktiv gewesen, solange die Champagnemessen dauerten. Nach deren Verfall aber ging alles an Flandern und Brabant über. In Tournai, im äussersten Norden des Königreiches und in Valenciennes, das zum Reiche gehört, verbleibt zwar eine wichtige Textilindustrie, deren Produktion aber nach Brügge strebt, wodurch sie sich zum niederländischen Bereich bekennt. Der Reichtum Frankreichs besteht vor allen Dingen in der Üppigkeit, der Verschiedenartigkeit und der Produktivität des Bodens. Durch seinen Wein, der mit den Gewürzen zum gepflegten Tisch gehörte, wurde es neben Italien zum Hauptlieferanten des europäischen Geschäftes in Genussmitteln. Freilich bemühte es sich wenig um den Transport seiner Produkte, im Gegensatz zu Italien. Mit Ausnahme der Schiffe aus Marseille und andren provençalischen Häfen, die am Mittelmeerhandel beteiligt waren, verfügt es über keine eigentliche Handelsflotte. Der Seeverkehr an den Küsten der Gascogne, des Ärmelkanals und in der Nordsee ward gänzlich Fremden überlassen: Basken, Bretonen, Spaniern und Hanseaten. Wenn aber auch grosse Vermögen aus Handel und Gewerbe fehlten, so erfreute sich Frankreich bis zur Katastrophe des Hundertjährigen Krieges eines Wohlstandes, um nicht zu sagen einer wirtschaftlichen Stabilität, die man andernorts vergeblich sucht und die nicht ohne Einfluss auf sein blühendes Kulturleben im 13. Jh. geblieben sein kann [16].

Der spanische Handel. Die spanischen Königreiche gewannen mit der Vertreibung der arabischen Eroberer zusehends an wirtschaftlicher Bedeutung. In Aragon ist es Barcelona, das seit dem 12. Jh. durch den Unternehmungsgeist und die Kühnheit seiner Seeleute bekannt ist. Dank der Juden, die nach der Reconquista dort blieben, weiss es, woher die Kapitalien für den Seehandel nehmen, und es ahmt rasch die kaufmännische Technik der Italiener nach. Wie ursprünglich die Venetianer, wirft es sich zu Beginn ebenfalls auf den Sklavenhandel, der durch den Krieg gegen den Islam reichlich mit maurischen Kriegsgefangenen beliefert wird. Die Intervention der Könige von Aragon in Sizilien hatte enge Verbindungen mit diesem Lande zur Folge [17]. Die abenteuerlichen Expeditionen der Katalanen in Griechenland und auf den Inseln des Ägäischen Meeres verstärkten etwas später gleicherweise den Kontakt zum Orient, wo die Leute aus Barcelona im Krieg und Handel in vorderster Front standen. Schon anfangs des 14. Jhs. wagten sich ihre Schiffe über die Meerenge von Gibraltar hinaus. In Brügge stiessen sie dabei auf portugiesische und galizische Segler, die Küstenschiffahrt im Atlantik betrieben mit dem Ziel, Metall und Wolle aus Spanien zu exportieren, welch letztere gegen Ende des Mittelalters an Stelle der englischen von den niederländischen Tuchfabrikanten aufgekauft wurde.

Vorwiegen der Naturprodukte im Handel. Ein Blick auf die Handelsware zeigt, dass im Mittelalter Erzeugnisse der Landwirtschaft und Nahrungsmittel gegenüber Industrieprodukten überwiegen: Gewürze, Weine, Getreide, Salz, Fische und Wolle. Einzig die Tuchfabrikation, voran die niederländische und später die florentinische, kannte einen Export von grossem Umfange. Seide und Luxusstoffe aus Italien waren auf einen engen Kreis beschränkt. Alle übrigen Zweige des Gewerbes: Hafnerei, Schreinerei, Schusterei, Schneiderei, Bedarfsartikel und Werkzeuge aller Art verblieben innerhalb der Stadtmauern als Monopol der

Handwerker und kamen nicht über die Marken des eigenen Lokalmarktes hinaus.

METALLBEARBEITUNG UND BERGWERKE. Einige Ausnahmen sind immerhin zu erwähnen. Im Deutschen Reich, in Hildesheim einmal, dann in Nürnberg, im Tale der Maas, in Huy und vor allem in Dinant blüht eine Metallbearbeitung auf, die schliesslich auch den allgemeinen Handel belebte. Kupfergegenstände aus Dinant, die man als *dinanderies* zu bezeichnen pflegte, genossen europäischen Ruf. Der mittelalterliche Bergbau kennt aber nur sehr primitive Ausbeutungsmethoden, worin auch der wesentliche Unterschied zur Wirtschaftsform unserer Tage besteht. Die Bergleute aus Tirol, Böhmen und Kärnten sind eigentlich nur Bauern, die in Gemeinschaftsarbeit einen Berg abbauen, unter Verwendung einfachster Mittel. Man muss das 15. Jh. abwarten, bis Geldgeber aus den benachbarten Städten sich für eine intensivere Bewirtschaftung einsetzen, die aber selbst dann noch recht unbedeutend blieb. Dem geringen Umfang der Metallurgie entspricht ein noch kläglicherer Zustand des Kohlenbergbaus. Steinkohle wurde in der Umgebung von Lüttich seit dem Ende des 12. Jhs. verwendet, und die Lütticher Bergleute erreichten im folgenden Jahrhundert eine beachtliche Geschicklichkeit im Stollenbau, in der Einrichtung von Schächten und in der Drainage. Doch die *terra nigra* sollte während Jahrhunderten nur zum Hausbrand in den eigentlichen Produktionsgebieten dienen[18]. Erst im 18. Jh. eröffnete deren Eignung für den Eisenguss eine neue Ära der Wirtschaftsgeschichte.

ÜBERLEGENHEIT DER KAUFMÄNNISCHEN TECHNIK DER ITALIENER. Im Verlauf des 13. Jhs. ist ganz Europa vom Mittelmeer zur Ostsee, vom Atlantischen Ozean bis nach Russland dem Handel erschlossen. Von zwei Hauptherden ausstrahlend, den Niederlanden im Norden, Italien im Süden, gewann er zunächst die Meerküsten, von wo er ins

Innere des Kontinents eindrang. Wenn man all die Schwierigkeiten bedenkt, die er zu überwinden hatte: bedenklicher Zustand der Verkehrswege, technisch mangelhafte Transportmittel, allgemeine Unsicherheit, unzulängliches Geldwesen, so kann man die erzielten Resultate nur bewundern. Sie sind um so bemerkenswerter, als die öffentliche Gewalt nichts beisteuerte, es sei denn einen gewissen Schutz, den sie vorwiegend aus fiskalischen Rücksichten dem Kaufmannsstand gewährte. Diesem einzig und allein ist der enorme Fortschritt im internationalen Handel zu verdanken: seiner Energie, seinem Unternehmungsgeist und seiner erfinderischen Beweglichkeit. Die Italiener, welche in dieser Beziehung als Initianten in Europa gelten dürfen, hatten zweifellos von Byzantinern und Arabern viel gelernt, deren weiter fortgeschrittene Zivilisation auf sie den gleichen Einfluss ausübte wie einst jene der Ägypter und Perser auf das antike Griechenland. Aber wie die Griechen, denen sie in der Leidenschaftlichkeit gleichen, mit der sie innere Gegensätze austrugen, zögerten sie nicht, das, was sie entlehnt hatten, umzuformen und weiter zu entwickeln. Bei ihnen finden wir den Urtyp der Handelsgesellschaften; die Schöpfer des Kreditwesens; sie sind auch die Erneuerer des Geldes. Ihre wirtschaftlichen Methoden verbreiten sich in Europa ebenso augenscheinlich, wie die Ideen des Humanismus es im 15. und 16. Jh. tun sollten.

Ausdehnung und Umfang des mittelalterlichen Handels. Gern würde man abschliessend zu den Grundzügen des mittelalterlichen Handels, wie sie in dieser Skizze dargelegt wurden, auch dessen Volumen mit einiger Genauigkeit umreissen [19]. Die Dürftigkeit der Quellen vereitelt aber die Hoffnung auf ein greifbares Resultat. Moderne Verhältnisse etwa zum Vergleich heranzuziehen, wäre völlig abwegig. Der Welthandel unserer Tage, ausgerüstet mit allen von den Entdeckungen der Wissenschaften ständig vermehrten Hilfsmitteln, und der auf Westeuropa beschränkte mittelalterliche Handel mit seinen geringfügigen Möglichkeiten sind schlechthin nicht vergleichbare Grössen. Die Kundschaft des ersteren beträgt Hunderte von Millionen Menschen, die des letzteren einige zehn; die Tonnage eines einzigen Schiffes des 20. Jhs. kommt einer ganzen venetianischen oder genuesischen Flotte des 13. Jhs. gleich. Der Handelsverkehr des Mittelalters darf nicht einmal dem gegenübergestellt werden, was auf das 15. Jh. folgt. Wenn auch die Verschiebung geringer ist, so bleibt sie durch die dazwischenliegende Entdeckung des Seeweges nach Indien und Amerika bedeutungsvoll genug. Man hat das Verhältnis des mittelalterlichen Handels zu jenem des 16. und 17. Jhs. mit 1 : 5 berechnen wollen. Mangels näherer Zahlenangaben bleibt dies eine leere Formel. Dafür müssten wir über eine genaue Handelsstatistik verfügen. Jeder Versuch, eine solche auch nur halbwegs richtig aufzustellen, muss aber scheitern. Begnügen wir uns damit, seine Bedeutung an der ausgewiesenen Grösse von Häfen wie Venedig, Genua oder Brügge zu ermessen oder an den italienischen Kolonien in der Levante, an der hanseatischen Schiffahrt und an der kräftigen Blüte der Champagnemessen.

II. Die kapitalistische Struktur des Grosshandels [20]

EINWÄNDE GEGEN DAS BESTEHEN EINES MITTELALTERLICHEN KAPITALISMUS. Wirtschaftshistoriker, welche die Bedeutungslosigkeit des mittelalterlichen Handels zu stark betonen, indem sie verkehrt ins Fernrohr gucken und diesen an den Verhältnissen des 20. Jhs. messen, unterstreichen ihre Theorie mit dem Einwand, in Europa habe vor der Renaissance keine Klasse handeltreibender Kapitalisten bestanden. Zwar konnten sie ihre Behauptung vor der Geschichte einiger italienischer Firmen nicht aufrechterhalten, doch sahen sie darin mehr eine Ausnahme, welche die Regel bestätigt. Man ging sogar so weit, als normalen Typus des mittelalterlichen Kaufmanns jenen kleinen Händler zu betrachten, der auf seinen blossen Lebensunterhalt hin arbeitet, ohne an Profit oder, wenn man so will, Bereicherung zu denken. Zweifellos beherbergte das Kleinbürgertum der Städte manche Detaillisten. Doch einen solchen Maßstab an die Exporteure und Bankiers anzulegen, deren Tätigkeit soeben beschrieben wurde, hiesse diese karikieren. Um die Bedeutung und den Einfluss des Kapitalismus seit Beginn der wirtschaftlichen Renaissance zu verneinen, muss man durch eine vorgefasste Meinung den Blick für die Realität verloren haben.

Es ist nicht zu bestreiten, dass Kapitalismus und Grosshandelsunternehmungen, die zugleich dessen Ursache und Folge sind, nicht zu gleicher Zeit in allen Ländern auftraten und nicht überall mit derselben Wucht um sich griffen. In dieser Beziehung steht das rechtsrheinische Deutschland sicher hinter dem übrigen Westeuropa zurück, vor allem aber hinter Italien. Und die deutschen Gelehrten haben von dieser Tatsache wohl keine Notiz genommen, wenn sie Ergebnisse aus der Erforschung ihrer eigenen Vergangenheit unvorsichtig auf alle andern Völker übertrugen. Die methodische Bedeutung ihrer Arbeiten verhalf solange ihren Resultaten zu allgemeiner Gültigkeit, als niemand gewahr wurde, dass man, um deren Übertreibungen zu korrigieren, jene Untersuchungsmethoden bloss auf Gegenden anzuwenden hat, die sich ökonomisch rascher als Deutschland entwickelt hatten und wo sich die mittelalterliche Wirtschaft unter denkbar vollkommenen Umständen entfalten konnte.

DIE KAPITALBILDUNG DURCH DEN FERNHANDEL. Dass der Kapitalismus sich schon im 12. Jh. ankündigt, beweisen die Quellen, ohne darüber irgendwelchen Zweifel zu belassen [21]. Der Fernhandel erlaubte die Anhäufung sehr beträchtlicher Vermögen. Weiter oben wurde das Beispiel von Goderich zitiert. Der Geist, der ihn beseelt, ist seinem ganzen Wesen nach der Geist des Kapitalismus aller Zeiten. Er überlegt, er kalkuliert, und sein einziges Ziel besteht in der Anhäufung von Gewinnen [22]. Sind das nicht die charakteristischsten kapitalistischen Züge, von denen eine gewisse Schule ein grosses Aufheben macht, die aber trotzdem zu allen Zeiten auftreten, im Wesen gleich, wenn auch in stets verschiedenen Entwicklungsphasen, weil sie dem natürlichen Streben des Menschen nach Reichtum entsprechen? Und sicherlich stellt Goderich keine Ausnahme dar. Der Zufall, der uns die Geschichte dieses Schotten aufbewahrt hat, hätte gleiches aus Venedig oder Genua zutage fördern können, wo für seine Qualitäten zudem ein weit günstigeres Milieu vorhanden gewesen wäre. Unser Interesse gilt Goderichs Psychologie, als der eines abenteuerlustigen Kaufmanns seiner Zeit; sein Biograph selbst bezeugt dies. Er zeigt uns den Typus jener Neureichs, die am Meeresstrand ihre Pflanzstätte hatten, um hierauf mit dem Handel in den Kontinent vorzudringen. Von dieser Sorte gab es in Italien und Flandern schon vor dem Ende des 12. Jhs. eine grosse Zahl [23], und es bedarf keiner weiteren Beispiele, um Klarheit über die Bedeutung des kommerziellen Kapitalismus zu erlangen. Denn es gilt zu bedenken, dass wir nur die *rari nantes* von dessen Vertretern kennen.

Bedeutung der Handelsgewinne. Weiter oben wurde schon berichtet, dass diese Kapitalisten aus der Masse jener entwurzelten Armen hervorgingen, die im aufblühenden Handel ihr Fortkommen suchten, ohne andere Eigenschaften zu besitzen als Energie, Intelligenz, Liebe zum Wagnis, aber auch Skrupellosigkeit. Wenn der Zufall ihnen half, gelangten sie vielfach zu Vermögen, wie es später im 16. und 17. Jh. bei Kolonisten und andern Glücksrittern geschah. Nichts unterscheidet sich mehr von diesen Abenteurern als die Detaillisten der Lokalmärkte. Die Gilden und Hansen des späten Mittelalters, zu denen sie sich vereinigen, gingen nur dem Fernhandel nach, dessen Gewinne tatsächlich von Anfang an sehr beträchtlich waren. Hier rekapituliere man noch einmal, was weiter oben über die Handelsware gesagt wurde. Einige hundert Kilogramm

Gewürze, einige Dutzend Ballen feinen Tuches garantierten sehr voteilhafte Verkäufe, da jede Konkurrenz und jede Preisvorschrift wegfielen. Anfänglich mochte das Angebot auch nie der Nachfrage genügt haben. Unter solchen Bedingungen waren weder Transportkosten noch die zahllosen Wegzölle, mögen diese noch so hoch anzuschlagen sein, auf die Rentabilität von irgendwelchem Einfluss. Zur Bereicherung genügte es daher, sich tatkräftige Genossen zu suchen, mit ihnen dorthin vorzustossen, wo man die Ware billig erstehen konnte und diese sodann an den Verkaufsort zu transportieren. Die bald da, bald dort wütenden Hungersnöte boten weitere Chancen, Weniges mit viel Gewinn an den Mann zu bringen [24]. Wer Hunger leidet, feilscht nicht um den Preis eines Getreidesackes, und der Kaufmann macht sich keine Skrupeln, auf die Verzweiflung zu spekulieren [25]. Seit Beginn des 12. Jhs. lesen wir in den Quellen von wucherischen Getreideaufkäufen in Zeiten des Mangels.

Herkunft der ersten kaufmännischen Vermögen. Um die Möglichkeiten des damaligen Handels auszunützen, benötigte man nur des mit Energie und Intelligenz gepaarten Willens. Nichts bezeugt uns, dass jene Vorläufer der grossen mittelalterlichen Kaufleute zu Beginn ihrer Karriere über eigenes Vermögen verfügten. Man muss darauf verzichten, in ihnen Grundbesitzer zu sehen, die ihre Einkünfte in ein Geschäft steckten oder sich durch den Verkauf von Ländereien das Betriebskapital verschafften. Meistens sahen sie sich gezwungen, ihre ersten Batzen als Matrosen, als Hafenarbeiter oder als Hilfspersonal grosser Handelskarawanen zu verdienen. Andere werden sich den nötigen Kredit durch Anleihen bei einem Kloster oder bei einem Adligen aus der Nachbarschaft zu beschaffen gewusst haben; wieder andere begannen vielleicht als Söldner und legten später Kriegsbeute und Plünderungsgut in Handelsgeschäften an. Allzusehr können wir aus den Biographien moderner Kapitalisten ersehen, welche Rolle das Glück in ihrem Leben spielte, als dass wir gleiches nicht auch in einer Epoche voraussetzen dürfen, wo die sozialen Zustände der Intervention des Zufalls so manche Gelegenheit boten. Man braucht sich nur zu vergegenwärtigen, was glückhafte Seeräuberzüge den Vorfahren der Reeder von Pisa und Genua bedeutet hatten. Dann muss auch der Genossenschaft bei der primitiven Kapitalbildung ein wichtiger Platz eingeräumt werden. In Gilden und Hansen wurden Einkäufe gemeinschaftlich getätigt, und in den Häfen nahmen stets mehrere «Teiler» die Befrachtung der Schiffe vor. Wie dem auch sei, wenn wir auch darauf verzichten müssen, ein klares Bild von den frühesten Geschäften der Berufskaufleute zu erhalten, so wissen wir doch mit Sicherheit, dass sie sich schnell bereicherten.

Viele unter ihnen waren schon im 11. Jh. imstande, den Fürsten grosse Summen vorzustrecken, auf eigene Kosten in ihren Städten Kirchen zu bauen und Zölle bei den Herrschaften abzulösen. In gar mancher Stadtgemeinde bestreiten sie die Verwaltungseinrichtungen der werdenden Bürgerschaft. Ihre Korporationen stellen eine Art offiziöser Stadtverwaltungen dar. In Saint-Omer nimmt die Kaufmannsinnung mit Einwilligung des Stadtherrn (1072—1083) einen Teil der durch die Pflasterung der Strassen und den Bau der Mauern verursachten Kosten auf sich [26]. Andernorts, wie in Lille, Audenarde, Tournai und Brügge, beteiligt sie sich an der Verwaltung der städtischen Finanzen [27].

Die erzielten Gewinne werden bei weitem nicht alle im Warenhandel angelegt. Diese verhelfen vielen Kaufleuten auch zu einer führenden Stellung im Geldgeschäft. Unnötig, hier auf alle jene Finanztransaktionen zurückzukommen, welche die reichsten unter ihnen seit dem 12. Jh. zustande bringen, in Italien sowohl wie in den Niederlanden, wo sie als Gläubiger für beträchtliche Vorschüsse an Könige und Prinzen erscheinen.

INVESTIERUNGEN IN GRUNDBESITZ. Alle investieren daneben ihre überreichen Reserven auch in Ländereien als sicherste Anlage. Im Laufe des 12. und 13. Jhs. erwerben sie den grössten Teil des städtischen Bodens [28]. Die Zunahme der Bevölkerung verwandelt die Grundstücke in Bauland, steigert die Erträgnisse aus Grund und Boden zu einem solchen Grade, dass mancher Handelsmann seit der zweiten Hälfte des 12. Jhs. seinem Beruf entsagt, um als bequemer Rentner zu leben *(otiosi, huiseux, ledigangers)*. Zwar stammte das bewegliche Kapital keineswegs vom Grundbesitze, es bot im Gegenteil den Anlass zur Bildung der ersten bürgerlichen Liegenschaften [29].

ENGROS- UND DETAILHANDEL. Wie üblich, schlossen sich auch diese Neureichs in Gruppen zusammen. Die Statuten der flämischen Hanse in London (vor 1187) verboten allen Detaillisten den Eintritt sowie jenen, die «blaue Nägel hatten», d. h. allen Arbeitern der Tuchindustrie [30]. Der Zugang zum grossen Handel hängt nun von diesen Vereinigungen ab, die darin ein Monopol besitzen. In den Städten liegt er in den Händen eines reichen und stolzen Patriziats, das darauf bedacht ist, den gemeinen, auf Handwerk und Kleinhandel beschränkten Mann davon fernzuhalten. In allen wirtschaftlich führenden Ländern zieht sich zwischen Gross- und Kleinhandel ein scharfer Trennungsstrich.

Der kapitalistische Charakter des Grosshandels ist nicht zu bestreiten [31]. Was sind sie anders, wenn nicht Kapitalisten, jene Wollimporteure, welche die Städte Flanderns und Brabants mit Rohmaterial versehen, jene Tuchhändler, die auf einen Schlag Hunderte von Ballen verkaufen, jene venetianischen, genuesischen und pisanischen Reeder, welche die levantinischen Emporien aufsuchen, jene lombardischen und florentinischen Bankhäuser, deren über ganz Europa verstreute Filialen in Handel- und Geldwesen die Spitze einnehmen [32]? Zugegebenermassen besteht zwischen Gross- und Kleinhandel kein absoluter Gegensatz. Viele

Kaufleute nehmen sogar an beiden teil. In Deutschland vor allen Dingen sind es die Gewandschneider, die einerseits flandrisches Tuch en gros importieren, es aber auch per Elle in ihren Ladengeschäften weiterverkaufen [33], und in Florenz liegen viele Mitglieder der *Arte di Calimala* den beiden Beschäftigungen ob [34]. Die Spezialisierung ist noch nicht sehr ausgeprägt. Der Kaufmann importiert je nach Umständen die Waren, die er gerade erhält, vorausgesetzt, dass er sich daraus einen genügenden Gewinn verspricht. Aber all dies beweist nur, dass der kaufmännische Kapitalismus sich den Bedingungen anschmiegte, die ihm die Marktverhältnisse und die sozialen Zustände der Zeit auflegten.

SECHSTES KAPITEL

STADTWIRTSCHAFT UND GEWERBEPOLITIK

I. Die Stadt als Mittelpunkt der Wirtschaft

Die städtische Ernährungslage [1]

Der Wirtschaftstypus der mittelalterlichen Stadt. Bis tief ins 15. Jh. trieben allein die Städte Handel und Gewerbe, ohne der Landschaft etwas davon zu überlassen. Zwischen Stadt und Land besteht eine ausgesprochene Arbeitsteilung: hier Landwirtschaft, dort Handel und Handwerk.

Die Wichtigkeit einer Stadt hängt daher von ihren wirtschaftlichen Expansionsmöglichkeiten ab. Einige wenige Ausnahmen sind zu nennen, darunter Rom, Paris und London, wovon die erste als Residenz des Kirchenoberhauptes, die zwei andern als Sitze wichtiger Monarchen durch diese Tatsache eine Bedeutung erlangten, die ihnen sonst nicht zugekommen wäre. Die Staatsgeschäfte waren im Mittelalter noch nicht zentralisiert, Regierungen und Verwaltungen zu wenig sesshaft, so dass sich damals keine städtischen Agglomerationen im Stile moderner und antiker Metropolen bilden konnten. Höchstens, dass einige Bischofsstädte als Zentrum der Diözesen sich dadurch eines Vorteils erfreuten, der ihr Geschäftsleben intensiver gestaltete, ohne aber dessen eigentliche Ursache zu sein. Nirgendwo genügten kirchliche Niederlassungen, um städtisches Leben zu entfachen. Orte, wo die Bürger lediglich für den Unterhalt einer Kirche oder eines Klosters arbeiteten, blieben Flecken zweiten Ranges. Man denke an Beispiele wie Fulda und Corvey in Deutschland, Stablo und Thérouanne in den Niederlanden, Ely in England, Luxeuil und Vézelay und soviel andere Kleinstädte in Frankreich.

Klerus und Adel in den Städten. Man weiss übrigens, dass der Klerus in den mittelalterlichen Städten ein wesensfremdes Element darstellte. Sein Rang schliesst ihn vom Genuss städtischer Privilegien aus. Innerhalb einer kommerziell und gewerblich orientierten Bevölkerung spielte er, vom wirtschaftlichen Standpunkt aus gesehen, die Rolle eines simplen Konsumenten.

Der Adel dagegen residiert nur in den Mittelmeerländern, in Italien, Südfrankreich und Spanien, zum Teil in den Städten. Diese Tatsache ist bis zu einem gewissen Grade der antiken Stadtkultur zuzuschreiben, die hier im Süden ihre unauslöschlichen Spuren hinterlassen hat. Die Nobilität hatte niemals, selbst nicht in Zeiten vollen Niedergangs, die Zentren urbaner Kultur verlassen. Mit deren Wiederbelebung hatte sie jedoch vermehrten Anlass, zu bleiben. Über die bürgerlichen Häuser ragten ihre Türme, die noch heute mancher alten toskanischen Stadt eine charakteristische Silhouette verleihen. Gelegentlich fanden die Herren sogar am Handelsgeschäft Gefallen und wagten ihr Einkommen darin.

In Venedig und Genua nehmen sie Teil am Seehandel. Es erübrigt sich, hier ihre Beteiligung an den politischen und sozialen Kämpfen der italienischen Städte zu erwähnen. Im Gegenteil dazu verlässt der Adel in Nordeuropa die Stadt, um sich auf seine Landsitze zurückzuziehen. Nur ausnahmsweise findet man da und dort, vereinzelt und verstreut innerhalb der bürgerlichen Gesellschaft, eine ritterliche Familie. Erst das Ende des Mittelalters brachte einen weniger kriegerischen, aber um so mehr auf Bequemlichkeit erpichten Adel, der sich in der Stadt prunkhafte Häuser bauen lässt.

Dichte der städtischen Bevölkerung. Es folgt daraus, dass die mittelalterliche Stadt zur Hauptsache eine Angelegenheit des Bürgerstands ist. Für und durch die Bürger existiert sie überhaupt nur. In ihrem Interesse, und nur in diesem, entwickelt sie ihre Institutionen, organisiert ihr

Wirtschaftsleben. Dieses musste um so mehr an Bedeutung gewinnen, je zahlreicher die gewerbe- und handeltreibende Bevölkerung war, für die es geschaffen wurde. Man hat sicher zu Unrecht die Stadtwirtschaft als gleichförmig beschrieben und sie auf einen einheitlichen Typus zurückgeführt, wie wenn halbstädtische Flecken oder selbst eine Stadt zweiten Ranges, wie Frankfurt a. M., mächtigen Metropolen, wie etwa Venedig, Florenz oder Brügge, gegenübertreten könnten. Der Begriff der «Stadtwirtschaft», wie ihn die deutsche Wissenschaft mit vielem Scharfsinn und Gründlichkeit herausgearbeitet hat, entspricht zweifellos gewissen Aspekten der Wirklichkeit, dagegen lässt er anderes unberücksichtigt, so dass man ihn nicht ohne wesentliche Korrekturen belassen darf. Auch hier war der Blick zu sehr auf deutsche Verhältnisse gerichtet, die dann willkürlich auf ganz Europa übertragen wurden, obwohl es sich um Resultate handelt, die nur für einen Teil der östlich des Rheins liegenden Gegenden Geltung haben können. Um sich eine zulängliche Vorstellung von der Stadtwirtschaft zu machen, hat man diese vielmehr dort zu studieren, wo sie am stärksten in Erscheinung tritt.

Hauptaufgabe eines solchen Organismus war zweifellos die Sicherung der Ernährung der Bevölkerung. Man möchte daher letztere gerne mit genauen Zahlen erfassen können, doch hat man leider darauf zu verzichten. Vor dem 15. Jh. besitzen wir gar keine statistischen Angaben, das Wenige aber, das übrigblieb, mangelt ausserdem der notwendigen Klarheit. Trotzdem gestatten die bis anhin angestellten sorgfältigen und eindringlichen Untersuchungen den Schluss, dass die Bevölkerungszahl der mittelalterlichen Stadt eine kleine war.

So merkwürdig es uns ankommt, Nürnberg besass 1450 nur 20 165 Einwohner, Frankfurt 1440 lediglich 8719, Basel um 1450 ungefähr 8000, Freiburg im Uechtland 1444 bloss 5200, Strassburg um 1475 nur 26 198, Löwen und Brüssel Mitte des 15. Jhs. ungefähr 25 000 und 40 000.

Wir sind weit entfernt von den phantastischen Zahlen, die lange Zeit gegen alle Wahrscheinlichkeit für richtig galten. Ebensowenig wie man glaubt, Europa habe vom 12.–15. Jh. so viel Leute ernähren können wie im 20. Jh., wird man die damalige städtische Bevölkerung mit jener unserer Tage vergleichen dürfen. Angaben, an denen man ihrer ehrwürdigen Tradition wegen festhielt, ohne je deren Glaubwürdigkeit anzuzweifeln, halten der Kritik nicht stand. Zwei nur elf Jahre auseinanderliegende Dokumente (1247–1258) geben für Ypern einmal 200 000, einmal 40 000 Einwohner an! Demnach wird die wahre Bevölkerungszahl kaum die Hälfte der zweiten Zahl erreicht haben. Methodisch einwandfreie Zählungen lehren uns, dass 1412 in der Stadt 10 736 Seelen lebten. Ypern war damals so heruntergekommen, dass man mit Recht voraussetzen darf, es hätten zur Zeit der höchsten Blüte, Ende des 13. Jhs., 20 000 Menschen darin gehaust. Gent, wo 4000 Weber 1346 ihren Verdienst fanden, dürfte annähernd 50 000 Einwohner beherbergt haben, wenn man annimmt, wie es durchaus wahrscheinlich ist, dass die Weber samt ihren Familien einen Viertel der Gesamtbevölkerung ausmachten [2]. Brügge wird sicher nicht hinter dieser Ziffer zurückgestanden haben. In Italien dürfte Venedig, ohne Zweifel die grösste Stadt des Okzidents, annähernd 100 000 Einwohner gezählt haben, womit es Städte wie Florenz, Genua und Mailand nicht um vieles übertraf [3]. Alles in allem ist es sehr wahrscheinlich, dass die durchschnittliche Bevölkerung der grössten Städte zu Beginn des 14. Jhs. nur selten ein Maximum von 50 000–100 000 Einwohnern erreichte, dass eine Stadt von 20 000 schon als sehr bedeutend zu gelten hat, in den meisten Fällen aber die Werte zwischen 5000 und 10 000 schwankten.

Zunahme der städtischen Bevölkerung bis zum Beginn des 14. Jhs. Wenn wir hier den Beginn des 14. Jhs. als Höhepunkt bezeichnen, so deshalb, weil damals überall ein Stillstand in der demographischen Entwicklung der Städte zu konstatieren ist. Bis dahin ist die Tendenz steigend. Die ersten städtischen Siedlungen bevölkerten sich zweifellos sehr schnell, wofür die fortwährenden Stadterweiterungen den besten Beweis liefern. In Gent z. B. wurden 1163, dann 1213, 1254, 1269 und 1299 immer wieder neue Vorstädte in das Weichbild einbezogen. Man rechnete dabei noch mit weiterem Zuwachs, da die letzten neuen Mauern so angelegt waren, um auf lange Zeit hinaus genügend Raum für neue Quartiere freizulassen; aber diese Quartiere entstanden nicht... Die Bevölkerungsbewegung stagnierte, um erst im 16. Jh. wieder in Bewegung zu geraten.

Für die Ernährung bedurften die Städte zugleich einer ländlichen Umgebung und des Grosshandels. Ihr eigener Beitrag war zu gering, als dass er in Rechnung gebracht werden dürfte. Einzig kleine, mit Stadtrecht bedachte Flecken aus dem späteren Mittelalter (Ackerbürgerstädte), die grösstenteils ihren ländlichen Charakter beibehielten, vermochten ohne Hilfe von aussen durchzukommen. Nichts wäre verkehrter, als diese den Kaufmannssiedlungen gleichzusetzen, welche die Wiege des Bürgertums waren. Letztere blieben von Anfang an auf die Einfuhr der notwendigen Subsistenzmittel angewiesen. Man würde zu Unrecht eine sattsam bekannte Tatsache dadurch zu leugnen versuchen, dass man auf die innerhalb der Mauern immer noch bestehenden Ställe und Schweinepferche hinwiese. In der Tat sind solche in allen Städten bis zum Ende des 18. Jhs. zu finden; sie sind sogar in unsern Tagen nicht daraus verschwunden. Ihre Aufgabe bestand in einer Zusatzernährung für die Besitzer, diente aber keineswegs der allgemeinen Verpflegung der Bevölkerung.

Lieferanten der Bürgerschaft waren in erster Linie die Bauern der Umgebung. Sobald sie mit der Gründung der ersten Stadtgemeinden einen grösserern Absatz für ihre Produkte fanden, die bis dahin nur in den kleinen Lokalmärkten der Altstädte und Vorburgen verkauft werden konnten, hört der wirtschaftliche Stillstand der Landschaft auf. Zwischen Stadt und Land knüpfen sich neue Beziehungen aus Nachfrage und Angebot. Das Land beliefert die Hauptstadt, die mit dem Grösserwerden mehr konsumiert und nur durch einen Produktionsüberschuss in ihren wachsenden Ansprüchen befriedigt werden kann.

Die Ernährungspolitik des Bürgerstandes. Die Stadtverwaltungen sahen sich sehr bald gezwungen, den Nahrungsmittelimport zu regeln. Nicht nur galt es, immer wieder für frische Zufuhren zu sorgen, sondern auch die Gefahren eines wucherischen Aufkaufes und einer willkürlichen Hausse zu bannen. Um den Städtern wohlfeile Lebensmittel in genügenden Quantitäten zu sichern, griff man vornehmlich zu zwei Mitteln: öffentlicher Verkauf und Unterbindung des Zwischenhandels. Der ländliche Verkäufer und der städtische Käufer sollten unmittelbar und unter aller Augen miteinander verkehren. Vom 12. Jh. an wurden diesbezügliche Strafandrohungen und Verordnungen veröffentlicht, von denen leider nur wenige auf uns gekommen sind. Seit dem 13. Jh. liegen zahlreiche Texte vor, deren eingehende Bestimmungen uns ein buntes Bild von den zu diesem Behuf in Anwendung kommenden Massnahmen vermitteln: Verbot, die Lebensmittel ausserhalb des Marktes, d. h. direkt beim Bauern, einzukaufen; Verpflichtung für letztere, alle Waren dem Markte zuzuführen, um sie dort bis zu einer bestimmten Stunde einzig für Bürger feilzuhalten; Verbot für die Metzger, einen Überschuss an Fleisch in den Kellern zu konservieren, und ähnlich für die Bäcker, mehr Mehl zu erwerben, als sie für die eigene Backstube benötigten; schliesslich war es auch dem einzelnen Bürger untersagt, sich über den Bedarf der Familie hinaus einzudecken. Vorsichtsmassregeln werden ergriffen, um jede absichtliche Steigerung der Nahrungsmittelpreise zu verhindern. Oft statuiert man Maximalpreise; das Gewicht des Brotes wird in einem bestimmten Verhältnis zum Kornpreis gehalten; eigene Kommunalbeamte, die zusehends vermehrt werden, sind mit der Marktpolizei betraut. Der Bürger ist gegen Spekulation und Hamster, aber auch gegen Betrug und Täuschung geschützt. Alle Lebensmittel werden sorgfältig kontrolliert, und man konfisziert oder zerstört, abgesehen von Strafen, die häufig bis zur Verbannung gehen, alles, was nicht von untadeliger Qualität ist oder, um den schönen Ausdruck der Texte zu gebrauchen, was nicht «loyal» ist.

Solche Bestimmungen, deren Aufzählung beliebig vermehrt werden könnte, sind inspiriert vom Geist der Kontrolle und vom Grundsatz des direkten Verkaufs zugunsten des Konsumenten [4]. Dieses Prinzip kommt so häufig und in so mannigfacher Form zum Ausdruck, dass man es schon, wenn auch nicht ohne Übertreibung, zum Hauptmerkmal der Stadtwirtschaft stempeln wollte. Sicher werden ähnliche Mittel reichlich angewendet, um die Maxime des «gemeinen Wohls» der Bürger zu verwirklichen. Diesem Ideal streben die städtischen Behörden zu, wobei sie dafür oft zu autoritären Mitteln ihre Zuflucht nehmen, unbarmherzig die persönliche Freiheit zurückbinden und auf dem Gebiete der Ernährung eine fast so despotische und inquisitorische Reglementierung handhaben wie — wir werden dies gleich sehen — beim kleinen Handwerk.

Die Versorgung der Städte und der Handel. Die Versorgung der Städte konnte sich nicht damit zufrieden geben, allein auf die Produktion der Umgebung angewiesen zu sein. Das Bild wäre unvollständig, wenn man nicht auch den Handel erwähnte. Die grossen Städte, und schon solche von 20 000 Einwohnern galten dafür, erhielten einen wesentlichen Teil ihrer Verpflegung auf diesem Wege. Daran dachte offenbar Guido von Dampierre, wenn er 1297 feststellte, dass Flandern sich nicht ernähren könne, wenn nichts von aussen käme [5]. Zahlreiche Lebensmittel mussten denn auch importiert werden, wie Gewürze, Meerfische im Binnenland, Wein im Norden. Hier ging es nicht ohne Händler, die sich en gros eindeckten, sei es an den Messen oder in den Produktionsländern selbst. In Zeiten der Teuerung und Hungersnot, wo die ländliche Umgebung versagen musste, vermochten sich die Städte nur mit ihrer Hilfe zu verproviantieren.

Für derartige Importe verloren die eben skizzierten Verordnungen ihre Geltung, weshalb es nicht erlaubt ist, die gesamte Stadtwirtschaft nach letzteren zu beurteilen. Diese Vorschriften, geschaffen zur geregelten Abwicklung des städtischen Marktes, waren für den Grosshandel unbrauchbar. Sie eigneten sich etwa dafür, einen Bäcker am Hamstern von Getreide zu verhindern, das er anlässlich einer Hausse teuer abzustossen gedachte, den Schwarzkäufern auf die Spur zu kommen, oder einem mit den Bauern konspirierenden Zwischenhändler das Handwerk zu legen; doch vor dem Grosshändler, der im Hafen mehrere mit Roggen, Weizen oder Wein geladene Schiffe löschen liess, stand man damit machtlos. Welchen Einfluss konnte man in einem solchen Fall damit auf die Preisgestaltung gewinnen, wie es anstellen, um eine für den Detailhandel geschaffene Verordnung auf den Engroshandel anzuwenden?

Die Makler. Die Gesetzgebung befand sich hier vor einem Wirtschaftsphänomen, dem sie nicht gewachsen war. Sobald die Wirkung des Kapitals in Erscheinung tritt, wird sie gegenstandslos, weil dieses ausserhalb ihres Bereiches liegt. Alles, was sie vermag, besteht darin, die Bürger an den Gewinnen der Importeure bis zu einem gewissen Grade zu beteiligen und jenen die geleisteten Dienste bezahlt zu machen. Als Fremder ist der auswärtige Kaufmann tatsächlich auf die Einheimischen angewiesen. Nur durch eine Vermittlung vermag er mit Leuten zu handeln, die er nicht kennt.

Anfänglich war ihm sein Gastgeber Führer und Gehilfe. An diese Gewohnheit knüpft die Institution des Maklertums an. Was einst durch die Umstände gegeben war, wird nunmehr durch das Gesetz vorgeschrieben. Der Händler wird daran gehalten, nur über einen offiziellen Makler mit den Bürgern zu verkehren. Venedig gab auch hier, wie in so manchem Fall, das Vorbild. Seit dem

12. Jh. finden wir dort unter der Byzanz entlehnten Bezeichnung *sensales* wirkliche Makler. Seit dem 13. Jh. erscheinen diese Agenten überall, als *makelaeren* in Flandern, als *Unterkäufer* in Deutschland, als *brokers* in England [6]. Gelegentlich heissen sie altertümlich *Gäste*. In allen Städten sind ihre Provisionen so beträchtlich, dass sie zu erheblichen Vermögen gelangen und bis zu den höchsten Schichten der Gesellschaft steigen.

AUSSCHLUSS VON NICHTBÜRGERN AUS DEM DETAILHANDEL. Gegen das Eindringen fremder Kapitalisten traf man eine weitere Massnahme: deren Ausschluss vom Detailhandel. Dieser bleibt unangreifbares Monopol der Bürger, ein Reservat, das sie gegen alle Angriffe verteidigen. So schreibt die städtische Gesetzgebung dem Grosshandel jene Vermittler vor, die sie dem Detailhandel verweigerte. Dieser offensichtliche Widerspruch liegt im Interesse der Bürgerschaft. Wenn nämlich daraus eine Preishausse für auswärtige Güter eintreten sollte, so konnte wenigstens der lokale Handel daran verdienen. Übrigens ist zu sagen, dass die Vorschrift, Makler zu verwenden, und das Verbot des Detailhandels sich nur auf die Fremden bezog. Die einheimischen Grosskaufleute waren davon ausgeschlossen.

II. Das städtische Gewerbe [7]

DIE KUNDEN DES STÄDTISCHEN GEWERBES. Die Richtlinien, wie wir sie eben für die städtische Ernährungspolitik darstellten, kehren in mehr Spielarten und mit grösserem Scharfsinn angewendet in der Organisation des Gewerbes wieder. Auch hier weichen die Verordnungen ab, je nachdem es sich um Gross- oder Kleinbetriebe handelt. Gleiches gilt nicht für die Handwerker, die für den städtischen Bedarf arbeiten, und für jene, die auf den Export hin produzieren. Von ersteren ist zunächst die Rede.

Ob gross oder klein, jede Stadt besass sie, und zwar entsprach Zahl und Spezialisierung der Betriebe der Bedeutung des Ortes, da keine Bürgerschaft auf die ihr unabkömmlich erscheinenden Gebrauchsartikel verzichten will. Wenn ein Luxusgewerbe nur in grossen Städten Absatz fand, so gibt es dagegen überall ein für den Tagesbedarf arbeitendes Handwerk: Bäcker, Metzger, Schneider, Schmiede, Schreiner, Hafner und Kesselschmiede etc. Wie der Grossgrundbesitz der mittelalterlichen Agrarepoche darnach trachtete, alle notwendigen landwirtschaftlichen Produkte zu erzeugen, so sucht die Stadt alle täglichen Bedürfnisse der eigenen Bevölkerung und der Nachbarschaft zu befriedigen. Sie versorgt ihre Nahrungsmittellieferanten mit Fabrikaten. Bauern, die Früchte und Getreide auf dem Markte absetzen, erstehen dort zugleich Erzeugnisse des Handwerks. Die Kundschaft der kleinen städtischen Werkstätten setzt sich demnach aus den Einwohnern der Stadt und den Landleuten der Nachbarschaft zusammen.

Eine Gesetzgebung ist notwendigerweise für das Gewerbe komplizierter als für den Vertrieb von Nahrungsmitteln. Für diese gilt der Bürger nur als Konsument; jene hat ihn ausserdem als Produzenten zu berücksichtigen. Man muss daher Verordnungen treffen, die den verkaufenden Handwerker und zudem den kaufenden Klienten schützen. In allen Ländern gelangte man, ungeachtet von Abweichungen im Detail, zu einer Lösung, die überall auf denselben Grundsätzen beruht: es sind dies die Handwerkerzünfte.

Sehr verschiedene Bezeichnungen gibt es dafür: *officium* oder *ministerium* auf Lateinisch, *métier* oder *jurande* auf Französisch, *arte* italienisch, *ambacht*, *neering* holländisch, *Amt*, *Innung*, *Zunft* oder *Handwerk* zu Deutsch, *craftguild* oder *mistery* englisch, aber die Institution ist ihrem Wesen nach überall dieselbe, weil sie überall von den gleichen Grundbedingungen aus geschaffen wurde. In ihr hat die Stadtwirtschaft den universalsten und charakteristischsten Ausdruck gefunden.

Ursprung der Zünfte. Der Ursprung der Zünfte war und ist heute noch viel umstritten. Entsprechend den Tendenzen der Wissenschaft im 19. Jh. hat man ihn auf die römischen *collegia* und *artes* zurückführen wollen, in denen sich die Handwerker einer Stadt vereinigten. Man nahm an, diese hätten die Germaneninvasionen überstanden, um mit dem Aufblühen des Handels im 12. Jh. neues Leben zu empfangen. Dafür liegen aber nördlich der Alpen keine Beweise vor, und was man vom Ersterben jeglichen städtischen Lebens im 9. Jh. weiss, dient dieser Hypothese keineswegs als Stütze. Einzig in den süditalienischen Gegenden, die bis ins spätere Mittelalter unter byzantinischer Herrschaft verblieben, erhielten sich bis zu einem gewissen Grade einige Reste der antiken *collegia*. Doch diese Tatsache ist zu vereinzelt und bedeutungslos, als dass man daraus eine so allgemeine Institution wie die Zünfte ableiten dürfte.

Der Versuch, sie aus dem Hofrecht zu erklären, glückte ebensowenig. Zwar findet man in den Verwaltungszentren der grossen karolingischen Grundherrschaften leibeigene Handwerker aller Art, die für den Herrn arbeiten unter der Aufsicht eigens dazu bestellter Vorsteher [8]. Vergeblich bemühte man sich um den Nachweis, dass diese handwerktreibenden Leibeigenen in der Zeit der Städtegründungen das Recht erhielten, für die Öffentlichkeit zu arbeiten, dass Freie sich zu ihnen gesellten und dass so aus ursprünglich unfreien Vereinigungen langsam die Handwerkerzünfte hervorgingen.

Neuerdings sucht man mit mehr Recht die Lösung des Problems in freien Vereinigungen. Man sieht, wie schon Ende des 11. Jhs. die werktätige Bevölkerung sich in Brüderschaften zusammenschart *(fraternitates, caritates)*, die nach Handwerken gegliedert sind. Sie wurden nach dem Vorbild der Kaufmannsgilden und der um Kathedralkirchen und in Klöstern gebildeten Gemeinschaften der Geistlichen geschaffen. Die ersten Handwerkerinnungen zeichnen sich tatsächlich durch ihren frommen und charitativen Charakter aus. Aber gleichzeitig entsprechen sie auch einem wirtschaftlichen Schutzbedürfnis. Die Notwendigkeit, sich zusammenzuschliessen, um der Konkurrenz von Neuankömmlingen zu begegnen, drängte sich zu sehr auf, und tatsächlich wirkte sie schon von Anfang an entscheidend auf das Gewerbewesen ein.

So wichtig auch der Gemeinschaftsgedanke war, er allein hätte für eine Zunftverfassung nicht genügt. Die öffentliche Gewalt nimmt daran ebenso grossen Anteil. Der Verordnungstrieb, der die gesamte Wirtschaftsgesetzgebung des Römischen Reiches durchsäuerte, war mit dessen Sturz nicht verschwunden. Man vermag ihn sehr genau darüber hinaus zu verfolgen, denn selbst während der Agrarepoche des Mittelalters wachten noch Könige und Feudalgewalten dauernd über Mass und Gewicht, Münze, Zoll und Märkten. Mit dem Einströmen von Handwerkern in die neu gegründeten Städte bemühten sich Stadtherren und Bürgermeister darum, sie unter ihre Gewalt zu bringen. Bekannt ist, wie sie seit der ersten Hälfte des 11. Jhs. gewisse Polizeirechte über den Nahrungsmittelmarkt und die Ausübung der verschiedenen Berufe erlangen. In den Bischofsstädten drängen die Stadtherren überdies noch darauf, dem rechtgläubigen Moralgesetz, das dem Verkäufer das *iustum pretium* vorschreibt, Nachachtung zu verschaffen; dessen Verletzung gilt als strafwürdige Sünde.

Es ist von entscheidender Bedeutung, dass diese erste gewerbliche Gesetzgebung in steigendem Mass von der kommunalen Gewalt gehandhabt wurde, und zwar zu einer Zeit, da eine städtische Verfassung erst im Entstehen begriffen war. In Flandern diktieren die Schöffen seit der zweiten Hälfte des 12. Jahrhunderts ihre Verordnungen nicht nur in Nahrungsmittelangelegenheiten, sondern im gesamten übrigen Warenhandel *(in pane et vino et caeteris mercibus)*, folglich auch in bezug auf die gewerbliche Produktion.

Nun sind Verfügungen über Waren ausgeschlossen, die nicht auch die Produzenten treffen. Um eine gute Qualität zu garantieren, blieb nichts anderes übrig, als letztere auch zu kontrollieren. Nichts war zu diesem Behuf günstiger, als das Gewerbe in Fachverbänden zu vereinigen, die der Überwachung durch städtische Verwaltungsorgane unterstanden. Dem eigenen Drang der Handwerker zur Korporation leistete so das Interesse der Marktpolizei Vorschub. Die Organisation des Handwerks in Berufsgruppen, welche die öffentliche Gewalt anerkannte und sogar veranlasste, wurde schon Mitte des 12. Jhs. in vielen Städten vollzogen. Wenn man sie an minder wichtigen Orten, wie Pontoise (1162), Hagenau (1164), Hochfelden und Swindratzheim (vor 1164), antrifft[9], so muss sie anderswo an bedeutenderen Zentren sicher früher bestanden haben. Darüber hinaus verfügen wir über verschiedene Dokumente, die das hohe Alter der Zünfte beweisen: 1099 sind es die Weber in Mainz, 1106 die Fischer in Worms, 1128 die Schuhmacher in Würzburg, 1149 die Steppdeckenmacher in Köln, die sich alle in offiziellen Vereinen zusammenschliessen. In Rouen bildeten die Gerber schon zu Beginn des 12. Jhs. eine eigene Gilde, der sämtliche Berufsgenossen angehören mussten. In England stossen wir auf die Institution der *craftguilds* unter der Herrschaft Heinrichs I. (1100–1135), in Oxford, Huntington, Winchester, London, Lincoln und bald in allen andern Städten.

Gewerbemonopol der Zünfte. Die städtischen Behörden machten sich demnach seit dem 11. Jh. daran, das Gewerbe auf ebenso viele Korporationen zu verteilen, als Handwerksarten zu überwachen waren. Jede einzelne Zunft erhielt das Recht zugebilligt, nur ihren Mitgliedern den Zutritt zum Beruf zu erlauben. Es sind privilegierte Gesellschaften, die mit der Gewerbefreiheit nicht das Geringste zu tun haben. Sie sind exklusiv und protektionistisch. Das Monopol, das sie besitzen, wird in England mit dem Wort *guild*, in Deutschland mit Zunftzwang oder Innung bezeichnet.

Zweifellos hatte die obligatorische Einteilung der Handwerker vor allen Dingen deren eigenes Interesse im Auge. Zum Schutze des Konsumenten vor Betrug und Fälschung hätten gewisse Betriebsvorschriften und die Kontrolle des Verkaufs genügt. Das Gewerbemonopol der Zünfte war für den Käufer eher eine Gefahr, da er dadurch ihrer Willkür ausgeliefert war. Die Produzenten dagegen genossen den geschätzten Vorteil, von jeder Konkurrenz geschützt zu sein, und man muss daher dessen Einrichtung als eine von diesen der Obrigkeit abgerungene Konzession betrachten.

Jene freiwilligen Handwerkervereinigungen des 11. Jhs. besassen in der Tat zunächst keinen Titel, der ihnen erlaubt hätte, andern die Ausübung des Berufs zu verbieten. Gegen Nichtmitglieder bestand nur die Möglichkeit des Boykotts, mithin die brutale Gewalt, eine höchst zweifelhafte und ungenügende Waffe. Sie reklamierten zwar schon frühzeitig die Befugnis für sich, alle Handwerker in ihre Reihen zu zwingen oder deren Werkstätten zu schliessen. Die öffentliche Gewalt willfahrte anstandslos ihrem Wunsche. Ruhe und Ordnung waren leichter gewährleistet, und die polizeiliche Überwachung wurde dadurch vereinfacht. Öfters sahen sich die Zünfte zu Abgaben verpflichtet, als Gegenleistung für das wertvolle Zugeständnis. In England entrichten die *craftguilds* dafür der Krone eine jährliche Taxe. Und ähnliche Motive erklären weitere Auflagen solchen Charakters in den Städten Frankreichs, Deutschlands und der Niederlande.

Zwei Faktoren machen demnach eine Zunft aus: rechtmässige Gewalt und freiwillige Vereinigung. Erstere interveniert zugunsten der Öffentlichkeit, d. h. der Konsumenten; die zweite entspringt dem freien Willen der Handwerker, d. h. der Produzenten. Ursprünglich walten hier also divergierende Absichten vor. Sie finden sich aber zusammen, sobald die Behörden den Innungen den offiziellen Charakter obligatorischer Genossenschaften zubilligen [10]. Die Definition der mittelalterlichen Zunft lässt sich also in folgende Worte zusammenfassen: eine gewerbliche Körperschaft mit dem Privileg, ausschliesslich ein bestimmtes Handwerk zu betreiben unter Beachtung der von der Obrigkeit festgesetzten Regeln.

Es ist falsch, das Selbstverwaltungsrecht als zu ihrem Wesen gehörend zu betrachten. In vielen Städten vermochten sie die öffentliche Bevormundung nie abzuschütteln und blieben einfache Gesellschaften unter obrigkeitlicher Kontrolle [11]. In diesem Sinne passt das deutsche Wort Amt, als Ausdruck einer simplen Verrichtung, ausgezeichnet zu ihrem Charakter. In einem so wichtigen Zentrum wie Nürnberg z. B. verblieben sie stets in enger Abhängigkeit zum Rat, der ihnen das Recht freier Zusammenkünfte ohne seine Einwilligung absprechen konnte und bisweilen so weit ging, Einsicht in ihre Korrespondenz mit auswärtigen Handwerkern zu verlangen.

Bestrebungen des Handwerks nach Selbstverwaltung. Die korporative Tendenz erweist sich dagegen in den Städten Westeuropas als sehr stark. In den Niederlanden, in Nordfrankreich, am Rhein und in Italien, d. h. in den Schwerpunkten städtischen Lebens, ist das Streben der Zünfte nach Autonomie unverkennbar, und oft geraten sie darüber mit ihren Stadtherren, gelegentlich auch unter sich selbst, in Streit. Seit der ersten Hälfte des 13. Jhs. beanspruchen sie das Recht der Selbstverwaltung, versammeln sich, um über ihre Angelegenheiten zu diskutieren, wollen ein eigenes Siegel führen, fordern das Glockenrecht und verlangen neben den reichen Kaufleuten Beteiligung an der von diesen usurpierten Regierung. Ihre Politik ist so gefürchtet, dass in Rouen 1189 die Brüderschaften verboten werden; ebenso verhält es sich, um nur einige wenige Beispiele zu erwähnen, in Dinant 1255, in den meisten flämischen Städten, in Tournai 1280, in Brüssel 1290 etc. Im übrigen bleibt ihr Wille trotz dieses Widerstandes ungebrochen. Im Verlauf des 14. Jhs. gelingt es ihnen sogar vielerorts, doch nicht überall, Vorsitzer und Zunftmeister selbst ernennen zu dürfen, als politische Verbände anerkannt und an den Regierungsgeschäften beteiligt zu werden.

Schutz des Produzenten. Die Zünfte wichen zwar je nach Ländern und Städten im Grad ihrer Autonomie und ihres politischen Einflusses voneinander ab, ihre Organisation aber war in ganz Europa dieselbe. In ihren uniformen Grundzügen tritt uns der städtische Protektionismus des Mittelalters in reinster Form entgegen. Dieser will nicht nur den einzelnen Handwerker vor fremder Konkurrenz, sondern auch vor den eigenen Kollegen behüten. Er reserviert ihm allein den Markt der Stadt, in den fremde Fabrikate keinen Eingang finden, gleichzeitig aber verhindert er die Bereicherung des einzelnen auf Kosten anderer. Daher die Verordnungen auch mit zunehmender Sorgfalt darauf ausgehen, allen die gleichen Fabrikationsmethoden vorzuschreiben, Arbeitsstunden, Preise und Löhne festzulegen, jede Art von Reklame zu verbieten, die Zahl von Werkzeugen und Arbeitern der einzelnen Werkstätte genau zu bestimmen, Aufseher zu ernennen, die eine denkbar genaue und inquisitorische Überwachung vornehmen, kurz, man will jedem Sicherheit und die denkbar vollkommenste Gleichheit garantieren. So erreicht man, indem alle einer strengen Regel unterworfen sind, die wirtschaftliche Unabhängigkeit des einzelnen. Die Privilegien und das Monopol des Handwerks verhindern andrerseits jegliche Initiative. Niemand, der sich etwa gestatten dürfte, durch bessere, schnellere oder billigere Produktion andere ins Hintertreffen zu setzen. Technischer Fortschritt gilt als unlauterer Wettbewerb. Das Ideal ist Stabilität des Handwerks durch gleichförmige, ihm auferlegte Arbeitsbedingungen.

Schutz des Konsumenten. Die dem Handwerker aufgezwungene Ordnung bezweckt natürlich eine untadelige Qualität der Fabrikate. In diesem Sinne arbeitet sie für den Konsumenten. Die wirtschaftlichen Verordnungen der Städte schliessen Fälschungen aus oder erschweren sie durch strenge Ahndung sowohl im Handwerk als bei den Nahrungsmitteln. Die Schwere der Züchtigung wegen Betrügereien oder blossen Nachlässigkeiten ist fast befremdend. Der Handwerker ist nicht nur der ständigen Kontrolle durch städtische Beamte ausgesetzt, die das Recht besitzen, Tag und Nacht seine Werkstatt zu betreten, er ist darüber hinaus angehalten, am Fenster unter aller Augen zu arbeiten.

DIE RANGSTUFEN IM HANDWERK. Die Mitglieder jeder Zunft sind in einzelne einander untergeordnete Kategorien eingeteilt: die Meister, die Lehrlinge und die Gesellen *(Knechte, servingmen)*. Oberste Klasse sind die Meister, von denen alle übrigen abhängig sind. Sie sind die Werkstattchefs, die Eigentümer des Rohmaterials und der Werkzeuge. Das Fabrikat gehört ihnen, und die aus dessen Verkauf gelösten Gewinne verbleiben in ihrer Hand. Die Lehrlinge werden unter ihrer Leitung ins Handwerk eingeführt, zu welchem niemand ohne Eignungsprüfung zugelassen wird. Die Gesellen schliesslich sind bezahlte Arbeiter mit abgeschlossener Lehrzeit, die den Meisterstand noch nicht erwerben konnten. Die Zahl der Meister ist beschränkt, der Nachfrage des lokalen Marktes angepasst, und der Meistertitel ist an gewisse Bedingungen geknüpft (Bezahlung einer Gebühr, eheliche Geburt, Zugehörigkeit zur Burgerschaft), die dessen Erlangung erschweren. Die Kundschaft besteht aus Bewohnern der Stadt und deren Umgebung. Jede Werkstatt ist zugleich Verkaufsladen, wo der Käufer direkt mit dem Produzenten verhandelt. Auch hier ist der Zwischenhandel, ähnlich wie beim Detailgeschäft in Nahrungsmitteln, auf das Allernotwendigste beschränkt.

Der Meister ist ein kleiner, aber ausgesprochen selbständiger Unternehmer. Das Kapital besteht in seinem Haus und in der für die Ausübung des Berufs notwendigen Einrichtung. Sein Personal, an eine strikte Ordnung gebunden, sind ein oder zwei Lehrlinge und ebenso viele, selten mehr Gesellen. Wenn zufälligerweise ein Meister durch Heirat oder Erbschaft zu einem etwas grösseren Vermögen gelangt, so kann er gleichwohl seinen Umsatz unmöglich zum Nachteil der Berufskollegen steigern, weil die Gewerbeverordnungen der Konkurrenz keinen Platz belassen. Doch war überdurchschnittliche Wohlhabenheit bei Kleinbürgern eine Ausnahme. Die Wirtschaftsordnung sorgte für gleiche Lebenshaltung und bescheidene Einnahmen aller. Sie gewährleistete ein standesgemässes Auskommen, verhinderte aber ein Emporkommen. Alles in allem darf sie als «unkapitalistisch» bezeichnet werden.

DIE ZÜNFTE UND DER EXPORT. Das Bild des städtischen Gewerbes zeigt aber auch andere Seiten. In vielen Städten, vorab in den wirtschaftlich am meisten fortgeschrittenen, gibt es neben dem für den Lokalmarkt arbeitenden Unternehmertum ein von diesem gänzlich verschiedenes Exporthandwerk. Letzteres beliefert nur den Weltmarkt, nicht aber die kleine Kundschaft der Stadt und ihrer Bannmeile. Grosskaufleute versorgen es mit Rohmaterialien, die es in Form von Fertigwaren ihnen selbst, als seiner Kundschaft, zurückerstattet. Den Auftraggebern gegenüber erscheint der einzelne als einfacher Angestellter. Das ist die Lage der Seidenarbeiter von Lucca [12], der Kupferschmiede von Dinant, und so stellen sich in Gent, Ypern, Douai, Brüssel, Löwen, Florenz, d. h. in allen Zentren der Tuchindustrie, der eigentlichen Grossindustrie des Mittelalters, die Weber, Walker und Färber. Auch diese Arbeiter sind wie die Handwerker in Zünften organisiert. Aber wenn die Form bei den einen und andern dieselbe ist, so darf man sich wiederum nicht über den Unterschied der sozialen Lage ihrer Mitglieder täuschen. Bei den Berufen des lokalen Wirtschaftslebens, Bäckern, Schmieden, Schuhmachern etc., gehören Werkzeuge, Werkstatt und Rohmaterial dem Bearbeiter, wie das Produkt selber, das er persönlich seiner Kundschaft verkauft. Im Grossgewerbe dagegen gehen Kapital und Arbeit eigene Wege. Der Arbeiter ist vom Markte ausgeschlossen und kennt nur den Unternehmer, der ihn bezahlt und der die Früchte seines Fleisses über viele Hände weiterleitet, bis sie schliesslich vielleicht gar in der Levante oder in den Messen von Nowgorod an den Mann gelangen. Der direkte Tauschverkehr, in dem man häufig gerne den eigentlichen Charakter der Stadtwirtschaft erkennen will, fällt hier völlig ausser Betracht.

Die Exporthandwerker unterscheiden sich vom städtisch-lokalen Gewerbe durch ihre numerische Überlegenheit. Der ausgreifende internationale Handel vermehrt die Beschäftigung. Mitte des 14. Jhs. lebten in Gent mehr als 4000 Weber und weit über 1200 Walker, eine gewaltige Zahl, wenn man bedenkt, dass die Stadt nicht mehr als 50 000 Einwohner zählte. Das Gleichgewicht zwischen den einzelnen Berufsklassen, das die normale mittelalterliche Stadt auszeichnet, wurde hier zugunsten einer einzigen gestört, und man steht vor einer ähnlichen Situation, wie sie in den Industriezentren unserer Tage angetroffen wird. Folgende Tatsache mag dies belegen. In Ypern beschäftigt im Jahre 1431, als die dortige Tuchfabrikation in voller Auflösung begriffen war, dieses Gewerbe immer noch 51,6 Prozent der gesamten werktätigen Bevölkerung, während es in Frankfurt a. M., einer Stadt mit rein lokalem Handwerk, nur auf 16 Prozent gelangt.

Soziale Lage beim Exporthandwerk. Ein Grossteil von Arbeitern der wichtigsten Gewerbestädte war stets Krisen und Arbeitslosigkeit ausgesetzt. Mochte ein Krieg oder ein Importverbot die Einfuhr des Rohmaterials verhindern, so wurde sofort der Betrieb der Webstühle eingestellt, und Scharen von Arbeitslosen lungerten in den Strassen herum oder ergossen sich bettelnd in die Landschaft. Mit Ausnahme solcher unfreiwilliger Armutsperioden war die Lage der Meister, Besitzer oder Mieter von Werkstätten zufriedenstellend; anders stand es aber um deren Angestellte, wovon der grösste Teil irgendwo in einem Gässchen ein wöchentlich bezahltes Zimmer bewohnte und nichts sein eigen nannte als gerade seine Kleider. Sie zogen beschäftigungsuchend von Stadt zu Stadt. Am Montagmorgen traf man sie auf den Plätzen, rund um die Kirchen, angstvoll darauf wartend, dass ein Meister sie vielleicht auf acht Tage aufnehme. Die Arbeit begann mit der Morgenröte, um mit dem Anbruch der Nacht zu endigen. Samstag abends war Zahltag, und wenn auch die städtischen Verordnungen dafür Silbergeld vorschrieben: es waren gar manche Kniffe, diese zu umgehen, an der Tagesordnung. So bildete sich aus solchen Arbeitern eine Klasse für sich, geschieden von den übrigen Handwerkern, nicht ungleich dem modernen Industrieproletariat. Man erkannte sie an ihren blauen Nägeln, an ihrer eigenartigen Kleidung und an ihren rohen Sitten. Kein Meister, der etwa zögerte, sie hart zu behandeln, im Bewusstsein, dass ein durch Entlassung leergewordener Platz bald wieder besetzt war. Es ist daher nicht erstaunlich, wenn seit Mitte des 13. Jhs. Streiks organisiert werden, wovon der erste bekannte in Douai 1245 unter dem Namen *takehan* ausbrach [13]. 1274 verliessen Weber und Walker von Gent die Stadt in Massen und zogen nach Brabant, wo aber die Schöffen, frühzeitig von der Sezession des Proletariats informiert, ihnen die Aufnahme verweigerten [14]. In den Niederlanden bilden sich städtische Ligen seit 1242, welche die Ausweisung flüchtiger Arbeiter oder solcher, die der Verschwörung verdächtig oder überführt sind, verlangen. Auf jedem Aufstandsversuch liegt Verbannung oder Todesstrafe.

Die Fabrikanten. In einem Punkt besteht zwischen jenen Exporthandwerkern und den Arbeitern unserer Tage ein Unterschied. Anstatt in einer grossen Fabrik vereint zu sein, verteilten sie sich auf eine Mehrzahl kleiner Werkstätten. Der Weber oder Walker, Besitzer oder häufiger Mieter der Werkzeuge, die er brauchte, war meistens Heimarbeiter auf Rechnung eines Handelsherrn. Die von der Stadtverwaltung ausgeübte Kontrolle des Handwerks bot diesem solange nur zweifelhafte Hilfe, als die Macht beim Patriziate lag, da die städtische Regierung meist aus Kapitalisten bestand. Es genügt, den Nachlass des reichen Tuchfabrikanten Jehan Boine Broke [15] aus Douai (gest. zwischen 1285 und 1286) zu durchgehen, um festzustellen, bis zu welchem Grade die Arbeiter zu Beginn des 14. Jhs. ausgebeutet wurden. Die Brotherren bedrückten die Meister, die ihrerseits alles aus Lehrlingen und Gesellen herauszuholen trachteten. Die Vormacht des Kapitals, von dem die Stadtwirtschaft wenigstens das Kleinhandwerk befreit hatte, lag schwer auf jenen, die für den von ihm beherrschten Engroshandel rackerten.

SIEBENTES KAPITEL

WANDLUNGEN DER WIRTSCHAFT IM 14. UND 15. JAHRHUNDERT

I. Die sozialen Umwälzungen [1]

WIRTSCHAFTSTYPEN IM 14. UND 15. JH. Man kann den Beginn des 14. Jhs. als Abschluss der mittelalterlichen Wirtschaftsexpansion betrachten. Bis dahin nehmen wir auf allen Gebieten gleichmässige Fortschritte wahr. Befreiung der ländlichen Bevölkerung, Rodung, Trockenlegen, Besiedlung, deutsche Kolonisation jenseits der Elbe, all dies geht gleichzeitig vor sich. Der Aufschwung des Gewerbes und des Handels hat Form und Wesen der Gesellschaft tiefgehend verändert. Das Mittelmeer und das Schwarze Meer, auf der andern Seite Nord- und Ostsee werden zu Trägern eines bedeutenden Verkehrs. Häfen und Handelsplätze entstehen in wachsender Zahl an Küsten und auf Inseln, indes der europäische Kontinent von Städten übersät wird, von welchen die Energien einer jungen Bürgerschaft kräftig ausstrahlen. Unter dem Einfluss dieses neuen Lebens vervollkommt sich der Geldumlauf, im Kreditwesen entwickeln sich neue, verschiedenartige Methoden, und dessen Ausweitung führt schliesslich zum Kapitalismus. Die Bevölkerungsvermehrung ist ein unbestreitbares Zeichen der wirtschaftlichen Kraft und Prosperität [2].

STABILISIERUNG DER WIRTSCHAFTSENTWICKLUNG. Diese Entwicklung steht zu Beginn des 14. Jhs. still, ohne dass ein eigentlicher Verfall eintritt. Nur geht es weder vorwärts noch rückwärts. Europa lebt von der eroberten Position; die Front der Wirtschaft ist stabilisiert. Länder, die bis dahin ausserhalb der allgemeinen Rührigkeit standen, wie Polen und vor allem Böhmen, nehmen zwar erst jetzt aktiv daran teil, aber ihr spätes Erwachen war in der abendländischen Welt nicht merklich spürbar. Was diese betrifft, so tritt der Okzident deutlich in eine Periode, da man mehr zu erhalten als neu zu schaffen gewillt ist, und wo eine verbreitete soziale Unzufriedenheit den Wunsch und zugleich die Unfähigkeit bezeugt, einen Zustand zu bessern, der den Menschen nicht mehr ganz zusagt. Der erste Beweis für den Abbruch der wirtschaftlichen Expansion liegt darin, dass der Aussenhandel keine weitere Ausdehnung mehr anstrebt. Er sollte vor den Entdeckungen Mitte des 15. Jhs. jene äussersten Grenzen nicht überschreiten, die im Süden durch die italienische Schiffahrt, im Norden durch die Hanse vorgezeichnet waren, d. h. auf der einen Seite die Häfen des Ägäischen und des Schwarzen Meeres, auf der andern die russischen Messen von Nowgorod. Innerhalb dieses Bezirkes bleibt allerdings der Verkehr intensiv, in gewissen Fällen nimmt er weiterhin zu. Seit 1314 z. B. erreichen die Genueser und Venetianer Brügge und London auf dem direkten Seeweg über die Meerenge von Gibraltar, und 1370 schien der Sieg der Hanse über Waldemar von Dänemark deren Herrschaft in der Ostsee endgültig besiegelt zu haben. Trotzdem blieb es dabei, dass man von der Vergangenheit lebte und nicht mehr weiter trachtete. Innerhalb des Kontinents dasselbe Beispiel! Die deutsche Kolonisation erlahmt an den Grenzen Litauens und Lettlands. Kein Fortschritt mehr, weder in Böhmen noch in Polen und Ungarn! In Flandern und Brabant behält die Tuchindustrie den hergebrachten Stand bis in die Mitte des Jahrhunderts, um dann endgültig zurückzufallen. In Italien sind die grossen Banken, die lange Zeit das Geldgeschäft beherrschten, von katastrophalen Zusammenbrüchen überschattet: 1327 die Scali, 1341 die Bonnaccorci, die Usani, die Corsini und viele andere und 1343 die Bardi, die Peruzzi, die Acciajuoli. Der Niedergang der Champagnemessen datiert aus dem Anfang des Jahrhunderts [3]. Es ist dies auch der Moment, da die Bevölkerungskurve nicht mehr ansteigt, deren Stillstand das beste Symptom einer gesättigten Gesellschaft und einer am Scheitel angelangten Entwicklung ist [4].

HUNGERSNOT VON 1315 UND SCHWARZER TOD. Wenn das 14. Jh. keinen weiteren Fortschritt bringt, so sind nicht zuletzt häufige Katastrophen daran schuld. Die schreckliche Hungersnot, die Europa von 1315–1317 zur Verzweiflung brachte, wirkte, wie es scheint, weit mehr verheerend als alle vorangegangenen. Die für Ypern erhaltenen Zahlen gestatten uns, das Unglück zu ermessen. Von Mai bis Mitte Oktober 1316 liessen die städtischen Behörden 2794 Leichname begraben, eine gewaltige Zahl bei ungefähr 20 000 Einwohnern. 30 Jahre später wurde die kaum genesene Welt von einem neuen, noch fürchterlicheren Schlage getroffen, dem Schwarzen Tod. Von allen aus der Geschichte bekannten Seuchen war dies zweifellos die grausamste. Man schätzt, dass sie von 1347–1350 einen Drittel der europäischen Bevölkerung dahinraffte, und die Wirkungen der darauf folgenden Teuerung sind heute kaum mehr zu ermessen [5].

Zu diesen Naturkatastrophen fügt die Politik weitere Übel hinzu. Während der ganzen Epoche ist Italien von Bürgerkriegen zerfetzt, Deutschland das Opfer einer dauernden politischen Anarchie. Der Hundertjährige Krieg ganz besonders verwüstet Frankreich und erschöpft die Kräfte Englands. All das belastete das Wirtschaftsleben aufs schwerste. Die Zahl der Konsumenten reduzierte sich, und der Markt verlor einen Teil seiner Aufnahmefähigkeit.

Solche Schläge verschärften sicherlich die sozialen Spannungen, durch die das 14. Jh. sich so deutlich vom 13. Jh. abhebt; deren erste Ursache aber ist in der Wirtschaftsverfassung selbst zu suchen. Man ist auf einem Punkte angelangt, wo diese nicht mehr richtig spielt und in Stadt und Land allgemein darob Unbehagen herrscht.

Die vorangehende allgemeine Bauernbefreiung hatte nicht vermocht, die tief eingegrabenen letzten Züge der Leibeigenschaft gänzlich zu verwischen. In vielen Ländern lasten Frondienste weiterhin auf den Bauern und werden seit dem Verschwinden der reinen Grundherrschaft sogar mehr empfunden; denn der Herr hat aufgehört, sich als Beschützer von Land und Leuten zu betrachten. Seinen Lehnmännern gegenüber steht er nicht mehr in der Stellung eines Erbherrn da, dessen Autorität durch den patriarchalischen Charakter erträglich ist; er ist nur noch Rentner, der Abgaben entgegennimmt [6]. Die einst brachliegenden Ländereien der Herrschaften sind jetzt besetzt, keine neuen Dörfer werden mehr darauf gegründet; kein Grund ist mehr da, den Leibeigenen eine Freiheit zu gewähren, die, anstatt dem Herrn neue Einnahmequellen zu eröffnen, ihn der Erträgnisse beraubt hätte, die er immerfort von seinen Hintersassen beanspruchte. Zwar geschah es bisweilen, dass eine Herrschaft aus Geldmangel Freiheitsbriefe für billiges Geld abgab oder gar ein ganzes Dorf gegen Abtretung eines Teiles der Allmende befreite. Mit der Beendigung der Rodungen sah der Bauer keine Möglichkeit mehr, sich durch Auswanderung in unberührte Länder zu verbessern. Wo sie sich erhalten hatte, war die Leibeigenschaft um so verhasster, weil ihr als Ausnahmefall ein besonderer Makel anhaftete. Die freien Bauern ihrerseits ertrugen nur unwillig die Gerichtshoheit der Grundherrschaft, zu der ihr eigenes Gut gehörte; denn dadurch verblieben sie immer noch in wirtschaftlicher Abhängigkeit von jenem Herrn, dessen Leibeigene sie einst gewesen waren. Seit das Mönchtum im Verlaufe des 13. Jhs. den Eifer früherer Zeiten und damit auch sein Prestige eingebüsst hatte, wurde der Zehnte nur noch widerwillig entrichtet. Durch die grossen Gutshöfe, die sich aus dem Salland gebildet hatten, erwuchs den Dorfleuten manche Bedrückung; man verlangte für deren Herden den grössten Teil der Allmende, rundete deren Gebiet zu ihrem Nachteil ab. Vögte und Verwalter wandten schliesslich rücksichtslose Methoden an und veranlassten viele Bauern, als gewöhnliche Landarbeiter in den Dienst der Herrschaft zu treten. Zu all diesen Gründen einer Unzufriedenheit traten die durch häufige Kriege verursachten Schäden. Der Hundertjährige Krieg, dessen unzählige Söldner nach der Entlassung im Lande verblieben, verwandelte weite Strecken Frankreichs in Wüsteneien, «wo man weder Hähne krähen noch Hühner gackern hörte [7]».

Diese Verheerungen sind ein für Frankreich typisches Phänomen. Es wäre zweifellos unrichtig, anzunehmen, dass die Stellung der Bauern sich in ganz Europa während des 14. Jhs. gleicherweise verschlimmert hätte. Ihre Unzufriedenheit, der sie so häufig Ausdruck gaben, erklärt sich nicht überall aus denselben Motiven. Sie rührte ebensogut aus grosser Armut wie auch aus dem Willen, missliebige Zustände umzustossen, namentlich weil man dazu die Kraft verspürte. So stellt die Jacquerie der Ile de France von 1357 das Aufflackern des Hasses einer zur Verzweiflung getriebenen Bevölkerung dar, welche den Adel für ihr Unglück verantwortlich machte; gänzlich anderer Natur waren dagegen die Aufstände in Westflandern von 1323 und 1328 sowie die englische Insurrektion von 1381.

Der Aufstand an der Küste Flanderns. Die Dauer des flandrischen Aufstandes beweist, dass es sich hierbei nicht um das Werk eines armseligen und schwachen Proletariats handelt. Wir haben es vielmehr mit einer eigentlichen, gegen den Adel gerichteten Revolution zu tun, mit der Absicht, diesem die gerichtliche und finanzielle Hoheit zu entreissen. Die Härte, mit der die Steuern erhoben wurden, um die schweren Bussen zu zahlen, zu denen Flandern von den französischen Königen verurteilt worden war — auf den mit der Schlacht von Courtrai eröffneten und verlorenen Krieg —, hatte überall Meutereien zur Folge, die bald zur offenen Revolte gegen die bestehende Ordnung ausarteten. Es geht nicht mehr darum, Missbräuchen der Staatsgewalt entgegenzutreten. Der Unabhängigkeitswille kräftiger Bauern kommt darin zum Ausdruck, Nachkommen jener «Gäste», die das Land einst im 12. und 13. Jh. entsumpft hatten; sie lassen sich alle in einen Streit ein, in dem sie sämtliche Reichen, die Kirche miteingeschlossen, als geschworene Feinde betrachten. Es genügte, dass man von einem Grundzins lebte, um schon verdächtig zu werden [8].

Die Bauern verweigern die Zahlung des Zehnten und verlangen die Verteilung der Kornvorräte der Klöster unter das Volk. Die Priester sind vom Hasse der aufgestachelten Massen nicht verschont. Einer der Führer des Aufstandes sähe am liebsten, wie er selbst sagt, alle am Galgen baumeln. In raffinierter Grausamkeit zwang man die Adligen und die Reichen, ihre eigenen Verwandten vor den Augen der Menge zu töten. Nicht in der Jacquerie noch im englischen Aufstand von 1381 sah man ähnliche Grausamkeiten wieder wie damals in Westflandern. «Die Pest des Aufstandes war derart», sagt ein Zeitgenosse, «dass die Menschen alle Lebensfreude verloren.» Der König von Frankreich selbst musste einschreiten, um den Rebellen das Handwerk zu legen, welche als «jeder Vernunft beraubte Wilde» die gesamte Ordnung umzuwälzen trachteten. Die Bauern setzten sich keck zur Wehr und lieferten ihm voller Selbstvertrauen eine Schlacht, bei Cassel (Dép. Nord, Frankreich) am 23. August 1328. Diese war kurz und blutig. Die Ritter massakrierten ohne Erbarmen das Gesindel, das sich erkühnt hatte, ihnen die Stirne zu bieten und das nunmehr als vogelfrei galt. Der König dagegen lieh sein Ohr nicht den Wünschen der Barone, die ganz Flandern den Flammen preisgeben und die gesamte Bevölkerung, samt Frauen und Kindern, vertilgen wollten; er begnügte sich mit der Konfiskation der Güter jener Aufständischen, die gegen ihn gestritten hatten. Die zeitweise siegreiche Revolution war nun zusammengebrochen. Ihre radikalen Tendenzen sind hingegen nur Ausdruck einer vorübergehenden Verzweiflung, angefacht durch eine auf ganz besondere Umstände zurückgehende Unzufriedenheit. Um die Hartnäckigkeit und die lange Dauer der Revolte zu verstehen, muss man ferner in Rechnung stellen, dass sie von den proletarisierten Handwerkern aus Ypern und Brügge unterstützt und geschürt wurde, die mit der Landbevölkerung gemeinsame Sache machten und diese zeitweilig mit der revolutionären Gesinnung der Stadt ansteckten.

DER ENGLISCHE AUFSTAND VON 1381. Der englische Aufstand von 1381 ging, wie jener Westflanderns, auch von der Stadt und vom Lande aus. Berührungspunkte ergaben sich ferner daraus, dass auch dieser der heftige und vorübergehende Ausdruck der häufigen zwischen Arbeitgebern und Arbeitnehmern auftretenden Spannungen ist. Ausgelöst wurde er ebenfalls durch die Armut der ländlichen Bevölkerung. Mit der Jacquerie hatte er dagegen nichts gemeinsam. Die Lage des englischen Bauern hatte sich im 13. Jh. zusehends gebessert, dank der überhandnehmenden Ablösung der Frondienste durch Geldabgaben. In den verschiedenen Landsitzen blieben jedoch geringe Überreste der Leibeigenschaft, gegen die man sich um so mehr sträubte, als auf den Schwarzen Tod eine Lohnhausse folgte, welche die ökonomische Situation der Landbevölkerung weiterhin hob. Es liegt kein Grund zur Annahme vor, dass der Aufstand durch den Versuch der Landlords ausgelöst worden sei, die Grundzinse und die Frondienste zu erhöhen. Es ging vielmehr darum, zugunsten des Volkes die letzten Überreste grundherrschaftlicher Lasten abzuschütteln. Die Mystik der sog. *lollards* trug das ihre dazu bei, die Wut gegen die Gentlemen-Unterdrücker zu steigern, die es zu «Zeiten, da Eva spann und Adam ackerte», noch nicht gegeben hatte. Wie 50 Jahre früher in Flandern machen sich auch hier kommunistische Hoffnungen bemerkbar und geben der Krise den Anschein einer gegen die bestehende Gesellschaftsordnung gerichteten Bewegung. Der Schrecken, den sie verbreitete, dauerte nur kurze Zeit. Das Missverhältnis zwischen den konservativen Kräften und den Bauern war zu gross, welch letztere sich zudem in übersteigertem Hass und in ihren Hirngespinsten in die ewige Illusion einer allein auf Gerechtigkeit und Gleichheit begründeten Welt verirrten. Nach einigen Monaten war die Ruhe wieder hergestellt. Es genügte eines energischen Auftretens des Königs und einer bewaffneten Ritterschaft, um einer Gefahr zu begegnen, die mehr Lärm verursacht hatte, als ihr zukam.

Die Erhebungen des Landvolkes im 14. Jh. sind durch die Brutalität der Bauern gekennzeichnet, die ihnen auch zum Verhängnis wurde. Zwar bildeten sie die Mehrheit innerhalb der Bevölkerung, waren aber unfähig, gemeinsam zu handeln, geschweige denn eine neue Welt aufzubauen. Genau besehen, waren es lokale und vorübergehende Zuckungen, Wutanfälle ohne Folgen.

Zwischen den pflügenden Bauern und dem besitzenden Adel bestand zwar ungefähr derselbe soziale Unterschied wie zwischen Arbeitern und städtischen Kapitalisten; doch trat er weniger in Erscheinung, weil die Beschäftigung mit dem Boden dem Menschen stets einen weit höheren Grad von persönlicher Freiheit belässt, als dies beim Fabrikarbeiter der Fall ist. Daher sind die städtischen Unruhen des 14. Jhs. durch die Hartnäckigkeit, ihre Dauer und die erzielten Resultate durchaus von den ländlichen verschieden.

Unzufriedenheit mit den städtischen Oligarchien. Ganz Westeuropa kennt zunächst das Patriziat als Regierungsform der Städte. Es konnte nicht anders sein, weil das Stadtleben ausschliesslich auf Handel und Gewerbe beruhte und daher Angehörige dieser Stände notwendigerweise die Zügel der Regierung in Händen halten mussten.

Während des 12. und 13. Jhs. leitete daher überall ein aus den bedeutendsten Kaufleuten bestehendes Patriziat in ausgesprochener Klassenherrschaft die städtischen Geschäfte. Lange Zeit taten sie dies in voller Ehrbarkeit. Energie, klarer Blick, Hingabe an die übernommenen öffentlichen Geschäfte vereinen sich mit Privatinteressen, die selbst alle jene Tugenden zur Voraussetzung haben. Das Erreichte stellt ihren Verdiensten ein glänzendes Zeugnis aus. Unter ihrer Führung prägte sich die Stadtkultur, wie sie durch alle übrigen Jahrhunderte verbleiben sollte. Die Grundzüge einer städtischen Verwaltung wurden damals geschaffen, die verschiedenen Dienstzweige organisiert, eine städtische Kredit- und Finanzwirtschaft begründet, Kornhäuser gebaut, Märkte eingerichtet, die Mittel für starke Befestigungswerke und zur Eröffnung von Schulen aufgetrieben, kurz, es ward für alles gesorgt, dessen die Bürgerschaft bedurfte. Doch mit der Zeit mussten sich deshalb Mißstände ergeben, weil die Regelung eines auf grossen Absatz arbeitenden Handwerks jenen überlassen wurde, die selber von dessen Gewinnen lebten und daher bestrebt waren, das Mitspracherecht der Arbeiter auf ein Mindestmass herabzudrücken.

Weiter oben wurde schon erzählt, wie in den mittelalterlichen Städten mit hochentwickeltem Gewerbe, in den flämischen nämlich, die Tucharbeiter ihrer Abneigung gegen die patrizischen Schöffen in Streiks Luft machten [9]. Sie fanden darin die Sympathie eines breiten wohlhabenden Mittelstandes. Denn das patrizische Regime war in vielen Städten zu einer oligarchischen Plutokratie ausgeartet. Diese gestattete in eifersüchtiger Engherzigkeit nur den Mitgliedern einiger weniger Familien den Zugang zu den Ämtern, die augenscheinlich einzig in ihrem Interesse verwaltet wurden. Eine doppelte, zugleich soziale und politische Opposition erwuchs gegen einen solchen Magistrat. Erstere war leidenschaftlicher und gab den Auftakt zu einem Konflikt, der sich dann in blutigem Wechselspiel bis ins 15. Jh. hinein erstreckte.

Die demokratische Revolution. Oft werden die Aufstände der Zünfte gegen das Patriziat soziale Revolutionen genannt. Der Ausdruck ist nicht exakt, sofern man demokratisch im heutigen Sinne versteht. Die Insurgenten dachten keineswegs an eine Volksherrschaft. Ihr Horizont ging nicht über die Stadtmauern hinaus; er blieb auf die eigene Zunft beschränkt. Jedes Handwerk verlangte für sich allein Anteil an den Regierungsgeschäften und kümmerte sich im übrigen wenig um die Nachbarn. Der revolutionären Aktivität zog der Partikularismus seine engen Grenzen. Es kam allerdings vor, dass alle Zünfte einer Stadt gemeinsam gegen die patrizische Oligarchie Front machten. Doch geschah es mitunter auch, dass sie nach errungenem Sieg gegenseitig Krieg führten. Man darf auch nicht vergessen, dass alle diese sogenannten Demokraten Mitglieder gewerblicher Vereinigungen waren, welche das ausserordentliche Privileg des Monopols innehatten. So wie sie die Demokratie verstanden, betraf diese nur Privilegierte.

UMSICHGREIFEN DER SOZIALEN UNRUHEN. Nicht alle Städte wurden durch solche Forderungen des Handwerks betroffen. Weder in Venedig noch in den hanseatischen und englischen Städten finden wir Spuren davon. Dort nämlich sank die Regierung der reichen Bürgergeschlechter nicht zu einer verschlossenen und egoistischen Oligarchie hinab. Neue Leute, die im Handel ihr Vermögen gemacht hatten, belebten und verjüngten fortwährend die herrschenden Schichten. So erklärt es sich, dass überall das Patriziat am Ruder blieb und in dieser Stellung wegen seiner Geschäfts- und Verwaltungskenntnisse auch nie umstritten war. Während Jahrhunderten gab der venetianische Adel das höchste Beispiel patriotischer Tugenden, von Energie und Geschicklichkeit; der Reichtum, zu dem er der Republik verhalf, verteilte sich auf alle, so dass das Volk nie daran dachte, sein Joch abzuschütteln. Ähnlich verhielt es sich beim Patriziat der Hansastädte. In England scheint die königliche Bevormundung der Stadtgemeinden stark genug gewesen zu sein, um gegebenenfalls Ausfällen des Volkes zu begegnen. So war es auch in Frankreich, wo seit Ende des 13. Jhs. Beamte der Krone, Vögte und Seneschalle die Städte fest in der Hand hielten. Andernorts, wie z. B. in Brabant, wurde der Territorialfürst zum Beschützer der führenden Geschlechter.

Es sind vor allem die Industrieorte der Niederlande, des Rheins und Italiens, wo sich jene Umwälzungen abspielten, deren Grundzüge im folgenden skizzenhaft dargelegt werden sollen, ohne Angaben der unzähligen Spielarten, die sich aus der Verschiedenheit der Lage, der politischen Ziele und des Milieus ergaben.

DER KONFLIKT DER «KLEINEN» UND «GROSSEN». Hauptursache der Unruhen waren stets Missbräuche der oligarchischen Verwaltung. Überall dort, wo sich der Landesherr als zu schwach erwies, um die Gewalthaber entweder zu schützen oder aber seiner Kontrolle zu unterwerfen, blieb nichts anderes übrig, als sie zu stürzen oder sie zum mindesten zu zwingen, andern Anteil am usurpierten Regierungsmonopol zu geben. Darin waren Reiche und Arme sich einig: Kaufleute, die von den Gemeindegeschäften ausgeschlossen waren, Handwerker und Industriearbeiter.

Die Bewegung, ausgelöst um die Mitte des 13. Jhs., zog sich an die 100 Jahre hin. Als Folge von Volksaufläufen, die fast überall in blutige Kämpfe übergingen, sahen sich die «Grossen» gezwungen, den «Kleinen» einen z. T. ungleich bemessenen Anteil an den Regierungsgeschäften zu gewähren. Da die Mehrzahl der Bevölkerung in Zünften organisiert war, bestanden die Reformen zumeist in deren Zulassung. Dies vollzog sich auf verschiedene Art: sie erhielten Sitze im Schöffenkolleg oder im Stadtrat; es trat eine neue, von ihnen gewählte Kammer zum alten Rat; es mussten sämtliche finanziellen oder politischen Angelegenheiten der Gemeinde einer Versammlung ihrer Delegierten vorgelegt werden. Mitunter ging die Gewalt, von der sie so lange ausgeschlossen worden waren, gänzlich an sie über. In Lüttich z. B. wurden die «Grossen» gezwungen, 1384 den Widerstand, den sie während eines Jahrhunderts aufrechtgehalten hatten, abzubrechen und zu kapitulieren. Seither geben die Zünfte den Ton in der Stadt an. Einzig ihre eingeschriebenen Mitglieder erfreuten sich politischer Rechte. Der Rat, den man jährlich durch Wahl erneute, in seinen Geschäften von *gubernatores* überwacht, glich nunmehr einem angetriebenen Räderwerk. Die zwei aus seiner Mitte gewählten Bürgermeister vollzogen einen fremden Willen, da sämtliche wichtigen Fragen zunächst vor die 32 Zünfte gelangten, um von jeder einzeln mit Stimmenmehrheit verabschiedet zu werden. Ähnliche Verfassungen, die aus letzteren die entscheidende Instanz machten, finden wir in Utrecht und in Köln.

SOZIALE UMTRIEBE DER ARBEITER. Was in einer Stadt möglich war, deren soziale Schichten numerisch ausgeglichen waren, trifft dort nicht zu, wo eine einzige Gruppe alle andern überflügelt hat. In den grossen Manufakturmetropolen Flanderns konnten sich die Weber und Walker, die mit Innungen von mehreren tausend Mitgliedern in der Übermacht standen, nicht mit der Rolle begnügen, die andernorts kleinen Korporationen von mehreren Dutzend Leuten eingeräumt worden war. Sie mussten ausserdem ihren Rechten um so mehr Geltung verschaffen, als die wirtschaftliche Lage der Lohnarbeiter in krassem Widerspruch zu den Lebensbedingungen der Kleinhandwerker stand. Der Sturz des Patriziats war daher für sie nicht nur eine politische, sondern auch eine soziale Angelegenheit. Vom Ende ihrer wirtschaftlichen Abhängigkeit und vom Tag, an dem das Recht, Arbeitsbedingungen und Löhne zu diktieren, in ihre Hände überging, erwarteten sie die Sanierung ihres notleidenden Berufes. Sie träumten sogar von einem Reich der Gleichheit, wo keiner mehr als der andere besass [10]. Von ihnen ging Ende des 13. Jhs. das Signal zur Revolution in allen Städten aus, und sie bestritten den gewaltigen Kampf, der nach dem Siege von Courtrai vorübergehend Erfolg versprach. Doch nur allzu bald sollte ihre Herrschaft den andern Teil der Bürgerschaft gegen sie in Harnisch bringen. Die Interessen waren zu verschieden, ja geradezu unvereinbar mit jenen der Kaufleute und Handwerker, als dass letztere sich den Wollarbeitern hätten unterwerfen können.

REFORM DER STÄDTISCHEN REGIERUNG. Gegen das Proletariat vereinigten sich die Kapitalisten des Grosshandels, Makler und Exporteure mit den selbständigen Kleinhandwerkern. Man suchte zwecks allgemeiner Befriedigung nach einer Regierungsform, in welcher alle Bevölkerungsschichten ihren Teil haben sollten: Patriziat *(poorterie)* sowie die Masse von Kleinhandwerkern und Tucharbeitern. Doch das angestrebte Gleichgewicht erwies sich stets als trügerisch. Weber und Walker glaubten sich über den Löffel balbiert, da sie sich den andern Gruppen gegenüber fortwährend in die Minderheit versetzt sahen. Den Sieg ihrer Belange wollten sie mit verschwenderisch angewandter Gewalt durchsetzen. Während des 14. Jhs. sind Erhebungen von dieser Seite an der Tagesordnung. Das Proletariat triumphiert manchenorts und kann schliesslich nur durch Hungerblockade oder Dezimierung von der Gegenseite zur Kapitulation gezwungen werden.

SOZIALE KONFLIKTE IN FLANDERN. Die Lage der flandrischen Städte, wo der soziale Hass sich wütend austobte, war besonders tragisch. Zwischen 1320 und 1332 ersuchen die biedern Bürger von Ypern den König von Frankreich, die Stadtmauern der Innenstadt nicht niederzulegen, hinter welchen allein sie Schutz vor der Kommune finden [11]. Die Geschichte von Städten wie Ypern, Gent und Brügge ist überreich an blutigen Auseinandersetzungen zwischen den Proletariern der Tuchindustrie und jenen Leuten, die «etwas zu verlieren haben». Der Klassenkampf zwischen reich und arm ist aber nur ein einziger Aspekt davon. Denn zwischen den revoltierenden Arbeitern besteht auch keine Einigkeit. Die Walker sehen z. B. in den Webern ihre Feinde, weil diese ihre Löhne festsetzen oder, besser gesagt, reduzieren wollen. Um sich dieser Zumutung zu erwehren, unterstützen sie die Sache der Bürger. Das Kleinhandwerk dagegen verabscheut die schrecklichen Weber [12], welche den Gang ihrer Arbeit behindern, die Geschäfte stören und deren kommunistische Tendenzen im übrigen auch das Landesoberhaupt und den Adel in Atem halten. Die Erbitterung dieser ewigen Revolten ist um so verzweifelter, als sich das Proletariat der Einsicht verschliesst, dass trotz aller Anstrengungen und meistens gerade dann, wenn die Regierung in seinen Händen liegt, seine wirtschaftliche Situation keineswegs besser wird. Unfähig, zu begreifen, dass der Welthandel und die kapitalistische Industrie notwendigerweise Lohnkrisen und Arbeitslosigkeit zur Folge haben, betrachteten sie sich stets als Opfer der «Reichen», für die sie arbeiteten. Erst als die Tuchindustrie ruiniert war, sie selbst aber zur Auswanderung gezwungen wurden, um anderswo Beschäftigung zu suchen, nahmen jene Kämpfe ein Ende, deren unbezähmbare Hauptträger sie gewesen waren.

Das Bild der grossen flandrischen Industriezentren findet sich in allen Städten, wo das Kleinhandwerk durch die Exportindustrie verdrängt wurde. In Dinant ist der Einfluss der Kupferschmiede ebenso gross wie jener der Weber und Walker in Gent und Ypern. Florenz, das gleicherweise eine Stadt der Bankiers und der Tuchfabrikanten ist, erlebte es auch, wie die Masse der Textilarbeiter den Kapitalisten die Herrschaft mit Gewalt entriss. Der Aufstand der Ciompi (1379–1382), ausgelöst und geführt von den Wollarbeitern, ist ein Gegenstück des gleichzeitig im Norden tobenden Klassenkampfes. Es ist nicht zuviel, wenn man behauptet, dass an der Schelde und am Arno die Revolutionäre ihren Gegnern die Diktatur des Proletariats aufzuzwingen trachteten.

Die Gesellenverbände. Das Proletariat dringt gegen Ende des Jahrhunderts auch in die Kreise des Kleinhandwerks, das sich einzig dazu organisiert hatte, um die wirtschaftliche Unabhängigkeit seiner Mitglieder zu gewährleisten. Zwischen Meistern und den untergebenen Lehrlingen und Gesellen dauerte das gute Einvernehmen nur solange an, als jene ihre Autorität leicht zu erhalten vermochten. Aber vom Tage an, da die Bevölkerungsvermehrung aussetzte, sahen sich auch die Handwerkerberufe gezwungen, ihre Produktion einzudämmen, und damit wurde auch die Erwerbung des Meistertitels immer mehr erschwert. Es machte sich eine Tendenz geltend, diesen durch allerhand Vorkehrungen nur den bisherigen Inhaberfamilien zu erhalten, so durch Verlängerung der

Lehrzeit, Erhöhung der Gebühren für die Meisterprüfung, Erfordernis des Meisterwerkes als Beweis für die Beherrschung des Berufs. Jede Zunft verwandelte sich so in eine egoistische Clique von Arbeitgebern, die darnach trachteten, ihren Söhnen oder Schwiegersöhnen die seither numerisch sich gleichbleibende Kundschaft ihrer kleinen Werkstätten zu vererben.

Es ist daher nicht erstaunlich, wenn seit der Mitte des 14. Jhs. bei Lehrlingen, besonders aber bei Gesellen, die sich der Hoffnung auf eine Besserstellung beraubt sahen, ein Unbehagen um sich griff, das in Streiks ausmündete, Lohnerhöhungen forderte und die Beteiligung an der Leitung der Zünfte neben den Meistern verlangte. Jacques de Hemricourt (1333–1403) sagt für Lüttich: wenn sich die Zünfte zur Erledigung ihrer Geschäfte vereinigen, dann haben Lehrlinge und Gesellen in der Sitzung ebenso viele Stimmen wie die Meister und die Werkstattbesitzer [13]. Tatsächlich war aus dem Gesellen, dem einstigen Gehilfen des Meisters, mit dessen Leben eng verbunden, häufig eingeheiratet und als Nachfolger ausersehen, ein einfacher Lohnarbeiter geworden. Das Zunfthandwerk bekommt die Aufspaltung von Arbeit und Kapital zu spüren. Es verliert den familiären Charakter, der lange massgebend gewesen war und nunmehr dem Konflikt zwischen Arbeitgeber und Arbeitnehmer Platz macht.

Gemeinschaftliche Interessen und Forderungen lassen die Gesellen in Verbände zu gegenseitiger Unterstützung und Verteidigung zusammentreten, die in vielen Städten anzutreffen sind. Es sind dies die Gesellenverbände *(compagnonnages)*, die bald früher, bald später in Frankreich und Deutschland mit der Absicht geschlossen werden, ihren Mitgliedern das Recht auf Arbeit zu sichern und sie vor Ausbeutung zu schützen. Diesen Kampforganisationen antworten die Meister ihrerseits durch interurbane Verteidigungsmassnahmen. Im Jahre 1383 gingen die Schmiede von Mainz, Worms, Speyer, Frankfurt, Aschaffenburg, Bingen, Oppenheim und Kreuznach ein Bündnis ein gegen die

Gesellen (Knechte) ihrer Zünfte, die sich unliebsam zu regen begannen [14].

So machen sich im Herzen der Städte ökonomische und soziale Gegensätze bemerkbar, deren Häufigkeit und weite Verbreitung aus tief und fest sitzenden Ursachen abzuleiten sind. So mächtig diese aber auch aufflammten, die bestehende Ordnung wurde dadurch nicht beseitigt, die zu stark war, um allein von Handwerkern und Arbeitern zertrümmert werden zu können. Die unzufriedenen Stadtbewohner suchten nun da und dort die Landschaft für ihre Ziele zu gewinnen. Der Bauer war aber zu verschieden an Geist, Bedürfnissen und Interessen, als dass zwischen zwei so getrennten Welten eine Allianz zustande gekommen wäre. Den revolutionären Bewegungen der Städte war daher ein Misserfolg beschieden. Fürstentum und Adel springen überall den bedrohten Grosskaufleuten, den patrizischen Rentnern und den Meistern des Handwerks bei. Während des 15. Jhs. beruhigte sich die Welle und brach sich schliesslich am Widerstand all jener, welche durch die gemeinsam empfundene Gefahr zur Einigkeit gezwungen worden waren.

II. Protektionismus, Kapitalismus und Merkantilismus [15]

FORTSCHRITTE DES STÄDTISCHEN PROTEKTIONISMUS. Die Zeit, da die Zünfte das wirtschaftliche Leben der Städte dominierten, bringt auch den Höhepunkt des Protektionismus. Trotz bestehender Gegensätze waren sich alle Handwerkerinnungen darin einig, die Monopolstellung bis zum äussersten auszubauen, die jedes einzelne Mitglied besass, und jede Lust und Möglichkeit zur Konkurrenz auszutilgen. Der Konsument ist dem Produzenten vollständig ausgeliefert. Das Ziel war für die Fabrikarbeiter eine Lohnhausse, für die Kleinhandwerker die Erhöhung oder Stabilisierung der Preise. Da niemand über die Stadtmauern hinaus sah, war alle Welt der Meinung, die Prosperität werde am besten dadurch erhalten, dass man jede Beeinflussung von aussen ausschliesse. Dieser Partikularismus wird zur Plage; niemals setzte sich die Auffassung mit solcher Wucht durch, dass jeder Beruf zum exklusiven Bereich einer privilegierten Gemeinschaft gehöre. Unter Freiheit verstehen die Zunftleute Garantie ihrer Position. Für sie gibt es nichts, was über das erworbene Recht ginge. Jede Einzelgruppe wandelt den Begriff des Gemeinwohls um in jenen des Einzelinteresses.

Für diesen Geisteszustand mangelt es nicht an Zeugnissen. Unmissverständlich sind die allerorten üblichen Erschwerungen in der Erlangung des Bürgerrechts. Jede Stadt will nur ihren eigenen Bürgern die Vergünstigungen, die sie gewähren kann, reservieren. Je mehr Privilegierte da sind, um so ängstlicher suchte man andere davon fernzuhalten. Daher überall die Erhöhung der Gebühren für die Erwerbung der städtischen Freiheit, ferner die Erweiterung der daran geknüpften Bedingungen: eheliche Geburt, Heimatschein, Leumundszeugnis. Das Handwerk bleibt dem Auswärtigen verschlossen. Das Bestreben verstärkt sich zusehends, gewissermassen ein wirtschaftliches Vakuum rings um die Mauern der Stadt zu schaffen, um so deren Übergewicht zu verstärken. Unter dem Vorwand eines Privilegs, das häufig dem Fürsten anlässlich einer Meuterei abgetrotzt oder auch gegen Geld erkauft ist, verbietet man ausserhalb des Mauerrings die Eröffnung von Kramläden oder Werkstätten. Gleichfalls unstatthaft ist es, innerhalb der Städte, ausser in Zeiten der Messen, irgendeinen Gegenstand zu vertreiben, der nicht darin hergestellt worden wäre. In dieser Beziehung verschärfen sich die Bestimmungen mit dem Aufkommen «demokratischer» Regierungen. 1297 ist in Gent die Einfuhr von Tuch zugelassen, sofern es in der Stadt gewalkt wird; aber schon 1302 wird diese Konzession zurückgezogen, und seit 1314 ist jegliche Tuchherstellung innerhalb eines Gürtels von fünf Meilen rings um die Stadt untersagt. Und es bleibt nicht bei einer leeren Drohung. Während des 14. Jhs. unternimmt man bewaffnete Expeditionen in die Dörfer der Umgebung; Webstühle oder Walkkufen, auf die man dabei stösst, fallen der Zerstörung oder Konfiskation anheim [16]. Alle grossen Industriestädte lassen aber die Wolle, deren Bearbeitung sie sich ausschliesslich reservieren, durch Bauernfrauen spinnen. In Florenz wie in Flandern arbeiten somit Bäuerinnen für die städtischen Werkstätten und werden dabei angehalten, ihr Garn an dafür bestimmte Ablagen abzuliefern. Das Recht des Stärkeren setzt sich ohne Hemmung durch. Die grossen Städte massen sich an, ihren Nachbarn die Herstellung gut verkäuflichen Tuches zu verbieten. Es genügt, letztere des Zuwiderhandelns zu bezichtigen, um sie aus der Konkurrenz zu werfen. Ypern, Gent und Brügge unterzogen alle zweitrangigen Orte der Grafschaft ihrer Industriekontrolle, kraft sogenannter «Privilegien», die niemand je gesehen, deren blosse Erwähnung aber schon ausreichte. Der Prozess von Poperinghe gegen Ypern von 1373 wirft ein grelles Licht auf die Zustände. Den Tuchfabrikanten der kleinen Stadt, die sich auf das Naturrecht berufen, das jedem ein Auskommen gewährleiste, werfen die Einwohner von Ypern das städtische Recht entgegen, das ihr Monopol gutheisst [17].

Zünfte und Kapitalisten. Gegenüber den kapitalistischen Unternehmern hegen die Zünfte natürlich stets argwöhnisches Misstrauen. Die in der Tuchindustrie führenden Grosskaufleute sehen sich z. B. gezwungen, der Weberzunft beizutreten, um so Verordnungen unterworfen zu sein, wie sie einfachen Werkstattinhabern auch auferlegt sind. Ohne Zweifel hat hier das Wesen der Grossindustrie der Verordnungswut Grenzen gesetzt, deren Nichtbeachtung den Ruin des Gewerbes zur Folge gehabt hätte. Es ist unmöglich, die reichen Unternehmer daran zu hindern, sich an den Geschäften der Italiener und der Hanseaten zu beteiligen, welche damals in allen flandrischen Städten als Wollimporteure und Tuchexporteure auftreten. Jene sind als Ausländer gegen eine Gesetzgebung gefeit, die sich nur auf Bürger erstrecken kann. Der langsame Verfall einer verschiedentlich gehemmten Industrie liess sich jedoch nicht aufhalten; seine Faktoren sind die immer zu hohen

Löhne, die wachsenden Forderungen der Arbeiter, die ewige Feindschaft der Weber und Walker, das hartnäckige Beibehalten veralteter Verfahren, deren Verbesserung als eine Verletzung der Privilegien betrachtet worden wäre. Einzelne Arbeiter wanderten ungefähr 1350 nach Florenz aus, zweifellos verlockt durch die Versprechungen italienischer Vertreter, vor allem aber nach England, wo die Könige die Verhältnisse geschickt ausnützen, um in ihrem Lande die Wollindustrie einzuführen [18]. Die grosse Insel, die sich so lange damit begnügt hatte, Flandern mit Rohstoff zu beliefern, setzt seither mit ihrer Konkurrenz ein, gegen die zu Beginn des 15. Jhs. kein Mittel mehr tauglich ist. Gleiche Ursachen haben auch in Brabant dieselben Folgen. Im Moment, da die Einsicht kam, war es aber schon zu spät. Vergeblich sollte Brüssel 1435 den Grossfabrikanten den Austritt aus den Zünften gestatten [19]. Der Partikularismus trieb so schliesslich die Städte dazu, dem Grosshandel wie dem Exportgewerbe das Grab zu schaufeln. Der Verfall der Messen im Verlauf des 14. Jhs. entspricht sicherlich dem Widerwillen der Handwerker gegen eine Institution, die mit ihrem masslosen Protektionismus unvereinbar ist. Das sogenannte Stapelrecht ist für den Transithandel ein Hindernis, dessen Schwere hier nicht näher dargelegt zu werden braucht; nach diesem waren vorüberreisende Kaufleute gezwungen, ihre Waren in der Stadt abzuladen und auszupacken und diese vor der Weiterreise der Bürgerschaft feilzubieten. Die Schiffer dürfen alle auf den Gewässern einer Stadt vorüberziehenden Kähne geleiten, gelegentlich auch entladen, um die Güter sodann auf eigenen Fahrzeugen zu führen (Umschlagsrecht) [20].

Zweifellos bestehen Ausnahmen von dieser Regel. Nicht überall hatten sich die Städte gleich schnell entwickelt, und die Zünfte übten nicht an allen Orten denselben Einfluss aus, so dass es innerhalb des städtischen Protektionismus eine Unzahl von Schattierungen gibt. Er ist z. B. in Süddeutschland weit einflussreicher, wo Handel und Industrie erst im Laufe des 14. Jhs. aufzukeimen beginnen, als in den Niederlanden oder im Rheinland, die eine lange ökonomische Entwicklung hinter sich hatten. In Frankreich und England werden die Zünfte durch das Königtum am vollen Ausbau ihrer Absichten verhindert [21]. In Italien war die Macht des Kapitals zu gross, um ihnen nicht gewisse Grenzen vorschreiben zu können. Man kann aber ohne Übertreibung sagen, dass die Stadtwirtschaft im 14. Jh., verglichen mit vorangehenden Zeiten, die Exklusivität, die zu ihrer Natur gehört, auf die Spitze getrieben hat.

NEUE FORMEN DES HANDELSKAPITALISMUS. Wenn auch die städtische Politik gerne zu ihren Gunsten den Grosshandel brandschatzte und ausbeutete, so konnte sie ihn doch nicht entbehren, und sie dachte auch nicht daran, denn eine Stadt bleibt ihm um so mehr verfallen, je wohlhabender, volkreicher und unternehmungslustiger sie ist. Er allein verhalf ihr zur ausreichenden Ernährung der Bevölkerung und lieferte ausserdem fast sämtliche Rohstoffe für die Handwerker. Durch seine Vermittlung erhalten die Wirte den Wein; Fischhändler getrocknete Fische und Heringe; die Gewürzkrämer ihren Zucker, Pfeffer, Zimmt, Ingwer; Apotheker ihre Drogen; Schuhmacher das Leder; Kesselschmiede Blei und Zinn; Weber die Wolle; Walker die Seife; Färber die Waid, Alaun und Brasilianerspäne. Dank ihrer Geschäfte aber lassen sich auch die Produkte städtischen Handwerks nach auswärtigen Märkten exportieren. Von dieser vielgestaltigen und wichtigen Betätigung konnten die Städte lediglich den innerhalb der Mauern bleibenden Rest reglementieren. Das übrige durch den Grosshandel bestimmte Wirtschaftsleben blieb jedoch ausserhalb ihres Bereichs; so die interurbanen Geschäfte, die Beschaffung der Waren, der Geldumlauf und der Kredit. Auf diesen wichtigen Gebieten übte der Kapitalismus allein seinen Einfluss aus. Er beherrschte die Schiffahrt und die Transporte zu Land in allen Angelegenheiten des Exports und Imports. Er überflutete ganz Europa, umspülte mit seiner Betriebsamkeit alle Städte wie ein Meer, das zwischen Inseln wogt.

Eine der merkwürdigsten Erscheinungen des 14. und 15. Jhs. ist das Wachstum der grossen Handelsgesellschaften, die damals überall Filialen, Korrespondenten und Agenten unterhielten. Die italienischen Kompanien waren darin vorangegangen und wurden in ihren Geschäftspraktiken nunmehr auch nördlich der Alpen imitiert. Von ihnen erlernte man die Verwaltung der Kapitalien, die Buchführung und die Kreditbewirtschaftung. Zwar bleiben die Italiener in letzterer führend, doch finden sie im Warenhandel Rivalen in steigender Zahl. Es genügt, für Deutschland den Lübecker Hildebrand Vickinghusen zu erwähnen, dessen Unternehmungen von Brügge bis nach Venedig und bis an die äusserste Ostsee reichen, oder aber die Grosse Ravensburger Gesellschaft, deren Korrespondenten in Zentraleuropa, in Italien und Spanien sassen. Frankreich und England, das eine ruiniert, das andere völlig entkräftet durch den Hundertjährigen Krieg, entpuppen keineswegs dieselben kapitalistischen Kräfte.

Italien dagegen hält durch seine Vitalität immer noch den ersten Platz. Die an Bankkrisen im 14. Jh. verkrachten Häuser haben Nachfolger gefunden, deren berühmtester, die Medici, im 15. Jh. das Schauspiel einer Finanzmacht bieten, wie sie die Welt bisher noch nie gesehen hatte.

Der Vorstoss des Kapitalismus zu Ende des Mittelalters charakterisiert sich durch Anzeichen, die dessen Stärke unterstreichen. Der Zinsfuss, der bisher zwischen 12 und 14 Prozent schwankte, fällt im 15. Jh. auf 5 bis 10 Prozent. Die Kreditwirtschaft vervollkommnet sich durch Wechselakzept und Wechselprotest. In Genua ist die 1407 gegründete *Casa di S. Giorgio* das erste moderne Bankhaus. Seine Geschäfte lassen sich in ihrer Bedeutung und ihrem Einfluss auf die Finanzpolitik den englischen Konsols des 17. und 18. Jhs. vergleichen [22]. Andere Banken, die Centurioni in Genua, die Soranzo in Venedig, die Medici in

Florenz, die Geld und Warengeschäfte betreiben, stehen mit in vorderster Front, zum mindesten was den Umfang der Kapitalgeschäfte betrifft [23].

ENTSTEHEN EINER NEUEN KAPITALISTENKLASSE. Die ganze Bewegung wird durch eine neue Klasse ausgelöst, die während der Umwandlung der Stadtwirtschaft unter dem Einfluss der Zünfte hochkommt. Diese Gleichzeitigkeit ist nicht das Werk des Zufalls. Die alten Patrizier, der Macht entkleidet und durch die Neugestaltung des Wirtschaftslebens aus dem Geleise geworfen, sind bis auf wenige Ausnahmen Rentner geworden, die aus den Erträgnissen ihrer Häuser und Ländereien leben, zu deren Erwerb sie einen Teil der einstigen Gewinne verwendet hatten. Die Parvenus dagegen sind Kapitalisten, die unbeschwert von der Tradition sich der neuen Lage anzupassen vermögen. Grossenteils sind es ehemalige Vertreter, Handelsagenten, gelegentlich auch reiche Handwerker, denen die Entwicklung des Kreditgeschäftes, der Spekulation und des Geldumlaufes die Möglichkeit zu einer Karriere eröffnet hatte [24]. Andere wieder haben sich im Dienste der Fürsten bereichert und suchen nun nach einer Gelegenheit, ihr Vermögen in Geschäften anzulegen.

Die kompliziertere Verwaltung, wachsende Ausgaben für die Söldnerheere und die Anschaffung von Feuerwaffen haben tatsächlich die Könige und die Territorialfürsten gezwungen, sich mit einem Personal von Ratgebern und Beamten aller Art zu umgeben, denen jene Geschäfte anvertraut werden, für die sich der Adel zu gut vorkam und die zu führen er auch nicht imstande gewesen wäre. In der Verwaltung der Finanzen bestand deren vornehmste Aufgabe, und der Landesherr war gewillt, vorausgesetzt, dass die eigene Schatzkammer gut davonkam, beide Augen zuzudrücken, wenn seine neuen Höflinge die allzu oft sich bietende Gelegenheit zur Bereicherung ergriffen: Nebenverdienste aus dem Münzregal und beim Abschluss von Verträgen mit Armeelieferanten, Bankiers und Geldgebern aller Art, die ständig sie umschwärmten. Jacques Cœur ist nur der berühmteste Vertreter dieser Gattung Neureichs. Ausser ihm gebricht es jedoch nicht an Beispielen: so Wilhelm von Duvenvoorde, Vertrauensmann des Herzogs von Brabant, dessen Reichtum die Basis für das spätere Vermögen des Hauses Nassau bildete; so ferner Nicolas Rollain oder Pierre Bladelin, die ihre Wohlhabenheit der Beschäftigung beim Herzog von Burgund, Philipp dem Guten, verdankten; so die Semblançay oder die Orgemont am französischen Königshof und viele andere mehr [25].

Die Versorgung der Höfe, wo der Luxus mit der Machtentfaltung zunimmt, und die Heereslieferungen bieten reichliche Verdienstmöglichkeiten. 1388 besorgt der Pariser Kaufmann Nicolas Boullard gegen Pauschalzahlung von 100 000 Goldtalern die Verproviantierung der von Karl VI. für den Heereszug nach Geldern ausgehobenen Truppen [26]. Der Luccheser Dino Rapondi wird zum bevorzugten Geldgeber des burgundischen Hofes [27]. Überall gewinnen die Finanzleute unter den Höflingen eine bedeutende Stellung und finden selbst den Zugang zu den Kreisen des Hochadels. Die geleisteten Dienste werden mit der Stärkung ihres sozialen Prestiges belohnt.

Fürsten und Kapitalisten. Von so verschiedenartiger Herkunft sie auch sein mögen, alle Kapitalisten des 14. und 15. Jhs. waren genötigt, sich an die Fürsten zu wenden. Zwischen beiden besteht nämlich eine eigentliche Interessengemeinschaft. Auf der einen Seite vermögen die Landesherren ohne die ständige Hilfe der Bankiers weder dem öffentlichen noch dem privaten Finanzbedarf zu genügen. Aber auch die Unternehmer, die Finanzleute und die Reeder zählen auf die Potentaten, die sie vor dem Partikularismus der Städte schützen, die Meutereien unterdrücken und den Geld- und Warenumlauf sichern sollen. Die sozialen Unruhen und die kommunistischen Tendenzen treiben alle, die «etwas zu verlieren haben», angstvoll unter

Schutz und Schirm des Souveräns. Selbst die von den Gesellenverbänden bedrohten Handwerkmeister sehen in ihm, als Hüter der Ordnung, zugleich den Helfer.

Der städtische Partikularismus ist den Fürsten aus politischen Motiven verhasst, allen jenen aber aus wirtschaftlichen, deren Geschäfte und Interessen er stört. In Flandern erflehen die kleinen Städte die Hilfe der Grafen gegen die Tyrannei der grossen Handelsmetropolen. Noch bemerkenswerter ist es, wenn diese zugunsten des ländlichen Handwerks einschreiten, das bisher so unbarmherzig niedergehalten worden war. Seit der Herrschaft Ludwigs von Malen (1346–1384) vermehren sich die Tuchkonzessionen für Dörfer und Herrschaften. Neben der privilegierten Grossindustrie, die nunmehr in Verfall gerät, erhebt sich eine neue Tuchmanufaktur, deren Technik und Arbeitsbedingungen von der alten durchaus verschieden sind. Wolle aus Spanien ersetzt die englische, die selten geworden ist, seit sie auf der Insel selbst verarbeitet wird; auch werden keine Luxusstoffe mehr fabriziert, sondern nur noch leichte, billige. Doch tritt an Stelle des Privilegs die Gewerbefreiheit. Zünfte gibt es nicht mehr, oder aber sie sind allen offen, wo solche noch bestehen. Die junge ländliche Industrie weist daher eindeutig kapitalistische Züge auf. Die Erstarrung der städtischen Gesetzgebung wird durch ein elastisches System ersetzt mit Anstellungsverträgen, die auch dem Arbeitnehmer die Gelegenheit geben, Bedingungen zu stellen. Von der ursprünglichen Stadtwirtschaft bleibt nicht mehr viel übrig. Der Kapitalismus, den sie stets behinderte, nimmt jetzt über die ländliche Industrie den Weg zu seiner Machtentfaltung im 16. Jh. [28].

Dasselbe Bild bieten auch die übrigen neu entstehenden Gewerbe des 16. Jhs., wie die Tapisserie, die Leinenweberei oder die Papierfabrikation, die sich ungefähr gleichzeitig überall ausbreiten [29].

Staatsinterventionismus in der Wirtschaft. Durch die Begünstigung des kapitalistischen Werdeprozesses handelten die Fürsten nicht nur im Interesse ihrer Finanzen. Die mit der werdenden Landeshoheit sich abzeichnende Auffassung stempelt den Landesherrn zum Hüter des Gemeinwohls. Jenes 14. Jh., das den Kulminationspunkt des städtischen Partikularismus erlebte, bringt auch die ersten Interventionen des Souveräns im Wirtschaftsleben. Bisher war dieser nur indirekt eingeschritten, besser gesagt auf Grund seiner richterlichen, finanziellen und militärischen Hoheit. Wenn er als Wahrer des Friedens die Kaufleute beschützte, den Handel mit Zöllen belegte, im Kriegsfall feindliche Schiffe beschlagnahmte oder Verkehrssperren anordnete, so überliess er das Geschäftsleben seiner Untertanen sich selbst. Einzig die Städte erliessen frühzeitig Gesetze und Verordnungen auf diesem Gebiet, deren Wirkungskreis allerdings durch die Bannmeile eingeengt war. Auf der andern Seite brachte der Partikularismus sie gegenseitig in Konflikt und machte es unmöglich, Massnahmen zum allgemeinen Wohl zu ergreifen, weil dadurch vielleicht einzelne ihrer Interessen verletzt worden wären. Einzig die Fürsten überblickten die Bedürfnisse einer auch die städtische Wirtschaftsgebarung umfassenden und kontrollierenden wahrhaft territorialen Ökonomie. Sicher kannte das ausgehende Mittelalter in dieser Hinsicht keine klare Orientierung und keine zielbewusste Politik. Man darf meistens nur von intermittierenden Tendenzen sprechen. Doch zeigen diese schon, dass der Staat überall dort, wo er über die nötige Gewalt verfügt, sich auf dem Weg zum Merkantilismus befindet. Dieser Begriff ist allerdings hier nur mit grossen Einschränkungen zu verwenden. Wenn auch die Vorstellung einer nationalen Ökonomie den Regierungen des 14. und des beginnenden 15. Jhs. fremd war, so zeigt doch ihr Verhalten den Wunsch, Handel und Gewerbe der Untertanen dem Ausland gegenüber in Schutz zu nehmen und da und dort sogar neue Industrien einzuführen. Hier übt das Beispiel der Städte seine Wirkung aus. Die Stadtpolitik wird eigentlich auf den Staat übertragen und überlässt ihm den Protektionismus als Hauptmerkmal. Eine Entwicklung hebt an, die mit dem mittelalterlichen Internationalismus bricht und die Staaten gegenseitig mit einem Partikularismus durchtränkt, genau so exklusiv wie er während Jahrhunderten in den Städten gewesen war.

Anfänge des Merkantilismus. Auf die ersten Spuren einer merkantilistischen Politik stossen wir in England, wo die Zentralgewalt stark ist wie nirgendwo sonst. In der ersten Hälfte des 14. Jhs. denkt Eduard II. an ein Einfuhrverbot für fremdes Tuch, mit Ausnahme der für den Adel bestimmten Importe. Eduard III. zieht seit 1331 flämische Weber ins Königreich. Deutlicher ist noch die Veröffentlichung eines Ediktes von 1381, das die Schifffahrt von und nach England nationalisieren wollte, ein damals unausführbarer Vorläufer der berühmten Navigationsakte Cromwells. Das Tempo beschleunigt und verstärkt sich im 15. Jh.: 1455 Verbot der Einfuhr von Seidenstoffen zugunsten des nationalen Handwerks; 1463 dürfen Fremde keine Wolle mehr exportieren; 1464 endlich kündet die Untersagung des Tuchimports jene bewusst protektionistische und merkantilistische Politik Heinrichs VII. (1485 bis 1509) an, der als erster moderner englischer Monarch sein Reich zu einem vorwiegenden Industrieland umgestalten sollte [30].

Solche Massnahmen riefen zur Gegenaktion der Niederlande, deren wichtigste Industrie sie trafen. Der Fürst, der eben die verschiedenen Einzelstaaten unter seinem Zepter vereinigt hatte, Herzog Philipp der Gute von Burgund (1419–1467) antwortet durch ein Einfuhrverbot englischer Stoffe. In diesem Handelskrieg, der letzteren im Vorteil sieht, kann sich die Wirtschaftspolitik mit dem Protektionismus allein nicht mehr begnügen. Der Herzog begünstigt die junge holländische Marine, um sie der Hanse gegenüber konkurrenzfähig zu machen, die dann im folgenden Jahrhundert überflügelt wird [31]. Mit der Flotte nimmt auch die holländische Fischerei ihren Aufschwung, gefördert durch das 1380 erfundene Eintonnen der Heringe. Gleichzeitig entreisst der Hafen von Antwerpen jenem von Brügge den Vorrang, um 100 Jahre später zum ersten Handelsplatz der Welt zu werden.

Das durch den Hundertjährigen Krieg darniederliegende Frankreich musste auf Ludwig XI. warten, um die Segnungen einer mit Geschick und Energie auf die wirtschaftliche Wiederaufrichtung des Landes arbeitenden königlichen Politik zu erfahren. Dieser sicherte aber der Lyoner Messe den Vorrang vor der Genfer zu, wie er etwa auch das königliche Burgund dem Salzimport aus den Minen von Salins in der Freigrafschaft verschliesst, dann wieder die Seidenindustrie im ganzen Königreich, den Bergbau in der Dauphiné einzuführen versucht und gar an eine Art von Ausstellung in der Gesandtschaft von London denkt, die den Engländern zeigen soll, dass die französischen Kaufleute ebenso imstande seien, sie zu beliefern wie die andern Nationen [32].

Die politische Anarchie Deutschlands und die fehlende Zentralgewalt machten es diesem Lande unmöglich, das Beispiel der westlichen Nachbarn nachzuahmen. Die kapitalistische Entwicklung der süddeutschen Städte, voran Nürnbergs und Augsburgs, rührt vom ertragreichen Bergbau Tirols und Böhmens her und verdankt dem Staate nichts.

Italien, aufgeteilt unter Fürsten und Städterepubliken, die sich um die Vorherrschaft streiten, bleibt weiterhin in unabhängige wirtschaftliche Territorien zerfallen, von denen mindestens zwei, nämlich Venedig und Genua, dank ihrer Niederlassungen in der Levante und am Schwarzen Meer den Rang eigentlicher Handelsmächte einnehmen. Im übrigen ist Italiens Überlegenheit im Bankwesen und in den Luxusindustrien derart erdrückend, dass sie trotz der politischen Zersplitterung des Landes in ganz Europa bis zu dem Tag beibehalten werden kann, da die Entdeckung des Seeweges nach Indien die Meerschiffahrt und den Fernhandel endgültig vom Mittelmeer an den Atlantischen Ozean verlegt.

ALLGEMEINE BIBLIOGRAPHIE

Eigentliche Quellensammlungen zur Wirtschafts- und Sozialgeschichte bestehen nicht. Dagegen wurden und werden überall in zunehmender Zahl einzelne Dokumente publiziert: Polyptyches, terriers, Urbare, records, Weistümer, Zunftordnungen, Rechnungsbücher öffentlichen oder privaten Charakters, Korrespondenzen etc. Es ginge nicht an, sie alle hier aufzuführen. Der Leser findet davon örtlich und chronologisch geordnete Verzeichnisse in der unten zitierten Literatur.

Im übrigen müsste man diesen speziellen Quellen auch jene zur allgemeinen Geschichte hinzufügen, wollte man alle Texte nennen, zu denen der Historiker für eine erschöpfende Behandlung unseres Themas greifen muss. Für das Mittelalter im besonderen gilt es, einen grossen Teil des Materials in Quellen anderer Art zu suchen: in Annalen, Chroniken, Memoiren, öffentlichen und privaten Aktensammlungen, Urkundenbüchern, Ratsmanualen, Rechtsquellen. Die Bibliographie der Quellen zur Wirtschafts- und Sozialgeschichte käme einer solchen zur allgemeinen Geschichte des Mittelalters gleich, wenn man diesen Versuch überhaupt wagte.

Wir begnügen uns daher, die modernen Darstellungen des sozialen und wirtschaftlichen Geschehens im Mittelalter im folgenden zu erwähnen — sei es, dass sie die ganze Epoche oder nur Teile davon behandeln, ganz Europa oder einzelne Länder betreffen —, dann aber auch solche Arbeiten, worin gewisse Einzelerscheinungen abschliessend und umfassend dargelegt sind. Hinweise auf Spezialliteratur finden sich bei den einzelnen Kapiteln.

Allgemeine Werke

K. Bücher, *Die Entstehung der Volkswirtschaft* (1893), Tübingen, 7. Aufl., 1910.

W. Cunningham, *An essay on western civilization in its economic aspects*, Cambridge, 1898–1900, 2 Bde.

M. Kowalewsky, *Die ökonomische Entwickelung Europas bis zum Beginn der kapitalistischen Wirtschaftsform* (deutsche Übersetzung), Berlin, 1901–1914, 7 Bde.

A. Dopsch, *Wirtschaftliche und soziale Grundlagen der Europäischen Kulturentwickelung aus der Zeit von Caesar bis auf Karl den Grossen*, Wien, 2. Aufl., 1923–1924, 2 Bde.

R. Kötzschke, *Allgemeine Wirtschaftsgeschichte des Mittelalters*, Jena, 1924.

J. Kulischer, *Allgemeine Wirtschaftsgeschichte des Mittelalters und der Neuzeit*, München-Berlin, 1928–1929, 2 Bde.

J.-W. Thompson, *An economic and social history of the Middle Ages*, New York-London, 1928–1931, 2 Bde.

M. Knight, *Histoire économique de l'Europe iusqu'à la fin du Moyen Age* (franz. Übersetzung), Paris, 1930.

Darstellungen nach Ländern

Deutschland:

K.-T. von Inama-Sternegg, *Deutsche Wirtschaftsgeschichte*, Leipzig, 1879–1901, 4 Bde. Neuaufl. des 1. Bds. 1909.

K. Lamprecht, *Deutsches Wirtschaftsleben im Mittelalter. Untersuchungen über die Entwickelung der materiellen Kultur des platten Landes... zunächst des Mosellandes*, Leipzig, 1886, 4 Bde.

Th. von der Goltz, *Geschichte der deutschen Landwirtschaft*, Stuttgart, 1902–1903, 2 Bde.

England:

W.-J. Ashley, *An introduction to English economic history and theory*, London, 1888–1893, 2 Bde.

W. Cunningham, *The growth of English industry and commerce*, 1. Bd., Middle Ages, Cambridge, 5. Aufl. 1910.

E. Lipson, *Economic history of England*, London, 1. Bd. 5. Aufl. 1929.

J.-E.-T. Rogers, *History of agriculture and prices in England*, 1.–3. Bd. Oxford, 1866–1892.

L.-F. Salzmann, *English industries of the Middle Ages*, London, 2. Aufl. 1923.

Belgien:

L. Dechesne, *Histoire économique et sociale de la Belgique*, Paris-Liége, 1932.

Frankreich:

H. Pigeonneau, *Histoire du commerce de la France*, Paris, 1885–1889, 2 Bde.

E. Levasseur, *Histoire du commerce de la France*, 1. Bd. Paris, 1911.

Ders., *Histoire des classes ouvrières et de l'industrie en France avant 1789*, Paris, 2. Aufl., 1901.

H. Sée, *Esquisse d'une histoire économique et sociale de la France, des origines jusqu'à la guerre mondiale*, Paris, 1929.

Ders., *Les classes rurales et le régime domanial en France au Moyen Age*, Paris, 1901.

G. d'Avenel, *Histoire économique de la propriété, du salaire et des prix* (en France), Paris, 1894–1898, 4 Bde.
M. Bloch, *Les caractères originaux de l'histoire rurale française*, Paris, 1931.

Italien:

G. Arias, *Il sistema della costituzione economica e sociale italiana nell' età dei communi*, Turin-Rom, 1905.
G. Yver, *Le commerce et les marchands dans l'Italie méridionale au XIIIe et au XIVe siècle*, Paris, 1903.

Darstellungen wichtiger Einzelfragen

W. Heyd, *Histoire du commerce du Levant au Moyen Age*, franz. Ausg. von Furcy-Raynaud, Leipzig, 1885–86, 2 Bde. (Neudruck 1923).
A. Schaube, *Handelsgeschichte der romanischen Völker des Mittelmeergebiets bis zum Ende der Kreuzzüge*, München-Berlin, 1906.
L. Goldschmidt, *Universalgeschichte des Handelsrechts*, 1. Bd., Stuttgart, 1891.
P. Huvelin, *Essai historique sur le droit des marchés et des foires*, Paris, 1897.
P. Boissonnade, *Le travail dans l'Europe chrétienne au Moyen Age*, Paris, 1921.
A. Schulte, *Geschichte des mittelalterlichen Handels und Verkehrs zwischen Westdeutschland und Italien*, Leipzig, 1900, 2 Bde.
W. Sombart, *Der Moderne Kapitalismus*, Leipzig, 2. Aufl., 1916–1927, 4 Bde.

Zeitschriften

Vierteljahrsschrift für Social- und Wirtschaftsgeschichte, hrg. von L. Aubin, Leipzig (von 1893 bis 1900 unter dem Titel: Zeitschrift für Social- und Wirthschaftsgeschichte).
Revue d'histoire économique et sociale, Paris, seit 1913.
The economic history review, hrg. von E. Lipson, R.-H. Tawney, J. L. de Mann, London, seit 1927.
Journal of economic and business history, hrg. von E.-F. Gay und N.-S.-B. Gras, Harvard University, seit 1928.
Annales d'histoire économique et sociale, hrg. von M. Bloch und L. Febvre, Paris, seit 1929.

Unnötig zu bemerken, dass die Wirtschaftsgeschichte einen immer breiteren Raum in den historischen Zeitschriften einnimmt.

ANMERKUNGEN

Einleitung

[1] Dies gilt heute selbst bei jenen Historikern als feststehend, welche im übrigen den Invasionen des 5. Jhs. einen umwälzenden Charakter beimessen. Siehe F. LOT in *Histoire du Moyen Age*, Bd. 1 (Histoire générale), S. 347. A. DOPSCH, *Wirtschaftliche und soziale Grundlagen der europäischen Kulturentwicklung aus der Zeit von Caesar bis auf Karl den Grossen*, 2. Aufl. (Wien, 1923/24, 2 Bde.), kommt der Verdienst zu, nachgewiesen zu haben, dass, wirtschaftlich gesehen, zwischen der dem Germaneneinbruch vorangehenden Periode und der nachfolgenden Zeit keine Zäsur besteht.

[2] H. PIRENNE, *Mahomet et Charlemagne* und *Un contraste économique: Mérovingiens et Carolingiens* in *Revue belge de philologie et d'histoire*, 1, 1922, und 2, 1923; DERS., *Les villes du Moyen Age*, S. 7 ff. (Brüssel, 1927). Gegen diese Auffassung wurden manche Einwände erhoben, denen zu begegnen hier nicht der Platz ist. Eine Darlegung bei H. LAURENT, *Les travaux de M. Henri Pirenne sur la fin du monde antique et les débuts du Moyen Age* in *Byzantion* 7, 1932, S. 495 ff.

[3] GEORGES MARÇAIS, *Histoire et historiens de l'Algérie*, S. 212 (Paris, 1931), sagt ganz ausgezeichnet: «Seit Nordafrika dem Islam zugefallen war, blieben die Brücken zu Europa fast ausnahmslos für die ganze Dauer des Mittelalters abgebrochen... Es wird zu einer Art orientalischen Provinz.» Die Kenntnis des Textes von Ibn-Haldun verdanke ich einer freundlichen Mitteilung von Herrn Marçais.

[4] H. PIRENNE, *Un contraste économique*. S. oben Anm. 2.

[5] P. SCHEFFER-BOICHORST, *Die Syrer im Abendlande* in *Mittheilungen des Instituts für Österreichische Geschichtsforschung* 6, 1885, S. 521 ff. – L. BRÉHIER, *Les colonies des Orientaux en Occident au commencement du Moyen Age* in *Byzantinische Zeitschrift* 12, 1903, S. 11 ff. – J. EBERSOLD, *Orient et Occident*, S. 26 ff. (Paris, 1929). – H. PIRENNE, *Le commerce du papyrus dans la Gaule mérovingienne* in *Comptes rendus des séances de l'Académie des Inscriptions et Belles-Lettres*, 1928, S. 178 ff. – DERS., *Le cellarium fisci. Une institution économique des temps mérovingiens* in *Bull. de la Classe des Lettres de l'Académie Royale de Belgique*, 1930, S. 201 ff.

[6] L. HALPHEN, *Etudes critiques sur l'histoire de Charlemagne*, S. 239 ff. (Paris, 1921). – H. PIRENNE, *a. a. O.*, vgl. Anm. 2.

[7] O. FENGLER, *Quentowic, seine maritime Bedeutung unter Merowingern und Karolingern* in *Hansische Geschichtsblätter*, 1907, S. 91 ff. – H. PIRENNE, *Draps de Frise ou draps de Flandre?* in *Vierteljahrsschrift für Social- und*

Wirtschaftsgeschichte 7, 1909, S. 308 ff. – H. POELMAN, *Geschiedenis van den Handel van Noordnederland gedurende het Merowingische en Karolingische tijdperk* (Amsterdam, 1908).

8 F. CUMONT, *Comment la Belgique fut romanisée*, 2. Aufl. (Brüssel, 1919).

9 Für all das genügt der Hinweis auf die ausgezeichnete Darstellung von M. BLOCH, *Les caractères originaux de l'histoire rurale française*, S. 67 ff.

10 H. VAN WERVEKE, *Comment les établissements religieux belges se procuraient-ils du vin au haut Moyen Age?* in *Revue belge de philol. et d'histoire*, Bd. 2, 1923, S. 643 ff.

11 *Edictum pistense*, 20. BORETIUS, *Capitularia*, Bd. 2, S. 319.

12 *Capitulare de Villis*, 54, *a. a. O.*, Bd. 1, S. 88.

13 Vgl. über sie das *Buch der Strassen und Länder* von IBN-KHORDADBEK (um 850) in der französischen Übersetzung von BARBIER DE MAYNARD, *Journal asiatique* 1865.

14 L. GOLDSCHMIDT, *Universalgeschichte des Handelsrechts*, Bd. 1, S. 139 (Stuttgart, 1891).

Erstes Kapitel

1 BIBLIOGRAPHIE. Siehe oben, S. 213, die in der allgemeinen Bibliographie zitierten Werke von W. HEYD und A. SCHAUBE. – H. KRETSCHMAYR, *Geschichte von Venedig*, Gotha, 1905–1920, 2 Bde. – R. HEYNEN, *Zur Entstehung des Kapitalismus in Venedig*, Stuttgart-Berlin, 1905. – L. BRENTANO, *Die byzantinische Volkswirtschaft* in *Jahrbuch für Gesetzgebung, Verwaltung* etc., Bd. 41, 1917. – H. PIRENNE, *Les villes du Moyen Age. Essai d'histoire économique et sociale*, Brüssel, 1927.

2 Es ist bekannt, dass sich der Ausdruck «Sklave» vom Wort «Slawe» ableitet.

3 HEYNEN, *a. a. O.*, S. 82. Das älteste Beispiel eines Geschäftsbriefes wird zum Jahr 1110 datiert, doch ist diese Praxis zweifellos älter.

4 BIBLIOGRAPHIE. A. BUGGE, *Die nordeuropäischen Verkehrswege im frühen Mittelalter und die Bedeutung der Wikinger für die Entwicklung des europäischen Handels und der europäischen Schiffahrt* in *Vierteljahrsschrift für Social- und Wirtschaftsgeschichte*, Bd. 4, 1906. – W. VOGEL, *Geschichte der deutschen Seeschiffahrt*, Berlin, 1925. – J. KULISCHER, *Russische Wirtschaftsgeschichte*, Bd. 1, Berlin, 1915. – E. BABELON, *Du commerce des Arabes dans le nord de l'Europe avant les croisades* in *Athénée oriental*, Paris, 1882. – O. MONTELIUS, *Kulturgeschichte Schwedens*, Leipzig, 1906. – K.-T. STRASSER, *Wikinger und Normannen*, Hamburg, 1928.

5 W. THOMSEN, *Der Ursprung des russischen Staates*, S. 55 ff. (Gotha, 1879). Vgl. E.-J. ARNE, *La Suède et l'Orient* (Upsala, Paris, Leipzig, 1914, in *Archives d'études orientales*, hrg. v. J.-A. Lundell).

6 Zu den Fundstätten arabischer und byzantinischer Münzen in Russland vgl. E.-J. ARNE, *a. a. O.*, und R. VASMER, *Ein im Dorfe Staryi*

Dedin in Weissrussland gemachter Fund Kufischer Münzen. (*Fornvännen* der Akademie für Geschichte in Stockholm, 1929.)

7 Der französische Leser wird interessante Einzelheiten über den schwedischen Handel im 9. Jh. finden bei E. de Moreau, *Saint Anschaire*, Löwen, 1930.

8 O. Scheel und P. Paulsen, *Quellen zur Frage Schleswig-Haithabu im Rahmen der fränkischen, sächsischen und nordischen Beziehungen* (Kiel, 1930).

9 BIBLIOGRAPHIE. Vgl. die Werke von W. Heyd, A. Schaube, H. Kretschmayr, H. Pirenne unter dem ersten Paragraphen dieses Kapitels. – C. Manfroni, *Storia della marina italiana dalle invasioni barbariche al trattato di Ninteo*, Bd. 1, Livorno, 1899. – G. Caro, *Genua und die Mächte am Mittelmeer*, Halle, 1895–1899, 2 Bde. – G.-J. Bratianu, *Recherches sur le commerce génois dans la Mer Noire au XIII*e *siècle*, Paris, 1929. – E.-H. Byrne, *Genoese shipping in the twelfth and thirteenth century*, Cambridge (Mass.), 1930. – R. Davidsohn, *Geschichte von Florenz*, Bd. 1, Berlin, 1896. – A. Sayous, *Le commerce des Européens à Tunis depuis le XII*e *siècle*, Paris, 1929. – E.-H. Byrne, *Genoese colonies in Syria* in *The crusades and other historical essays presented to D.-C. Munro*, New York, 1928. – L. de Mas-Latrie, *Traités de paix et de commerce... concernant les relations des chrétiens avec les Arabes de l'Afrique septentrionale au Moyen Age*, Paris, 1866. – H. Pirenne, *Histoire de Belgique*, Bd. 1, 5. Aufl., Brüssel, 1929. – R. Häpke, *Brügges Entwicklung zum mittelalterlichen Weltmarkt*, Berlin, 1908. – H. Pirenne, *Draps de Frise ou draps de Flandre*, s. Einleitung, Anm. 7. – R.-L. Reynolds, *Merchants of Arras and the overland trade with Genoa* in *Revue belge de philol. et d'histoire*, Bd. 9, 1930. – Ders., *The market for Northern textiles in Genoa, 1179–1200, a.a.O.*, Bd. 8, 1929. – F. Rousseau, *La Meuse et le pays mosan en Belgique* in *Annales de la Société archéologique de Namur*, Bd. 39, 1930.

10 *Vita s. Geraldi aureliacensis* (verfasst durch Odo v. Cluny um 925), Migne, *Patrologia Latina*, Bd. 133, Kol. 658. Vgl. zu diesem Text die Studie von F.-L. Ganshof in *Mélanges Jorga*, S. 295 (Paris, 1933).

11 Ein begeistertes zeitgenössisches Gedicht, von E. Du Méril, *Poésies populaires latines du Moyen Age*, S. 251 (Paris, 1847) publiziert, erlaubt uns zu ermessen, ein wie grosser Anteil dem religiösen Eifer bei den pisanischen Unternehmungen zukommt.

12 Es handelt sich um die erste bekannte Hängebrücke, vermutlich aus dem Beginn des 13. Jhs.

13 Ein Brief, den Papst Gregor VII. an Manasse von Reims 1074 richtete, tadelt die Handlungen des Königs Philipp I., der beschuldigt wird, Kaufleuten ihr Geld abgenommen zu haben: «mercatoribus qui de multis terrarum partibus ad forum quoddam in Francia nuper convenerant... more praedonis infinitam pecuniam.» (P. Jaffé, *Monumenta Gregoriana*, S. 115). In einem weiteren Schreiben nennt der Papst die Kaufleute «Italiae negociatores» (*a.a.O.*,

S. 132); in einem dritten spricht er von den «Italis et aliarum provinciarum mercatoribus» (*a. a. O.*, S. 147). Die päpstliche Hartnäckigkeit lässt sich als Beweis für die wichtige Stellung anführen, die der internationale Handel damals einnahm. Wenn man mit A. SCHAUBE, *a. a. O.*, S. 91 (vgl. die Allgemeine Bibliographie S. 213), diesen Zwischenfall auf die minder wichtige *foire du Lendit* verlegen will, so wird man schwerlich die Höhe der von den Kaufleuten eingebüssten Summen verstehen können.

14 *Lamperti Hersfeldensis opera*, ed. O. HOLDER-EGGER, S. 192.

15 F. LIEBERMANN, *Die Gesetze der Angelsachsen*, Bd. 1, S. 232.

16 CAMILLE JULLIAN, *Histoire de la Gaulle*, Bd. 2, S. 282 ff.

17 H. PIRENNE, *Draps de Frise ou draps de Flandre*, s. Einleitung, Anm. 7.

18 H. PIRENNE, *Draps d'Ypres à Novgorod au commencement du XIIe siècle* in *Revue belge de philol. et d'histoire*, Bd. 9, 1930, S. 563.

Zweites Kapitel

1 BIBLIOGRAPHIE. H. PIRENNE, *Les villes du Moyen Age*, vgl. Kap. 1, Anm. 1. – G. VON BELOW, *Der Ursprung der deutschen Stadtverfassung*, Düsseldorf, 1892. – K. HEGEL, *Städte und Gilden der germanischen Völker im Mittelalter*, Leipzig, 1891, 2 Bde. – DERS., *Die Entstehung des deutschen Städtewesens*, Leipzig, 1898. – F. KEUTGEN, *Untersuchungen über den Ursprung der deutschen Stadtverfassung*, Leipzig, 1895. – S. RIETSCHEL, *Die civitas auf deutschem Boden*, Leipzig, 1894. – DERS., *Markt und Stadt in ihrem rechtlichen Verhältnis*, Leipzig, 1897. – F. BEYERLE, *Burgus und Burgenses* in *Zs. der Savignystiftung f. Rechtsgesch. Germ. Abt.*, 1929. – G. ESPINAS, *La vie urbaine de Douai au Moyen Age*, Paris, 1913, 4 Bde. – C. GROSS, *The guild merchant*, Oxford, 1890, 2 Bde. – F.-W. MAITLAND, *Township and borough*, Cambridge, 1898. – C. PETIT-DUTAILLIS, *L'origine des villes en Angleterre* in der franz. Übers. von W. STUBBS, *Histoire constitutionnelle de l'Angleterre*, Bd. 1, Paris, 1907. – C. STEPHENSON, *The origin of the English towns* in *American historical review*, Bd. 32, 1926. – DERS., *The Anglo-Saxon borough* in *English historical review*, 1930. – DERS., *Borough and town, a study of urban origins in England*, Cambridge (Mass.), 1933. – H. PIRENNE, *Les villes flamandes avant le XIIe siècle* in *Annales de l'Est et du Nord*, Bd. 1, 1905. – DERS., *Les anciennes démocraties du Pays-Bas*, Paris, 1910. – G. DES MAREZ, *Etude sur la propriété foncière dans les villes du Moyen Age et spécialement en Flandre*, Gent, 1898. – L. VON HEINEMANN, *Zur Entstehung der Stadtverfassung in Italien*, Leipzig, 1896. – G. MENGOZZI, *La città italiana nell' alto medio evo*, 2. Aufl., Florenz, 1931.

2 H. PIRENNE, *Les villes flamandes avant le XIIe siècle* in *Annales de l'Est et du Nord*, Bd. 1 (1905).

3 Vgl. ROUSSEAU in dem unter Kap. 1, Anm. 9 zitierten Werk, S. 89 ff.

4 P. ROLLAND, *L'expansion tournaisienne au XIe et XIIe siècles. Art et*

commerce de la pierre in *Annales de l'Académie royale d'archéol. de Belgique*, 1924.

[5] BIBLIOGRAPHIE. Siehe oben Kap. 2, Anm. 1, und dazu: W. VOGEL, *Ein seefahrender Kaufmann um 1100* in *Hansische Geschichtsblätter*, Bd. 18, 1912. – H. PIRENNE, *Les périodes de l'histoire sociale du capitalisme* in *Bull. de la Cl. des lettres de l'Acad. royale de Belgique*, 1914.

[6] R. EBERSTADT, *Der Ursprung des Zunftwesens und die älteren Handwerkerverbände des Mittelalters*, Leipzig, 1915; ferner, aber weniger bestimmt: F. KEUTGEN, *Ämter und Zünfte*, Jena, 1903.

[7] Vgl. darüber den oben (Anm. 5) zitierten Artikel von VOGEL. Der *Libellus de vita et miraculis S. Godrici, heremitate de Finchale, auctore Reginaldo monacho Dunelmensi* wurde 1847 durch STEWENSON in London ediert, für die Surtees-Society.

[8] Beispiele, die sich leicht vermehren liessen, findet man in meiner Arbeit: *Les périodes de l'histoire sociale du capitalisme* in *Bull. de la Cl. des lettres de l'Académie royale de Belgique*, 1914.

[9] *Gesta episcoporum cameracensium*, hrg. von Ch. De Smedt, S. 125.

[10] Die *Vita* des hl. Guido (11. Jh.) berichtet, wie dieser sich dem Handel widmete, um über mehr Geld für Almosen zu verfügen. *Acta Sanct. Boll.* Sept. Bd. 4, S. 42.

[11] BIBLIOGRAPHIE siehe oben Kap. 2, Anm. 1, S. 217.

[12] Der Verfasser der Vita des hl. Guido (s. oben Anm. 10) nennt den Kaufmann, der den Heiligen zu Geschäften verleitet, *diaboli minister*.

[13] WIBERT VON NOGENT, *Histoire de la vie*, hrg. v. G. BOURGIN, S. 156 (Paris, 1907). Zu Beginn des 13. Jhs. predigt Jakob von Vitry noch gegen die «violentes et pestifere communitates». – A. GIRY, *Documents sur les relations de la royauté avec les villes en France*, S. 59 (Paris, 1885). Gleicherweise sagt in England Richard von Devizes (Richardus Divisiensis): «*Communia est tumor plebis, timor regni, tepor sacerdotii.*». – W. STUBBS, *Selected charters*, S. 252 (Oxford, 1890).

[14] «Extraneus mercator vel aliquis transiens per regnum, non habens certam mansionem infra vicecomitatum sed vagans, qui vocatur piepowdrous» (1124–1153). CH. GROSS, *The Court of piepowder* in *The Quarterly Journal of Economics*, Bd. 20 (1906), S. 231, n. 4.

Drittes Kapitel

[1] BIBLIOGRAPHIE. Zu den in der allgemeinen Bibliographie zitierten Werken von INAMA-STERNEGG, LAMPRECHT, H. SÉE und M. BLOCH kommen hinzu: K. LAMPRECHT, *Etude sur l'état économique de la France pendant la première partie du Moyen Age*, Übers., Paris, 1889. – L. DELISLE, *Etudes sur la condition de la classe agricole et l'état de l'agriculture en Normandie au Moyen Age*, Paris, 2. Aufl. 1903. – A. HANSAY, *Etude sur la formation et l'organisation économique du domaine de Saint-Trond jusqu'à la fin du XIIIe siècle*, Gent, 1899. – L. VERRIEST, *Le servage dans le comté de Hainaut. Les sainteurs. Le meilleur catel*,

Brüssel, 1910 (Mém. de l'Acad. de Belgique). – G. DES MAREZ, *Note sur le manse brabançon au Moyen Age* in *Mélange Pirenne*, Brüssel, 1926. – F. SEEBOHM, *The English village community*, London, 1883. – P. VINOGRADOFF, *The growth of the manor*, London, 1905. – DERS., *English society in the eleventh century*, Oxford, 1908. – G.-G. COULTON, *The medieval village*, Cambridge, 1925. – G.-F. KNAPP, *Grundherrschaft und Rittergut*, Leipzig, 1897. – W. WITTICH, *Die Grundherrschaft in Nordwestdeutschland*, Leipzig, 1896. – O. SIEBECK, *Der Frondienst als Arbeitssystem*, Tübingen, 1904. – R. CAGGESE, *Classi e comuni rurali nel medio evo italiano*, Florenz, 1907–1908, 2 Bde. – H. BLINK, *Geschiedenis van den boerenstand en den landbouw in Nederland*, Groningen, 1902–1904, 2 Bde. – G. ROUPNEL, *Histoire de la campagne française*, Paris, 1932.

2 F. LOT, *L'Etat des paroisses et des feux de 1328* in *Bibl. de l'Ecole des Chartes*, Bd. 90 (1929), S. 301, nimmt an, dass zu Beginn des 14. Jhs. die Städter zwischen $^1/_7$ und $^1/_{10}$ der französischen Gesamtbevölkerung ausmachten. Für Brabant stellt jedoch J. CUVELIER, *Les dénombrements de foyers en Brabant*, S. CXXXV, fest, dass 1437 die Bauernhäuser $^2/_3$ des Totals an Häusern im Herzogtum betrugen.

3 Es erübrigt sich wohl, zu bemerken, dass die Organisation des Grossgrundbesitzes nach Landschaften grosse Unterschiede aufweist. Hier kommt nur eine summarische Darstellung in Frage, die zuweilen sogar schematisch ausfällt, insofern als nur die Grundzüge gezeichnet werden sollen.

4 Vgl. die Karte dieser Grundherrschaft bei H. PIRENNE, *Le livre de l'abbé Guillaume de Ryckel, polyptyque et comptes de l'abbaye de Saint-Trond au milieu du XIIIe siècle* (Brüssel, 1896).

5 Nach den Ausführungen von DES MAREZ (s. die Bibliographie Kap. 3, Anm. 1) zählte die gewöhnliche Hufe in Brabant 10–12 Schupposen, was bei der verschiedenen Grössenbemessung der letzteren eine Fläche von 8–15 Hektaren ergibt. Nach M. BLOCH, *a. a. O.*, S. 159, schwankt die Hufe in Frankreich zwischen 5 und 30 Hektaren, wobei das Mittel ungefähr bei 13 steht.

6 Im Hennegau und dessen Nachbarschaft besteht dafür der Ausdruck «sainteurs».

7 BIBLIOGRAPHIE. Vgl. oben Kap. 3, Anm. 1, und dazu: ED. BONVALOT, *Le tiers-état d'après la charte de Beaumont et ses filiales*, Paris, 1884. – M. PROU, *Les coutumes de Lorris et leur propagation au XII*e *et au XIII*e *siècle* in *Nouv. Rev. hist. du droit français*, Bd. 8, 1884. – L. VANDERKINDERE, *La loi de Prisches* in *Mélanges P. Fredericq*, Brüssel, 1904. – M. BATESON, *The laws of Breteuil* in *English hist. review* Bd. 15, 1900. – F. GOBLET D'ALVIELLA, *Histoire des bois et forêts en Belgique*, Bd. 1, Brüssel, 1927. – A. SCHWAPPACH, *Grundriss des Forst- und Jagdwesens Deutschlands*, Berlin, 1892. – E. DE BORCHGRAVE, *Histoire des colonies belges qui s'établirent en Allemagne pendant le XII*e *et le XIII*e *siècle*, Brüssel, 1865 (Mém. Acad. de Belgique). – R. SCHROEDER, *Die niederländischen Kolonien in Norddeutschland zur Zeit des Mittel-*

alters, Berlin, 1880. – E.-O. SCHULZE, *Niederländische Siedlungen in den Marschen an der unteren Weser und Elbe im XII. und XIII. Jh.*, Hannover, 1889.

[8] Zum Gutsbetrieb der Zisterzienser vgl. z. B. das *Polyptyque de l'abbaye de Villers* (Mitte d. 13. Jhs.), hrg. von E. DE MOREAU und J.-B. GOETSTOUWERS, in *Analectes pour servir à l'histoire ecclésiastique de la Belgique*, Bd. 32 und 33 (1906, 1907).

[9] H. PIRENNE, *Histoire de Belgique*, Bd. 1, 5. Aufl., S. 156. Die an Flandern grenzenden romanischen Gebiete scheinen gleichfalls im 12. Jh. stark bevölkert gewesen zu sein. Zahlreiche Auswanderer begaben sich von dort nach Schlesien und sogar bis nach Ungarn. Die Stadt Gran verdankt ihnen vermutlich ihren Ursprung. Dort existierte im 12. Jh. ein *Vicus Latinorum*, von Leuten aus Lothringen und dem Artois vornehmlich bewohnt. Vgl. K. SCHÜNEMANN, *Die Entstehung des Stadtwesens in Südosteuropa* (Breslau, 1929).

[10] H. VAN WERVEKE, *Monnaie, lingots ou marchandises? Les instruments d'échange aux XIe et XIIe siècles* in *Annales d'histoire économique et sociale*, 1932, S. 452 ff.

[11] THOMAS VON CHANTIMPRÉ, *Bonum Universale de apibus*, II, 49; S. 446 der Ausg. von Douai von 1605.

[12] *Journal des visites pastorales d'Eudes Rigaud, archevêque de Rouen (1248 à 1269)*, hrg. von TH. BONNIN (Rouen, 1852).

[13] 1264 verkauft der Abt des Klosters Saint-Trond der Abtei Himmerode seine Rebberge in Pommern und Briedel an der Mosel. Siehe die Texte bei LAMPRECHT, *Deutsches Wirtschaftsleben*, Bd. 3, S. 24 ff.

[14] Vgl. sein *Journal* (Anm. 12). 1268 gibt er einem Abte die Weisung «quod quam melius posset, maneria ad firmam traderet» (S. 607). Er selbst vermietet verschiedene Güter auf zwei, drei oder vier Jahre an Bürger oder Kleriker, *a. a. O.*, S. 766 ff.

[15] J.-A. BRUTAILS, *Etude sur la condition des populations rurales du Roussillon au Moyen Age*, S. 117 ff.

[16] BEUGNOT, *Les Olim*, Bd. 2, S. 770: «oncques n'avons oy de gens de serve condicion, ne de morte main, ne de quel condicion qu'il soient.»

[17] M. BLOCH, *Caractères originaux*, S. 23.

Viertes Kapitel

[1] BIBLIOGRAPHIE. A. SCHULTE, *Gesch. d. mittelalt. Handels* (vgl. allgem. Bibliographie). – W. VOGEL, *Gesch. d. deutschen Seeschiffahrt* (vgl. Kap. 1, Anm. 4). – W. GÖTZ, *Die Verkehrswege im Dienste des Welthandels*, Stuttgart, 1888. – P.-H. SCHEFFEL, *Verkehrsgeschichte der Alpen*, Berlin, 1908–1913, 2 Bde. – J.-E. TYLER, *The Alpine passes in the Middle Ages (962–1250)*, Oxford, 1890. – R. BLANCHARD, *Les Alpes françaises*, Paris, 1925. – CH. DE LA RONCIÈRE, *Histoire de la marine française*, Paris, 1899–1920, 5 Bde. – E.-H. BYRNE, *Genoese*

shipping (vgl. Kap. 1, Anm. 9). – ED. VON LIPPMANN, *Geschichte der Magnetnadel bis zur Einführung des Kompasses*, Berlin, 1932. – A. BEARDWOORD, *Alien merchants in England, 1350–1377. Their legal and economic position*, Cambridge (Mass.), 1931.

2 1127 erhalten die Bewohner von St-Omer die Zusicherung von Wilhelm dem Normannen, sie in England davon befreien zu lassen. Zur selben Zeit bezeugt die Chronik Walberts von Brügge, welches Gewicht die Städte auf deren Beseitigung legten.

3 KULISCHER, *a. a. O.*, Bd. 1, S. 301. 1271 zählte man 22 Zölle auf Schelde und Scarpe zwischen Douai und Rupelmonde. GHELDOLF, *Histoire de la Flandre et de ses institutions*, Bd. 2, S. 460 ff.

4 G. YVER, *Le commerce et les marchands dans l'Italie méridionale*, S. 70.

5 *Cartulaire de la ville de Gand. Comptes de la ville et des baillis*, hrg. v. J. VUYLSTEKE, S. 801 (Gent, 1900).

6 Über die ungenügende Technik des Tierzuges im 10. Jh. vgl. LEFEBVRE DES NOËTTES, *L'attelage et le cheval de selle à travers les âges* (Paris, 1931).

7 H. PIRENNE, *Les Overdraghes et les portes d'eau en Flandre au XIIIe siècle* in *Essays in medieval history presented to Thomas Frederick Tout* (Manchester, 1925).

8 Für die auf dem Mittelmeer verwendeten Schiffe vgl. BYRNE, *a. a. O.*, S. 9 ff. Aus seinen Untersuchungen geht hervor, dass sie grösser waren, als man früher angenommen hat. Verschiedene ihrer Typen konnten 1000–1100 Passagiere aufnehmen.

9 A. SCHEUBE, *Die Anfänge der venezianischen Galeerenfahrten nach der Nordsee* in *Hist. Zeitschr.*, Bd. 101 (1908).

10 Vgl. über die Wirtschaftspolitik Neapels G. YVER, *a. a. O.*

11 C. KOEHNE, *Das Hansgrafenamt*, Berlin, 1893. – W. STEIN, *Hansa* in *Hansische Geschichtsblätter*, 1909, S. 53 ff.

12 Siehe dazu oben Kap. 2, Anm. 14. Der folgende Text ist äusserst bezeichnend für den wandernden Kaufmann des Mittelalters. Im Jahre 1128 formulierten die Einwohner von Brügge ihre Vorwürfe gegen den Grafen Wilhelm Cliton folgendermassen: Nos in terra hac (Flandern) clausit ne negociari possemus, imo quicquid hactenus possedimus, sine lucro, sine negotiatione, sine acquisitione rerum consumpsimus, unde iustam habemus rationem expellendi illum a terra. WALBERT VON BRÜGGE, *Histoire du meurtre de Charles le Bon*, hrg. v. H. PIRENNE, S. 152.

13 E. PICARDA, *Les marchands de l'eau. Hanse parisienne et compagnie française*, Paris, 1901. – G. HUISMAN, *La juridiction de la municipalité parisienne de Saint Louis à Charles VII* (Paris, 1912). – H. PIRENNE, *A propos de la hanse parisienne des marchands de l'eau* in *Mélanges d'histoire offerts à M. Charles Bémont*, Paris, 1913.

14 H. PIRENNE, *La hanse flamande de Londres* in *Bulletin de la Classe des Lettres de l'Académie royale de Belgique*, 1899, S. 65 ff.

[15] Über diese Veränderungen s. F. RÖRIG, *Hansische Beiträge zur deutschen Wirtschaftsgeschichte*, S. 217 ff., Breslau, 1928.

[16] BIBLIOGRAPHIE. HUVELIN, *a. a. O.* (vgl. die allgem. Bibliographie). – F. BOURQUELOT, *Etude sur les foires de Champagne*, Paris, 1865, 2 Bde. – C. BASSERMANN, *Die Champagnemessen. Ein Beitrag zur Geschichte des Kredits*, Leipzig, 1911. – G. DES MAREZ, *La lettre de foire à Ypres au XIIIe siècle*, Brüssel, 1901 (Mém. Acad. Belgique). – H. LAURENT, *Documents relatifs à la procédure en foires de Champagne contre des débiteurs défaillants* in *Bulletin de la Commission des anciennes lois et ordonnances de Belgique*, Bd. 13 (1929). – H. PIRENNE, *Un conflit entre le magistrat yprois et les gardes des foires de Champagne* in *Bulletin de la Commission royale d'histoire de Belgique*, Bd. 86 (1922). – A. SAYOUS, *Les opérations des banquiers italiens en Italie et aux foires de Champagne pendant le XIIIe siècle* in *Revue historique*, Bd. 170 (1932).

[17] HUVELIN, *a. a. O.*, S. 438.

[18] A. GIRY, *Etudes carolingiennes* in *Etudes d'histoire du Moyen Age dédiées à Gabriel Monod*, S. 118 (Paris, 1896).

[19] Vgl. oben S. 41.

[20] Eindrückliche Einzelheiten aus dem Leben dieser Messboten bei G. ESPINAS, *Une guerre sociale interurbaine dans la Flandre wallonne au XIIIe siècle*, S. 24, 35, 72, 82, 83 usw. (Paris-Lille, 1930).

[21] HUVELIN, *a. a. O.*, S. 505.

[22] L. GOLDSCHMIDT, *Universalgeschichte des Handelsrechts*, S. 226.

[23] BIBLIOGRAPHIE. M. PROU, *Les monnaies carolingiennes*, Paris, 1896. – A. LUSCHIN VON EBENGREUTH, *Allgemeine Münzkunde und Geldgeschichte*, München-Berlin, 2. Aufl., 1926. – W.-A. SHAW, *The history of currency, 1252–1894*, London, 1895. – A. BLANCHET und A. DIEUDONNÉ, *Manuel de numismatique française*, Paris, 1912–1916, 2 Bde. – H. VAN WERVEKE, *Monnaie, lingots ou marchandises?* in *Annales d'histoire économique et sociale*, Bd. 4 (1932). – A. LANDRY, *Essai économique sur les mutations des monnaies dans l'ancienne France de Philippe le Bel à Charles VII*, Paris, 1910. – E. BRIDREY, *La théorie de la monnaie au XIVe siècle. Nicole Oresme.* Paris, 1906.

[24] A. DOPSCH, *Naturalwirtschaft und Geldwirtschaft in der Weltgeschichte* (Wien, 1930), hat nachgewiesen, wie zu allen Zeiten Natural- und Geldwirtschaft nebeneinander bestanden, ohne aber dem entwicklungsgeschichtlichen Moment genügend Rechnung zu tragen, sowie dessen Einfluss auf Form und Art des Austausches. Vgl. die Bemerkungen von H. VAN WERVEKE in *Annales d'histoire économique et sociale*, 1931, S. 428 ff.

[25] Man ist erstaunt, zu sehen, dass HUVELIN, *a. a. O.*, S. 538, diese Legende für bare Münze nimmt.

[26] Vgl. dazu die in Anm. 2 der Einleitung zitierten Arbeiten.

[27] Es geht nicht an, hier alle die von DOPSCH, *a. a. O.*, S. 87, Anm. 24, zitierten Stellen zu überprüfen, auf Grund deren er nachzuweisen

versucht, dass weder Geldumlauf noch Münzprägung während der Karolingerzeit wesentlich zurückgingen. Ich behalte mir vor, andernorts auf diese Frage zurückzukommen.

28 M. PROU, *Les monnaies carolingiennes*, S. XLIV ff.

29 Daraus erklärt es sich, dass man die in den Texten den Zahlworten angehängten Adjektive im Genitiv zu lesen hat. So: *V Libras tur.* soviel wie *V Libras turonensium* und nicht *V libras turonenses*; denn dieser Ausdruck will besagen: 5 Pfund Denare aus Tours. Gleicherweise sind *V sol. tur.* = *V solidos turonensium.*

30 KULISCHER, *a. a. O.*, Bd. 1, S. 324.

31 A. GIRY, *Histoire de la ville de Saint-Omer*, S. 61.

32 W. HÄVERNICK, *Der Kölner Pfennig im 12. u. 13. Jahrhundert*, Stuttgart, 1930.

33 P. LEHYGEUR, *Histoire de Philippe le Long*, S. 368 (Paris, 1897).

34 Zur Rolle des Goldes vor der Wiederaufnahme der Prägung vgl. M. BLOCH, *Le problème de l'or au Moyen Age* in *Annales d'histoire économique et sociale*, 1933, S. 1 ff. Der Autor legt Gewicht auf die Nachahmung fremder Goldsorten durch die Fürsten. Doch ist nirgends ersichtlich, dass der Handel sich des Goldes bediente. Es scheint eher zu Zahlungen und Anleihen hoher Persönlichkeiten, demnach in Ausnahmefällen, Verwendung gefunden zu haben.

35 *La chronique de Saint-Hubert, dite Cantatorium*, hrg. v. K. HANQUET, S. 68 (Brüssel, 1906).

36 BIBLIOGRAPHIE. GOLDSCHMIDT, *a. a. O.* (s. allgem. Bibliogr. S. 213). – M. POSTAN, *Credit in medieval trade* in *The economic history review*, Bd. 1 (1928). – R. GÉNESTAL, *Le rôle des monastères comme établissements de crédit*, Paris, 1901. – L. DELISLE, *Les opérations financières des Templiers*, Paris, 1889. – H. VAN WERVEKE, *Le mort-gage et son rôle économique en Flandre et en Lotharingie* in *Revue belge de philol. et d'histoire*, Bd. 8 (1929). – G. BIGWOOD, *Les financiers d'Arras*, *Ibid.*, Bd. 3 (1924). – R.-L. REYNOLDS, *The merchants of Arras*, *Ibid.*, Bd. 9 (1930). – H. JENKINSON, *A money-lender's bonds of the twelfth century* in *Mélanges Poole*, London, 1927. – G. BIGWOOD, *Le régime juridique et économique du commerce de l'argent dans la Belgique du Moyen Age*, Brüssel, 1921–1922, 2 Bde. (Mém. de l'Acad. Belgique). – S.-L. PERUZZI, *Storia del commercio e dei banchieri di Firenze (1200–1345)*, Florenz, 1868. – A. SAPORI, *La crisi delle compagnie mercantili dei Bardi e dei Peruzzi*, Florenz, 1926. – DERS., *Una compagnia di Calimala ai primi del trecento*, Florenz, 1932. – A. CECCHERELLI, *Le scritture commerciali nelle antiche aziende fiorentine*, Florenz, 1910. – E.-H. BYRNE, *Commercial contracts of the Genoese in the Syrian trade of the XII century* in *The quarterly journal of economics*, Bd. 31 (1916). – A. E. SAYOUS, *Les opérations du capitaliste et commerçant marseillais Etienne de Manduel, entre 1200 et 1230* in *Revue des Questions historiques*, 1930. – DERS., *Les transformations des méthodes commerciales dans l'Italie médiévale* in *Annales d'histoire économique et sociale*, Bd. 1 (1929). – DERS., *Dans l'Italie à*

l'intérieur des terres: Sienne de 1221 à 1229, Ibid., Bd. 3 (1931). – DERS., *Les méthodes commerciales de Barcelone au XIIIe siècle* in *Estudis universitaris catalans*, Bd. 16 (1932). – DERS., *Les mandats de Saint Louis sur son trésor* in *Revue historique*, Bd. 167 (1931). - F. ARENS, *Wilhelm Servat von Cahors als Kaufmann zu London* in *Vierteljahrsschrift für Social- und Wirtschaftsgeschichte*, Bd. 11 (1913). – W.-E. RHODES, *The Italian bankers in England and their loans to Edward I and Edward II* in *Owens College Essays*, Manchester, 1902. – W. SOMBART, *Die Juden und das Wirtschaftsleben*, Leipzig, 1911. – A. SAYOUS, *Les juifs ont-ils été les fondateurs du capitalisme moderne?* in *Revue économique internationale*, 1932. – W. ENDEMANN, *Studien in die romanisch-kanonistische Wirtschafts- und Rechtslehre*, Berlin, 1874–1883, 2 Bde. – F. SCHAUB, *Der Kampf gegen den Zinswucher, ungerechten Preis und unlauteren Handel*, Freiburg, 1905. – H. PIRENNE, *L'instruction des marchands au Moyen Age* in *Annales d'histoire économique et sociale*, Bd. 1 (1929). – A. SHIAFFINI, *Il mercante genovese del dugento* in der Zeitschrift *La compagna*, 1929. – F. RÖRIG, *Das älteste deutsche Kaufmannsbüchlein* in *Hansische Beiträge zur deutschen Wirtschaftsgeschichte*, Breslau, 1928. – F. KEUTGEN, *Hansische Handelsgesellschaften, vornehmlich des XIV. Jahrhunderts* in *Vierteljahrsschrift für Social- und Wirtschaftsgeschichte*, Bd. 4 (1906). – J. KULISCHER, *Warenhändler und Geldausleiher im Mittelalter* in *Zeitschr. für Volkswirtschaft, Sozialpolitik und Verwaltung*, 1908.

37 POSTAN, *a. a. O.*, S. 261 bemerkt, dass Handelskredite, deren Existenz meistens geleugnet wird, auch im Mittelalter die Grundlage des Handels bildeten. Während andere Kreditformen zwar zugegeben werden, hat man auch hier ihre Funktion falsch ausgelegt.

38 H. PIRENNE, *Histoire de Belgique*, Bd. 1, 5. Aufl., S. 139.

39 *Chronique de Saint-Hubert*, hrg. v. HANQUET, S. 121.

40 Nach BYRNE, *Genoese Trade*, betrug der normale Gewinn der genuesischen Gesellschaften 25%.

41 ED. FORESTIÉ, *Le livre de comptes des frères Bonis, marchands montalbanais du XIVe siècle* (Paris, 2 Bde., 1890–1893).

42 P. MEYER, *Le livre journal de maître Ugo Teralh, notaire et drapier à Forcalquier (1330–1332)* in *Notices et extraits des manuscrits de la Bibliotheque Nationale*, Bd. 36 (1898).

43 K. KOPPMANN, *Johann Tölners Handlungsbuch von 1345–1350* (Rostock, 1885).

44 H. NIRRNHEIM, *Das Handlungsbuch Vickos von Geldernsen* (Hamburg-Leipzig, 1895).

45 C. MOLLWO, *Das Handlungsbuch von Hermann und Johann Wittenborg* (Leipzig, 1901).

46 F. RÖRIG, *Hansische Beiträge* usw. vgl. oben Anm. 36. – Für Brügge besitzt man sieben Rechnungsbücher des Wechslers Collard de Marke (1366–1369). R. DE ROOVER, *Considérations sur le livre de comptes de C. de M.* in *Bulletin de l'école supérieure de commerce Saint-Ignace à Anvers* (1930).

47 *Le livre des métiers de Bruges et ses dérivés. Quatre anciens manuels de conversation*, hrg. von J. Gessler (Brügge, 1931).

48 Zu diesen Geschäften vgl. H. JENKINSON in den oben Anm. 36 zitierten Werken.

49 Schon 1176 nehmen englische Prälaten beträchtliche Gelder bei den «mercatores Flandriae» auf. A. SCHAUBE, *Handelsgesch. der Romanischen Völker*, S. 393.

50 *Guillaume le Breton, Philipidis, Mon. Germ. Script.* Bd. 26, S. 321.

51 A. GUESNON, *La satire à Arras au XIII*e *siècle* in *Moyen Age* (1889 und 1900). – Über die sprichwörtliche Habgier der Bewohner von Arras zu Beginn des 12. Jhs. vgl. WIBERT VON NOGENT, *Histoire de sa vie*, hrg. v. G. BOURGIN, S. 223.

52 G. BIGWOOD, *a. a. O.*, Bd. 1, S. 99.

53 BIGWOOD, *a. a. O.*, S. 441.

54 BIGWOOD, *a. a. O.*, S. 178.

55 BIGWOOD, *a. a. O.*, S. 180.

56 G. SCHNEIDER, *Die finanziellen Beziehungen der florentinischen Bankiers zur Kirche* (Leipzig, 1899). – ED. JORDAN, *Le Saint-Siège et les banquiers italiens* in *Congrès international des catholiques*, 5e sect., S. 292 (Brüssel, 1895).

57 Vgl. oben S. 14 ff.; ausserdem M. HOFMANN, *Der Geldhandel der deutschen Juden während des Mittelalters bis zum Jahre 1350* (Leipzig, 1910).

58 H. PIRENNE, *La duchesse Aleyde de Brabant et le «De regimine Judaeorum» de saint Thomas d'Aquin* in *Bulletin de la Classe des Lettres de l'Académie royale de Belgique* (1928).

59 Davon ein merkwürdiges Beispiel in Paris, im Jahre 1380, in der *Chronique du Religieux de Saint-Denys*, hrg. von BELLAGUET, Bd. 1, S. 54.

60 Sie waren sicher nicht zahlreich, denn die Konfiskation ihrer Güter trug nur 7065 Brabanter Florine ein. HENNE und WAUTERS, *Histoire de Bruxelles*, Bd. 1, S. 133.

61 1367 verwendet man in Brügge den Ausdruck *cauwersinen* für Lombarden. GILLIODTS VAN SEVEREN, *Inventaire des Archives de Bruges*, Bd. 2, S. 140. – Kawerzen trieben aber neben Bank- auch Warengeschäfte. Vgl. F. ARENS, *Wilhelm Servat von Cahors als Kaufmann zu London* in *Vierteljahrsschrift für Social- und Wirtschaftsgeschichte*, Bd. 11 (1913), S. 477 ff.

62 BIGWOOD, *Le commerce de l'argent*, Bd. 1, S. 340.

63 BIGWOOD, *a. a. O.*, S. 451.

64 1228 verleiht der Abt von Saint-Bertin Geld *ad usuram*. BIGWOOD, *a. a. O.*, Bd. 2, S. 263.

65 *Gesta episcoporum cameracensium*, hrg. v. Ch. De Smedt, S. 125.

66 W. ARNOLD, *Zur Geschichte des Eigentums in den deutschen Städten* (Basel, 1861). – G. DES MAREZ, *Etude sur la propriété foncière dans les villes du Moyen Age et spécialement en Flandre* (Gent, 1898). – J. GOBBERS, *Die Erbleihe und ihr Verhältnis zum Rentenkauf im mittelalterlichen Köln* in *Zeitschr. d. Savigny-Stiftung für Rechtsgesch. Germ. Abt.* (1883).

67 Auch die Abteien verkauften Leibrenten an ihre Gläubiger. Vgl. z. B. die von 1267 datierte Liste der «*pensiones que post vitas hominum ad ecclesiam revertentur*» in *Le livre de l'abbé Guillaume de Ryckel*, hrg. v. H. PIRENNE, S. 68. – Über die Leibrenten der Städte vgl. G. ESPINAS, *Les finances de la commune de Douai*, S. 321 ff. (Paris, 1902).

68 BIGWOOD, *a. a. O.*, Bd. 1, S. 456.

69 W. ENDEMANN, *Studien in die romanisch-kanonistische Wirtschafts- und Rechtslehre*, 2 Bde. (Berlin, 1874–1883). – E. SCHREIBER, *Die volkswirtschaftlichen Anschauungen der Scholastik seit Thomas von Aquin*, Jena, 1913.

70 E. LIPSON, *Economic history of England*, Bd. 1, S. 530.

Fünftes Kapitel

1 BIBLIOGRAPHIE. Vgl. die Werke von W. HEYD und A. SCHAUBE in der allgemeinen Bibliographie sowie die Kap. 1, Anm. 9, erwähnten Arbeiten von R. HÄPKE und R.-L. REYNOLDS. – H. SIMONSFELD, *Der Fondaco dei Tedeschi in Venedig und die deutsch-venetianischen Handelsbeziehungen* (Stuttgart, 1887), 2 Bde. – W. STEIN, *Beiträge zur Geschichte der deutschen Hanse* (Giessen, 1900). – E. DAENELL, *Geschichte der deutschen Hanse in der zweiten Hälfte des XIV. Jahrhunderts* (Leipzig, 1897). – DERS., *Die Blütezeit der deutschen Hanse* (Berlin, 1905–1906), 2 Bde. – G.-A. KIESSELBACH, *Die wirtschaftlichen Grundlagen der deutschen Hanse und die Handelsstellung Hamburgs bis in die zweite Hälfte des XIV. Jahrhunderts* (Berlin, 1907). – P.-A. MEILINK, *De nederlandsche Hanzesteden tot het laatste kwartaal der XIVe eeuw* ('s-Gravenhage, 1912). – F. RÖRIG, *Hansische Beiträge zur deutschen Wirtschaftsgeschichte* (Breslau, 1928). – DERS., *La Hanse* in *Annales d'histoire économique et sociale*, Bd. 2 (1930). – AD. ARNDT, *Zur Geschichte und Theorie des Bergregals und der Bergbaufreiheit* (Halle, 2. Aufl., 1916). – L. BLANCARD, *Documents inédits sur le commerce de Marseille au Moyen Age* (Marseille, 1884–1885, 2 Bde.). – A. GERMAIN, *Histoire du commerce de Montpellier* (Montpellier, 1861), 2 Bde. – C. PORT, *Essai sur l'histoire du commerce maritime de Narbonne* (Paris, 1852). – DE FRÉVILLE, *Mémoire sur le commerce maritime de Rouen* (Rouen, 1857, 2 Bde.). – L. MIROT, *La colonie lucquoise à Paris du XIIIe au XVe siècle* in *Bibliothèque de l'Ecole des Chartes* (1927–1928). – Z. V. SNELLER, *De ontwikkeling van den handel tusschen Noordnederland en Frankryk tot het midden der XVe eeuw* in *Bydragen voor vaderl. Geschiedenis* (1929). – AD. SCHAUBE, *Die Wollausfuhr Englands vom Jahre 1273* in *Vierteljahrsschrift für Social- und Wirtschaftsgeschichte*, Bd. 6 (1908). – E.-E. POWER, *The English wool trade in the reign of Edward IV* in *The Cambridge historical journal*, Bd. 2 (1926).

2 Siehe oben S. 47 ff.

3 Siehe oben S. 41.

[4] Der Höhepunkt dieser Tuchindustrie liegt zu Beginn des 14. Jhs. Dann kamen wiederum Frankreich, vor allem aber England auf. In England klagt man darüber, dass die Flamen zum Schaden der Einheimischen Waid, Karden und Walkerde innerhalb des Königreichs einkaufen. LIPSON, *a. a. O.*, Bd. 1, S. 399.

[5] A. SAPORI, *Una compagnia di Calimala ai primi del trecento*. – A. DOREN, *Die Florentiner Wolltuchindustrie vom XIV. bis zum XVI. Jahrhundert* (Stuttgart, 1901).

[6] A. BUGGE, *Der Untergang der norwegischen Schiffahrt im Mittelalter* in *Vierteljahrsschrift für Social- und Wirtschaftsgeschichte*, Bd. 12 (1914), S. 92 ff.

[7] AD. SCHAUBE, *Die Wollausfuhr Englands vom Jahre 1273* in *Vierteljahrsschrift für Social- und Wirtschaftsgeschichte*, Bd. 6 (1908).

[8] 1381 gestattete ein königliches Dekret nur englischen Fahrzeugen die Schiffahrt im Königreich. Doch erwies sich dies als unausführbar, und bald musste, wie vorher, die Hansa wiederum in die Schranken treten. Gleichwohl bedeutet die Akte von 1381 einen Wendepunkt, an dem sich der staatliche Wirtschaftsinterventionismus anmeldet. Vgl. F.-R. SALTER in *The economic history review* (1931), S. 93.

[9] Die Gesamtzahl 282 der Berufe geht aus der von G. FAGNIEZ, *Etudes sur l'industrie et la classe industrielle à Paris au XIIIe et au XIVe siècle*, S. 7 ff., aufgestellten Liste hervor, wenn man Synonyma sowie die Erwähnung von Frauen und Dienern davon in Abzug bringt.

[10] Mangels französischer Arbeiten sind zu konsultieren: A. L. SIMON, *The history of the wine trade in England* (London, 1906). – Z.-W. SNELLER, *Wynvaart en Wynhandel tusschen Frankryk en de Noordelike Nederlanden in de tweede helft der XV eeuw* in *Bydragen voor vaderl. Geschiedenis* (1924).

[11] WARNKOENIG-GHELDOLF, *Histoire de la Flandre*, Bd. 3, S. 284.

[12] HOCSEM, *Gesta episcoporum leodiensium*, hrg. v. G. KURTH, S. 252.

[13] z. B. die Herzoge von Bedford; vgl. G. SCOTT-THOMSON, *Two centuries of family history* (London, 1930).

[14] TH. KIESSELBACH, *Der Ursprung der rôles d'Oléron und des Seerechts von Damme* in *Hans. Geschichtsblätter*, 1906, S. 1 ff.

[15] A. AGATS, *Der hansische Baienhandel* (Heidelberg, 1908). Vgl. H. HAUSER, *Le sel dans l'histoire* in *Revue économique internationale* (1927).

[16] Nach F. LOT, *L'état des paroisses et des feux de 1328* in *Bibliothèque de l'Ecole des Chartes*, Bd. 90 (1929), S. 405, hatte die Bevölkerung Frankreichs im Jahre 1328 innerhalb der heutigen Grenzen die stattliche Zahl von 23 bis 24 Millionen erreicht.

[17] Siehe die S. 223 f., Anm. 36, zitierte Arbeit von A.-E. SAYOUS.

[18] Mangels Monographien über den Beginn des Kohlenbergbaues verweise ich auf die Bemerkungen von J.-A. NEF, *The rise of the British coal industry*, 2 Bde. (London, 1932).

[19] Vgl. darüber die Beobachtungen von KULISCHER, *a. a. O.*, Bd. 1, S. 263 ff.

[20] BIBLIOGRAPHIE. G. VON BELOW, *Grosshändler und Kleinhändler im deutschen Mittelalter* in *Probleme der Wirtschaftsgeschichte* (Tübingen, 2. Aufl., 1926). – F. KEUTGEN, *Der Grosshandel im Mittelalter* in *Hans. Geschichtsblätter* (1901). – H. SIEVEKING, *Die kapitalistische Entwicklung in den italienischen Städten des Mittelalters* in *Vierteljahrsschrift für Social- und Wirtschaftsgesch.*, Bd. 7 (1909). – J. STRIEDER, *Studien zur Geschichte der kapitalistischen Organisationsformen* (München, 2. Aufl., 1925). – G. LUZZATO, *Piccoli e grandi mercanti nelle città italiane del Rinascimento* in *Volume commemorativo in onore del prof. Giuseppe Prato* (Turin, 1930). – W. SOMBART, *Kapitalismus* (s. die allgemeine Bibliographie). – H. PIRENNE, *Les étapes de l'histoire sociale du capitalisme* in *Bulletin de la Classe des Lettres de l'Académie royale de Belgique*, 1914.

[21] Vgl. oben S. 48 ff.

[22] Der folgende Passus des *Libellus* (vgl. Kap. 2, Anm. 7) beweist dies zur Genüge: Sic puerilibus annis simpliciter domi transactis, coepit adolescentior prudentiores vitae vias excolere et documenta saecularis providentiae sollicite et exercitate perdiscere. Unde non agriculturae delegit exercitia colere, sed potius quae sagacioris animi sunt rudimenta studuit arripiendo exercere. Hinc est quod mercatoris aemulatus studium coepit mercimonii frequentare negotium et primitus in minoribus rebus quidem et rebus pretii inferioris coepit lucrandi officia discere; postmodum vero paulatim ad maioris pretii emolumenta adolescentiae suae ingenia promovere (S. 25)... Unde et mercandi gratia frequenter in Daciam ibat et aliquoties in Flandriam navigii remige pervolabat; et dum oportunitas iuvabat, littora marina circuiens, multoties ad Scotorum fines deveniebat. In quibus singulis terrarum finibus aliqua rara et ideo pretiosiora reperiens, ad alias secum regiones transtulit, in quibus ea maxime ignota fuisse persensit, quae apud indigenas *desiderabiliora super aurum exstiterant*; et ideo pro his quaeque alia, aliis terrarum incolis concupiscibilia, libentius et studiosissime commutando comparabat. De quibus singulis negotiando plurimum profecerat et maximas opum divitias in sudore vultus sui sibi perquisierat, quia hic multo venundabat quod alibi ex parvi pretii sumptibus congregaverat (S. 29–30).

[23] Vgl. oben S. 50 und 120.

[24] F. KURSCHMANN, *Hungersnöte im Mittelalter*, S. 132 ff. (Leipzig, 1900).

[25] Siehe im oben (Anm. 22) zitierten Text den Passus über die Handelsartikel: *desiderabiliora super aurum*.

[26] G. ESPINAS u. H. PIRENNE, *Les coutumes de la guilde marchande de Saint-Omer* in *Le Moyen Age*, 1901.

[27] H. PIRENNE, *Les périodes de l'histoire sociale du capitalisme*, S. 282 ff.

[28] Vgl. oben S. 87 und dazu H. PIRENNE, *Les villes du Moyen Age*, S. 168 ff.

[29] G. DES MAREZ, *La propriété foncière dans les villes du Moyen Age*, S. 11 ff., 44 ff. – Vgl. bei G. ESPINAS, *La vie urbaine de Douai*, Bd. 3,

S. 578, und Bd. 4, S. 4, die Liste der von den beiden Tuchhändlern Jehans de France und Jakemes li Blons erworbenen Häuser.

30 H. PIRENNE, *La hanse flamande de Londres*, S. 81.

31 In den italienischen Texten des 13. Jhs. dient das Wort *capitale* zur Bezeichnung der im Handel angelegten Werte.

32 Über das erstaunliche Vermögen des Zaccaria di Genova im 13. Jh. siehe BRATIANU, *a. a. O.*, S. 138 ff.

33 Vgl. die Handlungsbücher, zitiert S. 123.

34 A. SAPORI, *Una compagnia di Calimala.*

Sechstes Kapitel

1 BIBLIOGRAPHIE. Vgl. oben Kap. 2, Anm. 1. – G. ESPINAS, *La vie urbaine à Douai*, Paris (1913). – W.-S. UNGER, *De levensmiddelen voorziening der hollandsche steden in de middeleeuwen* (Amsterdam, 1916). – J.-G. VAN DILLEN, *Het economisch karakter der middeleeuwsche stad* (Amsterdam, 1914). – P. SANDER, *Die reichsstädtische Haushaltung Nürnbergs, 1431–1440* (Leipzig, 1902, 2 Bde.). – K. BÜCHER, *Die Bevölkerung von Frankfurt am Main im XIV. und XV. Jh.* (Tübingen, 1886). – J. JASTROW, *Die Volkszahl deutscher Städte zu Ende des Mittelalters* (Berlin, 1886). – H. PIRENNE, *Les dénombrements de la population d'Ypres au XVe siècle* in *Vierteljahrsschrift für Social- und Wirtschaftsgeschichte*, Bd. 1 (1903). – J. CUVELIER, *Les dénombrements de foyers en Brabant, XIVe–XVIe siècles* (Brüssel, 1912). – G. PARDI, *Disegno della storia demografica di Firenze* in *Archivio storico italiano* (1915). – Dazu die Bibliographie, die KULISCHER, *a. a. O.*, Bd. 1, S. 164–165, gibt.

2 G. ESPINAS und H. PIRENNE, *Recueil de documents relatifs à l'histoire de l'industrie drapière en Flandre*, Bd. 2, S. 637.

3 Nach DAVIDSOHN, *Forschungen zur Geschichte von Florenz*, Bd. 2, 2. Teil, S. 171, zählte Florenz um 1280 ca. 45 000 Einwohner und ca. 90 000 im Jahre 1339. Nach F. LOT, *L'état des paroisses et des feux*, *a. a. O.*, S. 300, erreichte keine französische Stadt zu Beginn des 14. Jhs. ausser Paris 100 000 Einwohner. Für Paris hat man 200 000 anzunehmen, vorausgesetzt, dass die Zahl von 61 000 Herdstellen richtig ist.

4 Freilich gab es trotzdem in mehr oder minder grosser Zahl Zwischenhändler im Detailgeschäft, sowohl für Lebensmittel wie für andere Verbrauchsartikel. Der direkte Verkauf lässt sich nicht ohne Ausnahmen anwenden. Vgl. darüber z. B. die Untersuchungen von B. MENDL, *Breslau zu Beginn des XV. Jahrhunderts* in *Zeitschr. d. Vereins f. die Gesch. Schlesiens* (1929).

5 H. PIRENNE, *Histoire de Belgique*, Bd. 1, 5. Aufl., S. 263.

6 L. GOLDSCHMIDT, *Universalgesch. d. Handelsrechts*, Bd. 1, S. 230 ff.

7 BIBLIOGRAPHIE. L.-M. HARTMANN, *Zur Geschichte der Zünfte im frühen Mittelalter* in *Zeitschr. für Social- und Wirtschaftsgesch.*, Bd. 3

(1895). – R. EBERSTADT, *Der Ursprung des Zunftwesens* (Leipzig, 2. Aufl., 1915). – G. VON BELOW, *Handwerk und Hofrecht* in *Vierteljahrsschr. f. Social- und Wirtschaftsgesch.*, Bd. 12 (1914). – F. KEUTGEN, *Ämter und Zünfte* (Jena, 1903). – G. SEELIGER, *Handwerk und Hofrecht* in *Hist. Vierteljahrsschr.*, Bd. 16 (1913). – Für das deutsche Schrifttum vgl. KULISCHER, *a. a. O.*, Bd. 1, S. 165. – G. DES MAREZ, *La première étape de la formation corporative. L'entr'aide* in *Bull. de la Classe des Lettres de l'Acad. royale de Belgique* (1921). – E. MARTIN SAINT-LÉON, *Histoire des corporations de métiers* (Paris, 3. Aufl., 1922). G. FAGNIEZ, *Etudes sur l'industrie et la classe industrielle à Paris au XIIIe et au XIVe siècles* (Paris, 1877). – P. BOISSONNADE, *Etude sur l'organisation du travail en Poitou* (Paris, 1899). – G. DES MAREZ, *L'organisation du travail à Bruxelles au XVe siècle* (Brüssel, 1904) (Mém. Acad. de Belgique). – LIPSON, *a. a. O.* (s. Allgemeine Bibliogr.). – A. DOREN, *Das Florentiner Zunftwesen vom XIV. bis zum XVI. Jh.* (Stuttgart-Berlin, 1908). – DERS., *Die Florentiner Wolltuchindustrie* (Stuttgart, 1901). – E. RODOCANACHI, *Les corporations ouvrières à Rome* (Paris, 1894), 2 Bde. – H. PIRENNE, *Les anc. démocr. des Pays-Bas* (vgl. Kap. 2, Anm. 1). – G. ESPINAS und H. PIRENNE, *Recueil de documents relatifs à l'histoire de l'industrie drapière en Flandre* (Brüssel, 1906–1924), 4 Bde. – G. ESPINAS, *Jehan Boine Broke, bourgeois et drapier douaisien* in *Vierteljahrsschr. f. Social- und Wirtschaftsgesch.*, Bd. 2 (1904). – DERS., *L'industrie drapière dans la Flandre française au Moyen Age* (Paris, 1926). – E. COORNAERT, *Un centre industriel d'autrefois. La draperie-sayetterie d'Hondschoote, XIVe–XVIIIe siècles* (Paris, 1930). – DERS., *L'industrie de la laine à Bergues-Saint-Winoc* (Paris, 1930). – N.-W. POSTHUMUS, *De geschiedenis van de Leidsche lakenindustrie*, Bd. 1 (La Haye, 1908). – BROGLIO D'AIANO, *Die Venetianer Seidenindustrie und ihre Organisation bis zum Ausgang des Mittelalters* (Stuttgart, 1893).– E. WEGE, *Die Zünfte als Träger wirtschaftlicher Kollektivmassnahmen* (Stuttgart, 1932). – F. RÖRIG, *Mittelalterliche Weltwirtschaft* (Jena, 1933).

8 Vgl. dazu oben S. 64.

9 F. KEUTGEN, *Urkunden zur städtischen Verfassungsgeschichte*, S. 136, § 23 (Berlin, 1899).

10 Etienne Boileau charakterisiert folgendermassen die Motive, die ihn dazu veranlassten, die Ordnungen der Pariser Zünfte zu sammeln: «Pour ce que nous avons veu à Paris en nostre tans mout de plais, de contens, par la delloial envie qui est mère de plais et defferenée convoitise qui gaste soy même et par le non sens as jones et as poi sachrans entre les estranges gens et ceus de la vile, qui aucun mestier usent et hantent, pour la raison de ce qu'il avoient vendu as estranges aucunes choses qui n'estoient pas si bones ne si loiaus que elles deussent...» (Zu deutsch: «Wegen der vielen Rechtshändel und Streitigkeiten, die wir gegenwärtig in Paris erleben, hervorgerufen durch die ungesetzliche Gewinnsucht, der Mutter aller Händel;

die zügellose Begierde, die nie genug hat und die Missbräuche, wie sie bei jungen und wenig erfahrenen Handwerkern — es seien fremde oder einheimische — einreissen, die, weil sie keiner Zunft angehören, nicht in der Lage sind, andern ihre Ware preiswürdig und in gediegener Qualität feilzubieten...») E. Boileau, *Le livre des métiers*, hrg. von S. Depping, S. 1 (Paris, 1837).

11 Vgl. die Beispiele bei J. Billioud, *De la confrérie à la corporation: Les classes industrielles en Provence aux XIVe, XVe et XVIe siècles* (Marseille, 1929). Das Handwerk ist dort nicht weniger überwacht als anderswo durch städtische «Konsuln».

12 Über den kapitalistischen Charakter der Tuchindustrie von Lucca vgl. F.-L.-M. Edler in *Abstracts of theses of the university of Chicago, Humanistic series*, Bd. 8 (1929–1930); über die Industrie von Dinant vgl. H. Pirenne, *Les marchands-batteurs de Dinant au XIVe et au XVe siècles* in *Vierteljahrsschrift für Social- und Wirtschaftsgeschichte*, Bd. 2 (1904), S. 442 ff.

13 G. Espinas und H. Pirenne, *Recueil de documents relatifs à l'histoire de l'industrie drapière en Flandre*, Bd. 2, S. 22.

14 *A. a. O*, S. 379 ff.

15 Zum Artikel von G. Espinas über Broke (vgl. Kap. 6, Anm. 7) s. ferner: G. Espinas und H. Pirenne, *Additions au recueil de documents relatifs à l'histoire de l'industrie drapière en Flandre* in *Bulletin de la Commission royale d'histoire de Belgique*, Bd. 93 (1929), S. 55.

Siebentes Kapitel

1 BIBLIOGRAPHIE. H.-S. Lucas, *The great European famine of 1315, 1316 and 1317* in *Speculum* (*Medieval Academy of America*, 1930). – F.-A. Gasquet, *The black death of 1348 and 1349* (London, 1908). – H. Pirenne, *Le soulèvement de la Flandre maritime de 1323–1328* (Brüssel, 1900). – A. Réville, *Le soulèvement des travailleurs d'Angleterre en 1381* (Paris, 1898). – Ch. Oman, *The great revolt of 1381* (Oxford, 1906). – E. Powell, *The rising in East Anglia in 1381* (Cambridge, 1896). – G.-M. Trevelyan, *England in the age of Wycliffe* (London, 3. Aufl., 1900). – S. Luce, *Histoire de la Jacquerie* (Paris, 1859). – G. Franz, *Die agrarischen Unruhen des ausgehenden Mittelalters* (Marburg, 1930). – H. Denifle, *La désolation des églises, monastères et hôpitaux en France pendant la guerre de Cent Ans* (Paris, 1898–1899), 2 Bde. – G. Schanz, *Zur Geschichte der deutschen Gesellenverbände* (Leipzig, 1877). – E. Martin Saint-Léon, *Le compagnonnage* (Paris, 1901). – H. Pirenne, *Histoire de Belgique*, Bd. 2 (Brüssel, 3. Aufl., 1922). – S. Salvemini, *Magnati e popolani in Firenze dal 1280 al 1295* (Florenz, 1899). – C. Falletti-Fossati, *Il tumulto dei Ciompi* (Florenz, 1882). – L. Mirot, *Les insurrections urbaines au début du règne de Charles VI, 1380–1383* (Paris, 1906).

[2] Eine genaue Kenntnis der Bevölkerungsdichte Europas wäre sehr förderlich für die Sozial- und Wirtschaftsgeschichte des Mittelalters. Leider lassen die Daten nur wenig brauchbare Schlüsse zu. Die jüngste Arbeit von F. LOT, *L'état des paroisses et des feux de 1328* in *Bibliothèque de l'Ecole des Charles*, Bd. 90 (1929), nach der Frankreich innerhalb der heutigen Grenzen damals 23–24 Millionen Einwohner gezählt haben soll, ist zu hypothetisch, was die Zahl der Herdstellen und deren Auswertung betrifft, als dass sie überzeugen könnte. Erst seit dem 15. Jh. erlauben uns die Texte, mehr oder weniger exakte Statistiken aufzustellen. Eigentliche Volkszählungen gibt es aber nur für wenige Städte (vgl. dazu Kap. 6, Anm. 1). Deren, an heutigen Verhältnissen gemessen, niedere Zahlen lassen auf eine wenig dichte Besiedlung des Landes schliessen. Auf Grund sehr genauer Angaben über die Herdstellen in Brabant errechnete J. Cuvelier mit grosser Wahrscheinlichkeit für dieses Gebiet 450 000 Einwohner im Jahre 1437. Heute sind es 2 500 000, also das Fünffache (J. CUVELIER, *Les dénombrements des foyers en Brabant*, S. CCCXXVII). Doch zögert man, dieses Verhältnis auf das übrige Europa anzuwenden. Ich bin geneigt, anzunehmen, dass es für das Mittelalter noch schwächer ausfallen würde.

[3] A. SAPORI, *La crisi delle compagnie mercantili dei Bardi e dei Peruzzi* (Florenz, 1926). – E. JORDAN, *La faillite des Buonsignori* in *Mélanges P. Fabre* (Paris, 1902).

[4] Mangels einschlägiger Arbeiten über die mittelalterliche Bevölkerungsbewegung begnügen wir uns hier mit einer summarischen Darstellung, deren Genauigkeit natürlich nur bedingt ist. Der «Schwarze Tod» darf gemeinhin als Beginn der rückläufigen Entwicklung betrachtet werden. Zwar war schon vorher Europa, vom demographischen Standort aus betrachtet, auf dem toten Punkt angelangt. Dagegen bedeutet die erste Hälfte des 14. Jhs. im slawischen Osteuropa, vor allem in Böhmen, eine Epoche des Aufschwunges.

[5] Daher rühren das *Statute of Labourers* aus England von 1350 und eine königliche Verfügung von 1351 in Frankreich, beide in der Absicht, die Löhne im Hinblick auf eine Preissenkung festzusetzen. R. VIVIER, *La grande ordonnance de février 1351: les mesures anticorporatives et la liberté du travail* in *Revue historique*, Bd. 138 (1921), S. 201 ff.

[6] Darüber M. BLOCH, *Les caractères originaux de l'histoire rurale française*, S. 112 ff.

[7] M. BLOCH, *a. a. O.*, S. 118.

[8] Dicebant enim alicui diviti: «Tu plus diligis dominos quam *communitates de quibus vivis*; et nulla alia causa in eo reperta, talem exponebant morti.» *Chronicon comitum Flandrensium* in *Corpus. Chron. Flandr.* Bd. 1, S. 202.

[9] Siehe oben S. 181.

10 L. Verriest, *Le registre de la Loi de Tournai de 1302* in *Bulletin de la Commission royale d'histoire*, Bd. 80 (1911), S. 445.

11 «L'effort du commun de la ville d'Ypre demeure dehors les portes, qui maint outrageus et horrible fait et conspiration ont fait sur les boins de la ville... si que les portes fussent ostées, li boine gent de la ville seroient en péril de estre mourdri par nuit et de desrobeir leur avoir» (zu deutsch: Der Pöbel der Stadt Ypern, der durch so manche Schand- und Gewalttat und durch Verschwörung den Reichtum der Stadt geschädigt hat, vermag nur ausserhalb der Tore das Haupt zu erheben... dabei die biederen Bürger in Gefahr geraten, nachts ermordet und beraubt zu werden, falls man diese einreisst.) *Bulletin de la Commission royale d'histoire*, 5. Serie, Bd. 7 (1897), S. 28.

12 *Chronique rimée des troubles de Flandre en 1379–1380*, hrg. von H. Pirenne, S. 38 (Gent, 1902).

13 J. de Hemricourt, *Le patron de la temporalité des évêques de Liége*, S. 56 in Bd. 3 der *Oeuvres de J. de Hemricourt*, hrg. von C. de Borman, A. Bayot und E. Poncelet (Brüssel, 1931).

14 Kulischer, *a. a. O.*, Bd. 1, S. 214.

15 BIBLIOGRAPHIE. Siehe oben Kap. 6, Anm. 7, und Kap. 7, Anm. 1. – W. Schmidt-Rimpler, *Geschichte des Kommissionsgeschäfts in Deutschland*, Bd. 1 (Halle, 1915). – A. Schulte, *Geschichte der grossen Ravensburger Handelsgesellschaft, 1380–1530* (Stuttgart, 1923), 3 Bde. – W. Stieda, *Briefwechsel eines deutschen Kaufmanns im XV. Jh.* (Leipzig, 1921). – H. Ammann, *Die Diesbach-Watt-Gesellschaft* (Sankt Gallen, 1928). – A. Grunzweig, *Correspondance de la filiale de Bruges des Medici* (Brüssel, 1931). – H. Prutz, *Jacques Cœur* (Berlin, 1911). – L. Guiraud, *Recherches sur le prétendu rôle de Jacques Cœur* in *Mémoires de la société archéologique de Montpellier* (1900). – H. Pirenne, *Les étapes de l'histoire sociale du capitalisme*, S. 133, n. 19. – J. Strieder, *Studien zur Geschichte kapitalistischer Organisationsformen. Monopole, Kartelle und Aktiengesellschaften im Mittelalter und zu Beginn der Neuzeit*, 2. Aufl. (München, 1925).

16 G. Espinas und H. Pirenne, *Recueil de documents relatifs à l'histoire de l'industrie drapière en Flandre*, Bd. 2, S. 606 ff.

17 *A. a. O.*, Bd. 3, S. 168 ff.

18 Zur Auswanderung von Arbeitern aus Flandern und Brabant nach Florenz vgl. A. Doren, *Deutsche Handwerker und Handwerkbruderschaften im mittelalterlichen Italien* (Berlin, 1903) – M. Battistini, *La confrérie de Sainte-Barbe des Flamands à Florence* (Brüssel, 1931) – A. Grunzweig, *Les soit-disant statuts de la confrérie de Sainte-Barbe de Florence* in *Bulletin de la Commission royale d'histoire*, Bd. 96 (1932), S. 333 ff. Zur Auswanderung nach England: E. Lipson, *English economic history*, Bd. 1, S. 309, 399. – H. de Sagher, *L'immigration des tisserands flamands et brabançons en Angleterre sous Edouard III* in *Mélanges Pirenne*.

[19] G. Des Marez, *L'organisation du travail à Bruxelles*, S. 484.

[20] G. Bigwood, *Gand et la circulation des grains en Flandre du XIVe au XVIIIe siècles* in *Vierteljahrsschrift f. Social- und Wirtschaftsgeschichte* Bd. 4 (1906), S. 397 ff.

[21] Vgl. oben S. 192 ff. Die Verfügung von 1351 über die Unterdrückung der Zünfte in Frankreich will vor allem deren störenden Einfluss auf die freie Arbeit beseitigen, damit die Preise gesenkt werden können.

[22] Kulischer, *a. a. O.*, Bd. 1, S. 347.

[23] Die Archive des Kaufmanns Francesco Datini († 1410), aufbewahrt im Prato bei Florenz, enthalten dessen Korrespondenz mit seinen Klienten und seiner Kundschaft in Italien, Spanien, Afrika, Frankreich und England, im ganzen über 100 000 Briefe, und bezeugen durch ihren Umfang die Bedeutung der zeitgenössischen italienischen Handelshäuser. G. Livi, *Dall'archivio di Francesco Datini* (Florenz, 1910).

[24] Vgl. z. B. darüber G. Yver, *De guadagnis, mercatoribus florentinis Lugduni commorantibus* (Paris, 1902). – M. Jansen, *Studien zur Fuggergeschichte. I. Die Anfänge der Fugger* (Leipzig, 1907). – A.-H. Johnson, *English nouveaux-riches in the XIV century* in *Transactions of the Royal historical Society*, N. Series, 15. – E. Coornaert, *La draperie-sayetterie d'Hondschoote*, S. 362, 411, 445, bemerkt, dass die Fabrikanten, die im 15. und 16. Jh. in der Teppichwirkerei den ersten Platz einnahmen, aus ärmlichsten Verhältnissen hervorgegangen sind. – Vom 14. Jh. an sieht man auch den Adel der Niederlande sich am Geschäftsleben beteiligen. A. de Chestret, *Renaud de Schœnau* in *Mémoires de l'Académie royale de Belgique* (Brüssel, 1892). – Zu Beginn des 15. Jhs. bemannt Henri de Borsselen, Herr von Veere, mehrere Schiffe, die auf seine Rechnung fahren. Z. W. Sneller, *Walcheren in de XV. eeuw* (Utrecht, 1916).

[25] J. Cuvelier, *Les origines de la fortune de la maison d'Orange-Nassau* in *Mémoires de l'Académie royale de Belgique* (1921). – L. Mirot, *Une grande famille parlementaire au XIVe et au XVe siècles. Les d'Orgemont, leur origine, leur fortune, etc.* (Paris, 1913). – A. Spont, *Semblançay. La bourgeoisie financière au début du XVIe siècle* (Paris, 1895).

[26] *Chronique du Religieux de Saint-Denys*, hrg. Bellaguet, Bd. 1, S. 533. 1383 lieferte er den Königlichen das notwendige Korn. *A. a. O.*, S. 265.

[27] L. Mirot, *Etudes lucquoises* (Paris, 1930).

[28] H. Pirenne, *Une crise économique au XVIe siècle. La draperie urbaine et la nouvelle draperie en Flandre* in *Bull. de la Classe des Lettres de l'Acad. royale de Belgique* (1905). – E. Coornaert, *La draperie-sayetterie d'Hondschoote* (s. oben Kap. 6, Anm. 7). Vgl. für England die von den sog. «clothiers» ausgeübte Kontrolle seit dem Ende des 14. Jhs. E. Lipson, *a. a. O.*, S. 414 ff.

29 A. BLUM, *Les premières fabriques de papier en Occident* in *Comptes rendus des séances de l'Académie des Inscriptions*, 1932.

30 E. LIPSON, *a. a. O.*, S. 502. Über den Protektionismus von Eduard IV. (1461–1483) vgl. F.-R. SALTER, *The Hanse, Cologne and the crisis of 1468* in *The economic history review* (1931), S. 93 ff.

31 F. VOLLBEHR, *Die Holländer und die deutsche Hanse* (Lübeck, 1930).

32 DE MAULDE, *Un essai d'exposition internationale en 1470* in *Comptes rendus des séances de l'Académie des Inscriptions* (1889). – Über die Wirtschaftspolitik Ludwigs XI. vgl. DE LA RONCIÈRE, *Première guerre entre le protectionisme et le libre-échange* in *Revue des questions historiques*, Bd. 58, 1895. – P. BOISSONNADE, *Le socialisme d'Etat. L'industrie et les classes industrielles en France pendant les deux premiers siècles de l'ère moderne (1453–1551)* (Paris, 1927).

BIBLIOGRAPHISCHER NACHTRAG

Der Text von Pirennes Darstellung (1933) erscheint hier in fast unveränderter Wiedergabe der deutschen Erstausgabe von 1946. Dass es nicht angezeigt gewesen wäre, grössere Änderungen anzubringen, beweist die Tatsache, dass auch der französische Originaltext 1963 und 1969 unverändert nachgedruckt wurde. Lediglich einige geringfügige Korrekturen (Versehen bei Jahreszahlen u. ä.) wurden dort korrigiert. Diese Verbesserungen wurden in der vorliegenden zweiten deutschen Auflage berücksichtigt, wie auch einige kleine Versehen in der Übersetzung korrigiert wurden.

Die erwähnte französische Neuauflage (*Histoire économique et sociale du moyen âge*. Nouvelle édition revue et mise à jour par Hans von Werveke, Paris 1963, 2e tirage 1969) enthält in den Anmerkungen Hinweise auf neuere Literatur. Wer solche Literatur zu einzelnen Problemen sucht, sei auf diese Neuausgabe des – wie gesagt im Text unveränderten – französischen Originals hingewiesen. Für unsere Neuausgabe beschränken wir uns darauf, die wichtigsten Werke allgemeinen Charakters wie auch zur Sozial- und Wirtschaftsgeschichte einzelner Länder zu nennen, die seit 1946 erschienen sind.

Allgemeine Werke

F. OPPENHEIMER, *Abriss einer Sozial- und Wirtschaftsgeschichte Europas*, Jena, 1929–1935, 3 Bde.

H. SIEVEKING, *Wirtschaftsgeschichte*, Berlin, 1935.

The Cambridge Economic History of Europe, 1.–3. Bd., Cambridge 1941–1963.

H. Heaton, *Economic History of Europe*, New York, 2. Aufl., 1948.
J. Kuczynski, *Allgemeine Wirtschaftsgeschichte von der Urzeit bis zur sozialistischen Gesellschaft*, Berlin, 1949.
A. Sapori, *Histoire sociale. Moyen Âge.* (IXe Congrès international des Sciences historiques, I, Rapports), Paris, 1950.
Sh. B. Clough / Ch. W. Cole, *Economic History of Europe*, Boston, 3. Aufl., 1952.
C. Brinkmann, *Wirtschafts- und Sozialgeschichte*, Göttingen, 2. Aufl., 1953.
M. Postan, Die wirtschaftlichen Grundlagen der mittelalterlichen Gesellschaft (in: *Jahrbücher für Nationalökonomie und Statistik*, Bd. 166), Stuttgart, 1954.
M. Mollat u.a., *L'économie européenne aux deux derniers siècles du Moyen Âge.* (Comitato Internazionale di Scienze Storiche. X Congresso Internazionale di Scienze Storiche), Rom, 1955.
R. Latouche, *Les origines de l'économie occidentale (IVe–XIe siècle)*, Paris, 1956.
J. W. Thompson, *Economic and Social History of the Middle Ages (300 bis 1300)*, New York, 2. Aufl., 1959, 2 Bde.
Economic and Social History of Europe in the Later Middle Ages (1300 bis 1530), New York, 2. Aufl., 1960.

Darstellungen nach Ländern

Deutschland:

H. Bechtel, *Wirtschaftsgeschichte Deutschlands, 1. Bd., Von der Vorzeit bis zum Ende des Mittelalters*, München, 2. Aufl., 1951.
H. Mottek, *Wirtschaftsgeschichte Deutschlands. Ein Grundriss, 1. Bd., Von den Anfängen bis zur Zeit der Französischen Revolution*, Berlin, 1959.
W. Abel, *Geschichte der deutschen Landwirtschaft vom frühen Mittelalter bis zum 19. Jahrhundert*, Stuttgart, 1962.
F. Lütge, *Deutsche Sozial- und Wirtschaftsgeschichte. Ein Überblick*, Berlin, 3. Aufl., 1966.
Ders., *Geschichte der deutschen Agrarverfassung vom frühen Mittelalter bis zum 19. Jahrhundert*, Stuttgart, 2. Aufl., 1967.
K. Bosl, Staat, Gesellschaft, Wirtschaft im deutschen Mittelalter (in: Gebhardt, *Handbuch der deutschen Geschichte, Bd. 1*), Stuttgart, 9. Aufl., 1970.

England:

J. Clapham, *A Concise Economic History of Britain*, Cambridge, 1949.
W. Stanford Reid, *Economic History of Great Britain*, New York, 1954.

Belgien:

J. A. van Houtte, *Esquisse d'une histoire économique de la Belgique*, Löwen, 1943.

Niederlande:

J.F. NIERMEYER, *De wording van onze volkshuishouding*, Den Haag, 1946.

Frankreich:

H. SÉE, *Französische Wirtschaftsgeschichte*, Jena, 2. Aufl., 1936, 2 Bde.

Italien:

A. DOREN, *Italienische Wirtschaftsgeschichte*, Jena, 1934.

F. CARLI, *Storia del commercio Italiano*, Padua, 1936.

G. LUZZATTI, *Storia economica d'Italia, Bd. 1, L'antichità e il medioevo*, Rom 1949.

DERS., *Breve storia economica d'Italia della caduta dell'imperio romano al principio del cinquecento*, Turin, 1958.

Schweiz:

A. HAUSER, *Schweizerische Wirtschafts- und Sozialgeschichte von den Anfängen bis zur Gegenwart*, Zürich u. Stuttgart, 1961.

Darstellungen wichtiger Einzelfragen

R. GRAND, *L'agriculture au Moyen Âge de la fin de l'Empire romain au XVIe siècle*, Paris, 1950.

J. LACOUR-GAYET, *Histoire du commerce*, Paris, 1950–1952, 5 Bde.

B.H. SLICHER VAN BATH, *De agrarische geschiedenis van West-Europa (500–1850)*, Utrecht, 1960.

G. DUBY, *L'économie rurale et la vie des campagnes dans l'occident médiéval (France, Angleterre, Empire, IXe–XVe siècles)*, Paris, 1962, 2 Bde.

L. WHITE JR., *Medieval Technology and Social Change*, Oxford, 2. Aufl., 1966.

O. BRUNNER, *Neue Wege der Verfassungs- und Sozialgeschichte*, Göttingen, 2. Aufl., 1968.

G. FRANZ, *Geschichte des Bauernstandes vom frühen Mittelalter bis zum 19. Jahrhundert*, Stuttgart, 1970.

Zeitschriften

Rivista di storia economica, hrg. von L. Einaudi, Turin, 1936–1943.

The Journal of Economic History, hrg. von F.C. Lane, New York, seit 1941.

Zeitschrift für Agrargeschichte und Agrarsoziologie, hrg. von G. Franz, Frankfurt/Main, seit 1953.

Economia e Storia. Rivista italiana di storia economica e sociale, Mailand, seit 1964.

Über Henri Pirenne (1862–1935), sein Werk und die durch ihn ausgelöste Diskussion unterrichten:

Henri Pirenne. Hommages et souvenirs, Brüssel, 2. Aufl. 1938, 2 Bde.
C. Verlinden, Henri Pirenne (in: *Architects and Craftsmen in History. Festschrift für A.P. Usher*), Tübingen, 1958.
B. Lyon, L'oeuvre de Henri Pirenne après vingt-cinq ans (in: *Moyen Âge* 66), Brüssel, 1960.
P.E. Hübinger (Hrg.), *Bedeutung und Rolle des Islam beim Übergang vom Altertum zum Mittelalter*. (Wege der Forschung, Bd. 202), Darmstadt, 1968.

NAMEN- UND SACHREGISTER

INHALTSVERZEICHNIS